王权、法律与神祇

萨珊波斯与古代中国

张小贵　　著

中国社会科学出版社

图书在版编目（CIP）数据

王权、法律与神祇：萨珊波斯与古代中国 / 张小贵著．—北京：中国社会科学出版社，2024.8

ISBN 978－7－5227－3586－3

Ⅰ.①王…　Ⅱ.①张…　Ⅲ.①中国历史—古代史—研究②萨珊王朝(224－651)—研究　Ⅳ.①K220.7②K373.31

中国国家版本馆 CIP 数据核字(2024)第 101512 号

出 版 人　赵剑英
责任编辑　刘　芳
责任校对　李　敏
责任印制　李寡寡

出　　版　中国社会科学出版社
社　　址　北京鼓楼西大街甲 158 号
邮　　编　100720
网　　址　http://www.csspw.cn
发 行 部　010－84083685
门 市 部　010－84029450
经　　销　新华书店及其他书店

印　　刷　北京明恒达印务有限公司
装　　订　廊坊市广阳区广增装订厂
版　　次　2024 年 8 月第 1 版
印　　次　2024 年 8 月第 1 次印刷

开　　本　710×1000　1/16
印　　张　18.25
字　　数　265 千字
定　　价　98.00 元

目　录

下　编

博闻善思，脱俗求真

——追忆蔡鸿生先生

2000年1月5日，刚刚结束中山大学硕士研究生面试返回北京，遵林悟殊老师建议，我到风入松书店购买了蔡鸿生先生的《唐代九姓胡与突厥文化》。限于知识基础，我对书中所讨论的漠北草原穹庐文明与中亚绿洲城邦文明的互动关系领会不多，但已被作者笔下的哈巴狗源流、狮在华夏等有趣的议题和睿智诙谐的语言所深深吸引，于是便憧憬着早日毕业去康乐园读书了。第一次见蔡老师是2000年8月13日，我怀着兴奋的心情提前一个月来到学校，在永芳堂二楼西南角林老师的办公室里，蔡老师介绍了历史系资料室的藏书特点，以及中外关系史学习的注意事项，特别强调了外文的学习及中外互证的重要性。我还记得蔡老师介绍资料室收藏有5卷本德文版李希霍芬的《中国》，那是五六十年代周连宽先生购自上海书店的旧书，我翻阅时已经虫蠹得厉害。考虑到我对中亚粟特有兴趣，往后的日子里蔡老师不止一次提到资料室全套的《苏联考古学》和《古史通讯》。可惜时至今日，我对苏联粟特考古成果的借鉴还只是依靠1971年莱顿出版的弗鲁姆金《苏联考古学》英文版，1981年别列尼茨基《粟特艺术》德文版，以及1990年代以后马尔沙克、施科达等学者在美国《亚洲研究所所刊》等发表的英文论文。我们是蔡先生的隔代弟子，是徒孙辈。也许是沾了学术隔辈亲的光，我们几个从入学之后，无论是学习、生活，还是日后的工作，都得到了蔡老师无微不至的指导、鼓励。

入学之后，针对我们史学基础差的问题，蔡老师专门开设了多次讲座，主要围绕历史研究的学理与方法展开，帮助我们提高个人的史学思维，培养发现问题、提出问题和分析问题的能力。2005 学年，蔡老师又专门设计“中外关系史名文研读”及“华裔学者汉学文选”两门研讨课，甄选了王国维、陈垣、陈寅恪、向达、冯承钧、季羡林等前贤有关中外关系史的名文十一篇，柳存仁、杨联陞、何炳棣、鲁桂珍等海外著名华裔学者汉学名文六篇让我们研读。在整一年的读书学习中，蔡老师强调在与国际接轨的同时还要与传统接轨，强调在巨人的肩膀上攀登才能看得比巨人还要远，强调读书有得的关键在于覃思妙想。还记得我的博士论文开题报告能入不能出，如同萨特所说“在我身上集结着千百个死者”，蔡老师提醒我要多加注意袄教东传过程中的空间差异和时代差异，在总结既往研究的基础上要有自己的心得，就是强调了“史”加“思”，“史”和“论”结合的必要性和重要性。

熟悉蔡老师的人都惊叹于他的博学善思，他常援引艺术领域的例子来解释学术问题。如他指出傅抱石画女子眉毛和眼睛的超常规距离，盖叫天演武松打虎“打虎抬头”，梅兰芳演如何装扮尼姑思凡，这些违反生活真实的创作，都是出于艺术的需要，提醒我们如何区分古代和现代生活之不同。他也谈到了袁枚《随园食单》，用饮食的火候来比喻学术的火候，启发书房如何通厨房。他从莱辛《拉奥孔》讲到钱锺书的《读拉奥孔》，用艺术上惊艳的一刻来印证学术研究脱俗的真谛。在蔡老师的讲席上，我还听过他讲梁羽生、董桥，他特别推崇张岱《西湖梦寻》的语言。林老师总说蔡老师治学“博学善思、脱俗求真”，蔡老师也总是给我们强调义宁之学不是记诵之学，而是解释之学。他指出陈寅恪先生做学问的最高标准是“博学、精思”，是量与质的统一，要边学边思，做到统一才对。

随着 1999 年虞弘墓、2000 年安伽墓、2003 年史君墓的出土，中古胡汉关系，特别是粟特文化及其在中古社会的遗存越来越受到中外学界的关注。而蔡老师关注粟特文化已达一甲子，主要论文于 1998

年结集成《唐代九姓胡与突厥文化》出版，此后他也一直没有停止过对粟特研究的思考。正是因为如此，蔡老师关于粟特研究，得出了指导性的意见，提出有关九姓胡的研究应该上移、三夷教研究应下移的建议。2008 年以来福建霞浦等地发现了一批民间科仪文书抄本，晚至清末民初，却蕴含着唐宋以来外来宗教在华传播的丰富信息，引起学界广为关注讨论，益证明蔡老师的学术眼光。

针对 2004 年召开的“粟特人在中国——历史、考古、语言的新探索”讨论会及 2005 年出版的同名论文集，蔡老师充分肯定了会议中外结合、历史与考古结合、研讨会与展览会相结合等几个突出特点，但也不无遗憾地指出三位重要的俄罗斯学者没有参会，他们是研究文书的里夫什茨、研究钱币的斯米尔诺娃和研究壁画的马尔沙克。到 2014 年第二届粟特会议在宁夏召开时，中国学者做出了多方面的贡献，离蔡老师“变资料优势为学术优势”的期待越来越近了。有关粟特研究的现状，蔡老师专门提出要明确几条界限，即粟特不等于九姓胡，祆教不等于琐罗亚斯德教，胡姓不等于胡人，住户不等于聚落。他特别提出粟特研究的学术取向问题，指出不宜简单把中国文献与考古发现的一些内容叫做“粟特人在中国的文化遗迹”，而应注意它们经过中国文化洗礼后的华化形态。蔡老师特别提请我们注意前辈学者陈垣《元西域人华化考》和冯承钧《唐代华化蕃胡考》的学术取向。直到今天，当我在学习和讨论中古时期中外宗教文化交流的问题时，都时刻谨记蔡老师的教诲。

毕业之后为工作、家庭所累，见到蔡老师的机会越来越少了，但是我们仍坚持教师节或新年结伴去蔡老师家的习惯。有时因事回康乐园，也期待能在永芳堂偶遇蔡老师，就像读书时那六年一样。听蔡老师聊起学界掌故，聊到对时下世风、学风的褒贬，都能令我们不时浮躁的内心归于平静。金耀基致董桥的信札中提到：“有历史的通道，就不会漂浮；有时代的气息，则知道你站在哪里了！”这正是我听蔡老师聊天的感受。2018 年 6 月 2 日，赴图宾根大学访学之前，蔡老师专门让林老师转告要和我通电话，肯定是怕大热天我跑去康乐园太麻烦。电话中蔡老师叮嘱我宋代海外贸易的研究，重点要关注《宋会要辑稿》《天庆观碑记》等资料及蕃坊和蕃姓人家等题目。由于这次访学的目的地是德国，他也专门提醒我注意慕尼黑大学普塔克教授和波恩大学廉亚明教授的研究成果。8 月赴德时，我只随身带了金耀基《海德堡语丝》（这也是蔡老师推荐的）和蔡老师的《广州海事录》。后来到闵道安教授家里做客，当我谈及对唐宋时代南海贸易的兴趣时，闵老师专门从书房中拿出萧婷、廉亚明的著作让我参考，我这才如释重负，终于接近完成蔡老师交代的任务了。

最后一次见蔡老师是 2020 年 12 月 6 日，我刚刚参加完 11 月初敦煌举行的学术研讨会，奉荣新江教授之命转呈他的新著《从学与追念》。临到蔡老师家的前一天，林老师专门准备了一大包食品让我带去，有潮汕零食花生糖、奶粉等。这次蔡老师谈兴很浓，讲了一个多小时，重点谈到了穆格山粟特文婚约的问题。他说 1960 年就注意到里夫什茨发表的研究论文，时隔一甲子，对婚约的特点及其所反映的九姓胡婚姻关系和社会关系又有了新的思考，这些都是我前所未闻的。当我提起里夫什茨 2008 年又出版了粟特文书的新俄译本，2015 年有了英译本；关于粟特文婚约，时在芝加哥的俄裔学者雅库波维奇也有专门研究时，蔡老师还专门叮嘱我下次来时帮他复制一份。两年前，也就是 2018 年 7 月，我专门去了一趟香港，转交蔡老师新出的《广州海事录》给泰国华侨王侨生先生。以后再也没有机会当蔡老师的小邮差了。翻开廿年的点滴记忆，耳边不禁响起蔡老师古韵浩渺的潮音：孤舟蓑笠翁、独钓寒江雪。漠北穹庐、中亚城邦、烟波荡漾的南海：蔡老师一步一步走进了一处宁静的地方，“我是一个平凡的学人，只有平凡的学记”，蔡老师经常说。

蔡老师关于古波斯、粟特文明及其与中华文明的互动，不乏真知灼见，也鞭策着我在这一学术园地努力前行。

上　　编

宗教与王权

——《坦萨尔书信》初探

公元224年，原伊朗西南部法尔斯省的领主阿达希尔（Ardašīr I，224—240年在位）统一伊朗，建立萨珊王朝（Sasanian Empire，224—651年），是为古伊朗第三大帝国。一般认为，萨珊王朝的建立并非仅是萨珊家族的胜利，而是象征全伊朗的胜利。在这场复兴伊朗的战役中，宗教无疑起到了重要的推动作用。如阿达希尔发行了全新的钱币，正面将国王塑造为“崇拜马兹达的主”，背面则刻有象征王权的圣火，表明王权和宗教的紧密关系。根据学者的研究，在帝国建立之初，政权已意识到宗教与政治的紧密联系，不但在政治文化领域主动贯彻，而且教会也借以建立基本的社会和法律制度。①然而根据《坦萨尔书信》（下简称为《书信》）记载，萨珊王朝初期的开国君主，多次破坏以往诸侯所建立的圣坛，熄灭他们的圣火。乍一看，这些举措似有悖于当时王权与宗教相互依赖的关系，如何理解这一矛盾现象？本文即以《坦萨尔书信》为例，探讨其产生的背景、书信内容与取材，借以探讨帝国建立初期宗教和王权的互动表现。

---

① Maria Macuch, “Zoroastrian Principles and the Structure of Kinship in Sasanian Iran”, Carlo G. Cereti, Mauro Maggi and Elio Provasi eds., *Religious Themes and Texts of pre-Islamic Iran and Central Asia. Studies in Honor of Professor Gherardo Gnoli on the Occasion of his 65th Birthday on 6th December* 2002, Wiesbaden: Dr. Ludwig Reichert Verlag, 2003, pp. 231–245.

一　《书信》的整理与翻译

《坦萨尔书信》最初应形成于公元3世纪初萨珊王朝始建时，乃开国君主阿达希尔的大祭司坦萨尔（Tansar），① 为回应塔巴里斯坦的地方领主古什纳斯普（Gušnasp）对新王朝的质疑而作。在信中，坦萨尔回应了古什纳斯普对阿达希尔一世诸政策的控诉，并敦促古什纳斯普尽快归顺新政权。② 现存《坦萨尔书信》原由中古波斯语写成，6世纪胡司洛一世（Khosrau Ⅰ，531—579年在位）统治时曾被修改过，用以平息当时异教冲击带来的宗教纷争。③ 公元8世纪时，著名的伊朗穆斯林翻译家穆卡法（'Abdu'llāh ibnu-l Muqaffa'，伊朗法尔斯人，原为琐罗亚斯德教徒，后改信伊斯兰教，逝世于760年）将书信译成阿拉伯文。④ 穆卡法原译本佚失。13世纪时，塔巴里斯坦的历史学家伊斯凡迪亚尔（Muhammad b. al-Hasan b. Isfandiyār，又称 Ibn Isfandiyār），为撰写本民族历史，专程到当时繁盛的花剌子模考察，在当地的一间书店，他发现一部著作，内含十篇独立的作品，其中即有穆卡法翻译的阿拉伯文版《书信》。伊斯凡迪亚尔重新将书信译成波斯文，收入他的《塔巴里斯坦历史》（*History of Tabaristān*）一书中。⑤ 此外，中世纪的阿拉伯史家马苏第（Mas'ūdī）和阿尔·比鲁尼（Al-Bīrūnī）也曾征引阿拉伯文《书信》的若干章节，使该书信内容

① 在帝王谷"琐罗亚斯德天房"（Ka'ba-yi Zardušt）所刻的沙普尔一世（Šābuhr Ⅰ，240—270年在位）铭文中，坦萨尔写作 Tōsar。见 W. B. Henning, "Notes on the Great Inscription of Šāpūr I", *Prof. Jackson Memorial Volume*, Bombay: The K. R. Cama Oriental Institute, 1954, pp. 40 - 54。不过该名通常写作坦萨尔，见 Mary Boyce transl., *The Letter of Tansar*, Rome: Istituto Italiano per il Medio ed Estremo Oriente, 1968, pp. 7 - 8。

② Mary Boyce transl., *The Letter of Tansar*, p. 5.

③ Mary Boyce, *Textual sources for the study of Zoroastrianism*, Manchester University Press, 1984, p. 109.

④ F. Gabrieli, "L'opera di Ibn al-Muqaffa'", *Rivista degli Studi Orientali*, Vol. 13, 1931 - 1932, pp. 217 - 218.

⑤ E. G. Browne, *Abridged Translation of the History of Tabaristān* (Gibb Memorial Series), Leiden: E. J. Brill, Vol. II, 1905, p. 6.

得以保存至今。①

1894 年，法国伊朗学家达米斯提特（J. Darmesteter，1849—1894 年）根据英国印度事务部所藏 Tarīx-i Tabaristān 写本（写于 1632 年，编号 1134），并参考大英图书馆写本（写于 1656 年，编号附 7633）编辑法译了该书信，是该文献的第一个编辑本与现代语文译本。② 达米斯提特认为该文献总体上是真实的，只是穆卡法在翻译过程中可能对原文献进行了篡改。可能鉴于自己依赖的手稿存在缺点，他也认为应该有更好的写本存世。德国中亚学家马迦特（J. Marquart）首先对书信提及的某些历史信息的真实性进行质疑，他认为书信应该是胡司洛时期的作品。③ 克里斯滕森（A. Christenscn）则质疑了书信提及的伊朗地方领主、宗教环境，并根据 6 世纪伊朗对东西边疆经营的历史，以及突厥、哌哒在中亚的兴起等事实，质疑了书信的真实性，认为书信创作于胡司洛征服哌哒统治的东方之后，占领也门之前，时在 557—570 年。他认为书信是一部虚构的文学作品。④ 这一观点也得到后来学者赞同，如日本学者青木健在其著作《琐罗亚斯德教的兴亡——萨珊波斯到莫卧儿帝国》中即认为该《书信》为伪作。⑤ 1932 年，米诺维（Mojtabā Minovi，1903—1977 年）在达米斯提特编辑本基础上，参考了 1562 年的 Tarīx-i Tabaristān 写本，重新编辑出版了写本，并附有波斯文注释。⑥ 此后，米诺维又相继接触到了一些更早期的写本，因而对书信文本产生了新的看法。1949—1950 年，米诺维和亨宁（W. B. Henning，1908—1967 年）在伦敦大学亚非学院举行了伊斯兰之前的波斯文献研讨班，重新讨论了《坦萨尔书信》，当时

---

① A. Christensen, "Abarsām et Tansar", *Acta Orientalia*, Vol. 10, 1932, p. 46 f.

② J. Darmesteter, "Lettre de Tansar", *Journal Asiatique*, 1894, pp. 185 - 250, 502 - 555.

③ J. Marquart, *Ērānšahr nach der Geographie des Ps. Moses Xorenac'i*, Berlin: Weidmannsche Buchhandlung, 1901, p. 30.

④ A. Christensen, *L'Iran sous les Sassanides*, Copenhagen: Levin & Munksgaard. Ejnar Munksgaard, 1936, pp. 58 - 65.

⑤ 青木健：《ゾロアスター教の興亡——サーサーン朝ペルシアからムガル帝国へ》，東京：刀水書房，2006 年，第 23 頁。

⑥ Mojtabā Minovi ed., *Tansar's Epistle to Goshnasp*, Tehran: Majless Printing House, 1932.

参加研讨班的玛丽·博伊斯（Mary Boyce，1920—2006 年）充分吸收了研讨班诸位学者的意见，并在两位教授的建议下，于 1968 年推出了该书信的全新英译本。在该书序言中，博伊斯全面总结了该书信的研究史，特别针对学界关于坦萨尔其人及该书信的真实性的质疑进行了回应。她从口传文学的特点及萨珊王朝的历史事实出发，令人信服地指出《书信》的确是阿达希尔一世时期的作品，对帕提亚王朝后期和萨珊王朝初期的政治、宗教史研究意义重大。[①] 玛丽·博伊斯是西方学界 20 世纪下半叶最有代表性的古典伊朗学家之一，她的英文译本也成为《书信》的最重要的现代语文译本。

《书信》记载了在阿达希尔一世的执政时期，大祭司坦萨尔对所参与重要政治事件的分析，从中可以了解萨珊王朝初期的政治和宗教状况，因而为研究古伊朗历史的学者所关注。如已故哈佛大学的费耐生教授（Richard N. Frye，1920—2014 年）在其著作《波斯的遗产》（*The Heritage of Persia*）中分析了《书信》的若干内容，并将坦萨尔与后继辅佐沙普尔一世（Šapur Ⅰ，240—272 年在位）的大祭司卡提尔（Kirdēr）比较，考察了萨珊王朝初期掌权者的政治和宗教政策。[②] 已故伊朗学者塔法左里（Ahmad Tafazzoli，1937—1997 年）则利用《书信》内容讨论了萨珊波斯的社会阶级构成。[③] 美国学者普莎莉雅蒂（Parvaneh Pourshariati）则探讨了书信对于研究萨珊王朝晚期社会变革的意义。[④]

有关《坦萨尔书信》，国内学界未见专门系统的研究。仅有从事世界古代史研究的学者在讨论萨珊王朝初期的历史时有所提及。如李铁匠先生曾言及《坦萨尔书信》“是一本别有用心的伪书”，惜未详细论述。[⑤] 孙培良先生在 1995 年出版的《萨珊朝伊朗》一书中，提

---

① Mary Boyce transl., *The Letter of Tansar*, pp. 1 –25.

② R. N. Frye, *The Heritage of Persia*, London: Weidenfeld and Nicolson, 1962, p. 219.

③ Ahmad Tafazzoli, *Sasanian Society*, New York: Bibliotheca Persica Press, 2000.

④ Parvaneh Pourshariati, *Decline and Fall of the Sasanian Empire. The Sasanian-Parthian Confederacy and the Arab Conquest of Iran*, London · New York: I. B. Tauris, 2008, pp. 85 –94.

⑤ 李铁匠：《伊朗古代历史与文化》，江西人民出版社 1993 年版，第 220 页。

到了坦萨尔对萨珊王朝初期政治举措和对《阿维斯陀经》的搜集修订所做的努力。① 不过亦未展开讨论。

如上所述，《书信》的内容是萨珊王朝开国皇帝阿达希尔一世的祭司长坦萨尔，对尚未臣服的地方首领的回应。因此，若要深入理解书信内容及其文献价值，首先须对当时的历史背景有所认识。

二　《书信》产生的时代背景

根据文献记载，至迟在205—206年，波斯法尔斯省统治者帕帕克（Papag）即开始宣称要摆脱帕提亚王朝的统治而独立，到公元222年，他的继承人沙普尔（Shapur）死于非命，帕帕克的另一子阿达希尔得以掌权，他首先武力征服了反对其称王的法尔斯一带的小国诸侯，然后开始起兵反抗帕提亚国王。公元224年，阿达希尔在霍尔木兹甘（Hormozgan）平原的会战中，击败了帕提亚王朝末代统治者阿达万（Ardawan，即阿尔塔巴努斯四世，Artabanus Ⅳ，213—224年在位），萨珊王朝由此建立，胜利的阿达希尔一世顺理成章地成为整个伊朗帝国的新任统治者，被称为“诸王之王”（šāhān šāh）。然而，帝国建立之初并非一帆风顺。此前的帕提亚王朝仍有不少残余势力，阿达希尔一世首先须镇压其阴谋破坏活动。到公元226年9月，阿达希尔一世正式进入泰西封，并举行加冕典礼。阿达希尔一世在加冕后的多年间将军事的重点放在了巩固实力和对付反对者上，特别是来自罗马和亚美尼亚的阴谋挑拨，后者对于帕提亚王朝卷土重来仍抱有幻想。另外，阿达希尔一世则希望尽快使伊朗高原上反对建立中央集权的各地诸侯们放弃立场，归顺新朝廷。② 面对一个新兴的政权，阿达希尔一世通过复兴其祖先阿契美尼波斯时期（Achaemenid，公元前550—前330年）的管理制度以增强其政权的正统性和合法性，然而

① 孙培良：《萨珊朝伊朗》，西南大学出版社1995年版，第30页。

② R. N. Frye, *The History of Ancient Iran*, München: C. H. Beck'sche Verlagsbuchhandlung, 1984, pp. 291 – 295.

却陷入了瓶颈。根据阿拉伯史家所述，阿达希尔一世并非单纯恢复某一管理机构，而是重新整顿社会秩序。他复兴了阿契美尼时期雅利安人的繁荣，并反抗了罗马的入侵。然而他耗费了更多精力镇压各地对于新政权的反抗，特别是亚美尼亚及其附近地区，这让他在加冕典礼上宣称自己同时还是“非伊朗人之王”的头衔显得名不副实。① 到了他的继承者沙普尔一世时，萨珊王朝才真正战胜了罗马人。② 可以说，《书信》的内容正反映了萨珊王朝初建时内外交困、亟待建立新秩序的要求。

《书信》的作者坦萨尔，为阿达希尔一世的祭司长，由他来代替国王回应地方领主的质疑，正反映了当时政权和宗教之间的紧密联系。根据记载，阿达希尔所出生的法尔斯地区流行水神阿娜希塔（Anahita）崇拜，而其家族亦世代负责管理当地火庙。阿娜希塔神是波斯本土早就流行的神祇，至迟在公元前5世纪时，古波斯阿契美尼王朝的阿尔塔薛西斯二世（Artaxerxes Ⅱ，公元前404—前358年在位）就将阿娜希塔同密特拉、阿胡拉·马兹达一起祭拜。③《阿维斯陀经》诸神颂第五部即为她的颂诗，她广受英雄、战士、王族的崇拜。④ 公元205—206年，阿达希尔的父亲帕帕克成为波斯波利斯附近伊斯塔赫尔（Istakhr）的地方首领，独特的祭司背景使他更容易团结波斯本土的士兵。但帝国建立初期要面对的宗教环境却异常复杂，在萨珊王朝建立之前，伊朗高原的原始宗教以偶像崇拜为主，主要崇拜的神有三位：水神阿娜希塔，太阳神密特拉（Mithra），以及阿胡拉·马兹达。⑤ 而外来的宗教如基督教、犹太教等，在其境内也不乏

① R. N. Frye, *The Heritage of Persia*, p. 211.

② Josef Wiesehöfer, *Ancient Persia. From 550 BC to 650 AD*, transl. by Azizeh Azodi, London · New York: I. B. Tauris Publishers, 1996, pp. 160 – 161.

③ Mary Boyce, *A History of Zoroastrianism*, Vol. 2, Leiden · Köln: E. J. Brill, 1982, pp. 216 – 218.

④ William W. Malandra, *An Introduction to Ancient Iranian Religion*, University of Minnesota Press, 1983, pp. 117 – 130.

⑤ Touraj Daryaee, *Sasanian Persia: The Rise and Fall of an Empire*, London · New York: I. B. Tauris, 2009, p. 3.

信众。琐罗亚斯德教并非仅流行于法尔斯地区，其在伊朗各地均有传播，但各地所信奉的流派是否与法尔斯相同，尚不明确。而阿达希尔想成为全伊朗人之王，力图统治全伊朗，若仅凭当地的阿娜希塔神信仰，显然不易借此在思想上取得全伊朗人的信任。后来的资料也证明，阿达希尔的确要以整个琐罗亚斯德教作为统治全伊朗的思想武器。阿达希尔一世相信他之所以能取得胜利，得益于阿胡拉·马兹达的庇佑。为了纪念自己的胜利，阿达希尔在胜利之城（Firouzabad）、拉贾布（Naqsh-i Rajab）和鲁斯塔姆（Naqsh-i Rustam）等处刻石纪念。在著名的鲁斯塔姆石雕上，阿达希尔骑在马上，下面是帕提亚王朝末代君主阿尔塔巴努斯四世的尸体。对面是同样骑着马的上神奥尔马兹达，踏着恶神阿里曼的身体。上神将统治的象征物授予阿达希尔。通过这组石雕，阿达希尔向世人宣称他的君权来自神授，他乃整个伊朗的君主。① 为巩固统治，阿达希尔一世试图以国家权力规范民众的宗教信仰，着手开始在全境内推广琐罗亚斯德教。

从萨珊王朝诸王们所遗留的碑铭、钱币、石刻的王家艺术图像、印章和银器，以及大量的有关王朝政治、军事等的历史文献中可知，萨珊王朝的国王们信奉琐罗亚斯德教。萨珊王朝之前的阿契美尼王朝、帕提亚王朝（公元前 247—公元 224 年）的诸王们也信奉该教。学界普遍认为，萨珊王朝的宗教态度和政策比前朝普遍强烈。其实问题的关键并非萨珊王朝对宗教本身有多虔诚，而是他们对待前朝的态度与现实是否相符。② 萨珊王朝的一份佚失文献《列王纪》（*Xwadāy-nāmag*）记载了萨珊朝对待前朝的态度。虽然该文书未存世，但其有关萨珊前伊朗史的观点却依赖后世穆斯林史家的征引而为人所知。其中最令人瞩目的是，文中几乎没有关于阿契美尼王朝的历史，仅存其末代君主大流士三世（Darius Ⅲ，公元前 336—前 331 年在位）的虚

① W. Hinz, *Altiranische Funde und Forschungen*, Berlin: Walter de Gruyter & Co. , 1969, pp. 126 - 135.

② Albert de Jong, "Sub specie maiestatis: Reflections on Sasanian Court Rituals", Michael Stausberg ed., *Zoroastrian Rituals in Context*, Leiden · Boson: E. J. Brill, 2004, p. 345.

构形象，主要表现的是他被亚历山大击败的情形。① 从亚历山大东征到萨珊王朝崛起之间，伊朗处于多个“诸侯王”（petty kings，中古波斯语为 kadag-xwadāy，阿拉伯语 mulūk al-ṭawā'if）纷争的分裂期。萨珊时期的“复兴伊朗文化”不得不提到议事日程。

阿达希尔一世初掌政权，正是其威望和权力上升之时，为避免重蹈前朝覆辙，他决定整顿异教。正如前文所述，新帝国建立后仍有一些地区尚未臣服（例如塔巴里斯坦、阿美尼亚等），国王单纯凭借武力无法使其归顺，而只能通过说服的方式将其劝降。② 在已经臣服的地区，则需要统一的信仰去规范人们的精神生活，以保证日后社会安定。阿达希尔一世希望将萨珊皇室所信仰的琐罗亚斯德教扩展到伊朗全境，通过在帝国境内建立起统一的宗教信仰以稳定政局。统治者认为，此前伊朗的分裂不仅仅由于诸侯之间的战乱，也由于诸侯们建造了太多并未得到官方（王家）正式认可的火庙。这实际上是为日后的宗教政策寻找理论根据。阿达希尔最终毁坏了这些火庙，从而在伊朗恢复了统一的中央王朝与宗教。③ 然而作为国教，琐罗亚斯德教仍有不尽如人意之处，如其经典《阿维斯陀经》早已散佚各地，使信众们无所适从，因此国王急需将散落的经典重新收集整理，确定一个正统全面的版本以正视听。④

根据公元9世纪编订的帕拉维文《宗教行事》（*Denkard*）所记，阿达希尔任命大祭司坦萨尔搜集散落在各地的琐罗亚斯德教经文，在当时由祭司们口头传承的文本基础上，将琐罗亚斯德教的教义进行系统整理，编订《阿维斯陀经》的定本。事见《宗教行事》第四卷17—18节的记载：

① A. Sh. Shahbazi, "On the Xuadāy-nāmag", *Iranica Varia. Papers in Honor of Professor Ehsan Yarshater*, Leiden: E. J. Brill, 1990, pp. 208－229.

② Mary Boyce, *Zoroastrians: Their Religion Belief and Practices*, London: Routledge, 1979, 2001, p. 102.

③ Albert de Jong, "Sub specie maiestatis: Reflections on Sasanian Court Rituals", p. 346.

④ 孙培良：《萨珊朝伊朗》，第11页。

> 伟大的诸王之王阿达希尔，帕帕克之子，在正义之路上接受了坦萨尔的建议，要求将所有散落的经文收归宫廷。坦萨尔表明：有一些经文他可以接受，也有一些则因非权威性而被遗弃。而且他发布了如下命令：就我们而言，任何与马兹达教传统不同的解释，只要富有洞察力、内容丰富，就不比原文差。①

实际上表明了坦萨尔在搜集经典时不局限于原始经典，对于一种重要的解释性文本，他也会酌情采纳。具体到《宗教行事》的收集整理，《宗教行事》第三卷亦有记录：

> 然后，伟大的诸王之王阿达希尔，帕帕克之子，开始恢复伊朗人的王国，这部书也被从各地收归一处。正直的坦萨尔来了，他精擅传统，是主要的导师。国王命他将本书与（口传的）《阿维斯陀经》比较，加以补充完善。一切按计划行事。他命令将书保存于总督的宝库，似乎这本书成为原始的光明火种，其中蕴含的教理精华应尽可能地广为传布。②

如有多种相类的文本共存，则由坦萨尔进行甄别，选出更为精当者作为最终版本。③ 在完成《阿维斯陀经》的版本甄别后，坦萨尔还宣称："解释阿胡拉·马兹达的教诲乃吾之职责，现在（这些文本）已足够完整了。"④

新成立的政权难免面对种种问题，统治者有时会分身乏术。因为新政权所需解决的政治和军事问题常常围绕宗教问题发生；而经济设

① Prods Oktor Skjærvø, *The Spirit of Zoroastrianism*, Yale University Press, 2011, p. 41. Mansour Shaki, "The Dēnkard Account of the History of the Zoroastrian Scriptures", *Archīv Orientālnī*, Vol. 49, 1981, pp. 116, 118–119.

② Prods Oktor Skjærvø, *The Spirit of Zoroastrianism*, pp. 39–40.

③ Touraj Daryaee, *Sasanian Persia: The Rise and Fall of an Empire*, p. 71.

④ Mary Boyce, *Zoroastrians. Their Religions Belief and Practices*, p. 103.

施的重建和文化教育的复兴，也需倚靠掌握了先进知识技术和教育资源的上层祭司。单纯的行政人才可能无法满足萨珊王朝执政者的需要，所以阿达希尔一世需要对宗教事务熟悉，又可在处理政务上给予他帮助的人才。在萨珊王朝后期，帝国的祭司分为两种不同的类型，一种是专门辅佐皇帝处理政事的行政类祭司，而另外一种则是从事宗教活动的宗教类祭司。① 而在萨珊王朝初期，祭司是身兼二任的，作为萨珊王朝首位大祭司的坦萨尔无疑是辅佐阿达希尔一世的最佳人选。帝国建立之初在整饬全国宗教信仰方面，他贡献甚巨，然而文献有关坦萨尔生平的记载阙如，远不及他的继任大祭司卡提尔丰富。② 这方面，《书信》的有关记载提供了有益的补充。

三　《书信》所记萨珊初期的宗教政策

《书信》中，坦萨尔对古什纳斯普的质问逐一进行解释和反驳，并十分巧妙地劝说其归顺。在信的开头，坦萨尔首先表明自己的态度和立场，他强调自己专注于宗教修行，对世俗中的享乐并无过多追求。③ 他重申了自己在宗教管理中所承担的职责，简明扼要地划清与政治的界限。坦萨尔试图以宗教修行者的身份与古什纳斯普对话，主动表明自己与国王的不同立场，这种表面的中立无疑易使听者信服。

接着，坦萨尔谈到了信仰琐罗亚斯德教给他个人所带来的种种益处。他更以帕提亚王朝末代统治者为例，将不信教作为其战败的最主要原因。④ 紧接着坦萨尔向古什纳斯普保证，自己所传播的琐罗亚斯德教教义主张行善，所有行为皆循上神善的指引。⑤ 在各种威逼利诱古什纳斯普，趁其精神放松之机，坦萨尔第一次劝导其归顺。坦萨尔

---

① 青木健:《ゾロアスター教の興亡——サーサーン朝ペルシアからムガル帝国へ》，第114頁。

② R. N. Frye, *The Heritage of Persia*, p. 219.

③ Mary Boyce transl., *The Letter of Tansar*, pp. 29 – 31.

④ Mary Boyce transl., *The Letter of Tansar*, p. 32.

⑤ Mary Boyce transl., *The Letter of Tansar*, p. 34.

以保留王位和权力为条件，并列举此前已归顺者的优厚待遇，借以劝说古什纳斯普尽早表明态度。①

坦萨尔对古什纳斯普诸般质疑的解答，实际表明了阿达希尔一世诸政策出台的历史背景，阐明了新政权的基本态度和立场。古什纳斯普问道："虽然阿达希尔一世致力于恢复古代的文明，但有人指责他抛弃了传统，或许他的做法有利于社会，但却与我们的信仰背道而驰。"② 从古什纳斯普的质疑可以看出，塔巴里斯坦地区的信仰可能与波斯本土有所不同，古什纳斯普并未完全否认阿达希尔一世复兴阿契美尼王朝某些制度的举措，但基于信仰的差异，他对帝国肇建时国王的新政颇有微词。对此坦萨尔没有直接回应两地信仰的差异，而是回答道：

> 但你必须认识到所谓的"传统"有两种，一种是属于古代的"传统"，另一种是现代所创的"传统"。古代的"传统"虽公正，但如何实现早已不为人知，在当下若要求解失去的传统，无疑难上加难。而现代的"传统"则通过某些暴力手段，使人们获得利益上的均衡，然后再去追求最终的平等。所以当我向人们介绍古老的传统时，你们会抱怨其不适用于当代，若如此，古老的传统终会消亡。其实，阿达希尔一世宣布废除了一些酷刑，认为其已不适用于这个时代，你们又会说："这是以前祖先所遗留下来的习俗。"我想你已经认识到了，事情的关键并不在于古代抑或现代，而在于对待传统的态度。现在阿达希尔一世努力地改变现状，并希望扩大影响，现在他的圣明已经超越了以往任何一个时代的君主。③

随后坦萨尔又列举当年亚历山大袭城作为例子，指出在袭城过后伊朗

① Mary Boyce transl., *The Letter of Tansar*, p. 35.
② Mary Boyce transl., *The Letter of Tansar*, p. 47.
③ Mary Boyce transl., *The Letter of Tansar*, p. 47.

的科学文化遭受了巨大损失，这种损失只能通过掌握知识的祭司们才能恢复，以此来说服古什纳斯普接受古波斯的宗教，从中寻找解脱之道。坦萨尔的回答实际暗示了和平归顺才是稳定经济的最佳道路，从侧面动摇了古什纳斯普原本的想法。坦萨尔一再声明，他并非强迫古什纳斯普服从阿达希尔一世的统治，而是想要帮助他脱离邪恶宗教的控制。① 可以说，坦萨尔对古什纳斯普的回应，是以宗教手段来实现政治上的目的。

接下来是坦萨尔和古什纳斯普对阿达希尔具体政策的讨论。古什纳斯普反映，国王的政策过于血腥和暴力，造成国王和民众之间越发疏远。对此，坦萨尔认为，有很多统治者极少采用重刑但很容易在其他方面草菅人命，而阿达希尔一世的政策杀鸡儆猴，易防微杜渐；而且这些看起来残忍的刑罚，在多数时候可以通过表示悔改而被赦免，除了三种严重的情况：异教，叛变叛逃，以及不行正法。② 古什纳斯普在信中说："我不认为宗教与法律之间存在什么必然关联，阿达希尔一世忽视了惯例。"坦萨尔反驳道："阿达希尔发现了异教的堕落与混乱，他尝试对此进行改革。"③ 坦萨尔更列举宗教法中关于死后继承的例子，说明宗教对社会管理的作用。阿达希尔要求将富人和商人的部分钱财平摊给穷人，这一政策也遭到古什纳斯普的诟病，坦萨尔从宗教法的角度暗指反对者皆为无良之人，并提出帮助穷人度过经济上的难关乃为宗教正法：

阿达希尔一世在各个地区设置观察员监督人们生活，如果有

---

① Mary Boyce transl., *The Letter of Tansar*, p. 40.

② Mary Boyce transl., *The Letter of Tansar*, p. 41. 有关古波斯叛逆之罪亦见于中国古代史书的记载，如《旧唐书》卷一九八《西域》记波斯国："其叛逆之罪，就火祆烧铁灼其舌，疮白者为理直，疮黑者为有罪。"（后晋）刘昫等撰：《旧唐书》卷一九八《西域》，中华书局 1975 年标点本，第 5312 页。详细考察参阅张小贵《古波斯"烧铁灼舌"考》，《西域研究》2011 年第 1 期，第 108—115、144 页；收入同作者《祆教史考论与述评》，兰州大学出版社 2013 年版，第 3—14 页。

③ Mary Boyce transl., *The Letter of Tansar*, p. 46.

人去世则立即报告给此区域的祭司，祭司将根据风俗从后人中选出继承人。如果其无男性继承人，人们将会共同负责操办其葬礼，并照顾其年幼孩童。这是阿达希尔一世所乐于见到的，也是我为何坚持实行宗教法的原因。①

古什纳斯普不理解为何阿达希尔一世硬性规定了个人的消费水平，甚至将其定为法律。坦萨尔解释道，这是为了区分和辨别不同人群，让人们在社会中适得其所：

贵族可通过出行排场和衣着区别于商人和游牧诗人，在社会生活的各方面都要彰显这种不同。而战士则需被全体人民所敬仰，因为他们牺牲了自身的一切去与敌人对抗，使其他人可以安享和平，平民就应该悦纳他们。战士则应该尊敬贵族，并为自己的身份感到自豪。如果我们允许各个阶层的人们自由追逐欲求，而他们也为所欲为，那就会很快不知节制而穷困潦倒。国库也会随之空虚，战士的军饷无法发放，国之将亡。②

他还向古什纳斯普解释了如何正确划分四个社会等级，并指出若出现某一阶层人口数量不足，社会无法正常运作，政权则应及时采取对策。③

坦萨尔还反驳了古什纳斯普对监察体制的不满："正直的人无需感到害怕，所有的反馈均会经过证伪而上达阿达希尔一世；若你洁身自好，他们如实上告，你应该为此感到高兴，因为他们替你向阿达希尔一世表达了忠心。"④ 纵使古什纳斯普并无归顺之意，面对坦萨尔这样让他"进退两难"的回答，也不得不动了效忠新政权的念头。

① Mary Boyce transl., *The Letter of Tansar*, p. 51.
② Mary Boyce transl., *The Letter of Tansar*, p. 48.
③ Mary Boyce transl., *The Letter of Tansar*, p. 38.
④ Mary Boyce transl., *The Letter of Tansar*, pp. 50 – 51.

古什纳斯普的最后疑问事关王位继承，他提出王位继承者应由地方掌权者和祭司们共同讨论选出。他试探了坦萨尔对于王位继承的看法，如果坦萨尔态度宽容，则为他日后参与商议王位继承人、扶持傀儡皇帝提供借口；若坦萨尔拒绝地方掌权者参与讨论，而主张由祭司左右王位继承，那么他可以通过与坦萨尔交好，为自己谋得利益。但坦萨尔认为，在决定王位继承人这件事上，阿达希尔一世应与所有人保持距离，他的决策不能被任何人左右。坦萨尔建议阿达希尔一世应将王位继承书亲手誊写三份，分别交给宗教上、军事上以及政治上最信任的人。一旦他离世，则由三方共同公布继承王位的人选。若三方中有一方出现变动，则转而通过祷告求神的方式，由神选决定。[①] 古什纳斯普对当时阿达希尔一世迟迟不公布储君人选表示不解，坦萨尔对此进行了详细解释：

> 若早早地指定某人作为继承人选，那他就会开始猜忌身边之人。倘若旁人待他稍有松懈，他内心的不满就会加剧。阿达希尔一世说过："继承人，说白了就是在等我死。"对王位的渴望会使他拥有的美德消失，这对日后统治国家没有益处，还不如秘而不宣。敌人从不缺乏花招和计谋，从中挑拨离间可能会使储君造反，人民将会因其名不正言不顺而反对他。在登上王位前，储君应保持一贯恭顺，并能克制与人争斗的想法，还应该意识到挫折对自己的重要性。[②]

《书信》中，坦萨尔的回复极具策略，准确把握住每个问题的关键，令人信服地一一作答。且他谦逊有礼，不仅在书信的开头赞美古什纳斯普本人及其先祖，在书信结尾之处还请其原谅自己的冒失，感谢古什纳斯普来信的耿直。作为辅佐阿达希尔一世的得力助手，在劝说古

---

① Mary Boyce transl., *The Letter of Tansar*, p. 61.

② Mary Boyce transl., *The Letter of Tansar*, p. 51.

什纳斯普归顺这一事件中，他尽责地完成了本职工作。这也表明当时宗教乃为政权服务的本质。

《书信》除对阿达希尔在世俗社会中的政策进行讨论外，也直接记载了新政权的若干宗教举措。为将法尔斯地区所流行的琐罗亚斯德教向伊朗全境传播，坦萨尔按照国王的旨意，将帕提亚时代各地所设置的不同圣火送回发源地，捣毁神庙中的偶像，代之以萨珊王朝官方承认的圣火，并按照法尔斯地区琐罗亚斯德教的标准改建神庙。坦萨尔打算先在各地确立起符合国教标准的圣火和火庙后，再逐步开展具体的传教活动。正是由于萨珊王室出身于法尔斯地区的祭司家族，才会对圣火的正统性有着苛刻的要求。[1] 替换圣火和摧毁神庙的举动自然引起各地区人民的不解和抱怨，古什纳斯普对此也颇有微词："阿达希尔一世命人把火带离了神庙，并熄灭了它们，在此之前没有人会料到你们对宗教的迫害如此严重。"[2] 坦萨尔并没有回避在实施这一政策过程中出现的暴力场面，也没有推卸责任，而是从另一个角度解释该等举措的动机和理由：

> 这个消息十分令人悲痛，但我认为您的理解出现了偏差。事实是，以前大流士让人们为他建造了属于他自己的神庙。这纯粹是个人的激进行为，没有任何宗教权威可言。所以阿达希尔一世必须摧毁这些不合教义的建筑，没收相关财产，并将那些来历不明的圣火带回其发源地。[3]

从坦萨尔的回答我们可以了解到，他虽对替换圣火和摧毁神庙过程中出现的暴力血腥场面感到抱歉，但并不认为这一政策本身有何过错。当然古什纳斯普的质疑也反映了帝国建立之初在统一信仰方面步履维艰。正如意大利伊朗学家纽利（Gnoli）所指出的："萨珊王朝建立初

---

① 青木健：《ゾロアスター教史》，東京：刀水書房，2008 年，第 118 頁。

② Mary Boyce transl., *The Letter of Tansar*, p. 47.

③ Mary Boyce transl., *The Letter of Tansar*, p. 47.

期，琐罗亚斯德教未能成功解决人们思想上的困惑：祭司们的新宗教，复兴的、体系化、经典化的琐罗亚斯德教已经获取波斯新贵们的支持，成为他们的新工具。它无法和不愿意——事实上也未曾——令人信服地解决这些困惑，这是当时伊朗的普遍情况，因此很多人改信摩尼教和基督教。"①

四　结语

"宗教与政治是孪生兄弟"②，《坦萨尔书信》描绘了阿达希尔一世在位期间的社会和宗教状况，并提出要"恢复正教以正国家基础"，这封书信也成为琐罗亚斯德教和萨珊伊朗国家意识形态相结合的宣言，"宗教和王权相生相继，其联系坚不可破"③。不过从坦萨尔的回应与态度可知，他多是遵照阿达希尔一世的授意完成任务，并充分利用自己祭司的身份居中调停。这一时期祭司并未过多干涉国家政治事务，统治者也未有意向祭司阶层放权，宗教和政治决定权依旧由祭司出身的皇帝掌握。萨珊王朝的国王们尽量通过重用某些祭司、使用宗教语言、进行慷慨的宗教捐赠来控制宗教，但是宗教和政治的融合只是一个口号，国王和祭司们各有立场，为己方摇旗呐喊，而并非事实。④ 从以上论述可见，宗教乃为政治服务，至少在萨珊王朝初期是如此。

① G. Gnoli, *The Idea of Iran. An Essay on its Origin*, Roma: Istituto Italiano per il Medio ed Estremo Oriente, 1989, p. 159.

② S. Shaked, "From Iran to Islam: Notes on Some Themes in Transmission", *Jerusalem Studies in Arabic and Islam*, Vol. 4, 1984, pp. 31 – 40.

③ Mary Boyce transl., *The Letter of Tansar*, p. 12.

④ Shaul Shaked, *Dualism in Transformation. Varieties of Religion in Sasanian Iran*, London: School of Oriental and African Studies, 1994, pp. 1 – 2.

中古波斯文《千条律例书》述略

根据文献记载，古伊朗社会曾颁行大量法律文书（称为 dādestān-nāmag），但此类文献大多没有保存下来，中古波斯文（这里主要指帕拉维文，Pahlavi）《千条律例书》（*Mādayān ī Hazār Dādestān*）是现存唯一一部伊朗萨珊王朝时期的法律文书，且仅有一个残缺抄本存世。而其他现存中古波斯文文献，主要是用来注解琐罗亚斯德教经典《阿维斯陀经》和书写一些宗教经文的。因此《千条律例书》对于了解古代伊朗社会和法律的重要意义自不待言。

一　文书的发现与研究

1872 年，印度帕尔西学者安克雷萨利亚（T. D. Anklesaria）在伊朗购买了 20 叶该写本写卷，并将其带回孟买。接着，伊朗学者哈塔利亚（Mânockji Limji Hoshang Hâtariâ）也购买了同一写本的另外 55 叶，并将其保存在自己的图书馆里。很快，随着哈塔利亚图书馆搬至印度，这部分写本也被搬到了孟买。这 55 叶写本中包含了写有书名和作者的起始页。著名的印度帕尔西学者莫迪在 1901 年刊布了哈本影印件，将哈塔利亚图书馆收藏的写本影印，并撰有长篇导言。[①] 这一部分写本构成了《千条律例书》的前半部。1912 年，经过了长期准备后，安克雷

① J. J. Modi, *Mâdigân-i-Hazâr Dâdistan*, Poona: The Government Photozincographic Department, 1901.

萨利亚亦将其所收集的20纸写本影印刊布，成为《千条律例书》的后半部，该影印册同样附有莫迪所撰写的导言。① 经过比对，学者们判定两份抄本乃同一抄写者写就，所用纸张亦相同。在导言中，莫迪根据写本上标记的波斯文数字，详细讨论了现存写本的顺序，以及写本丢失的情况。正如莫迪所指出的，写本所标记的页码并非写本册页的原始顺序，如哈本原本中的40a，即79页，才是起始页。据估计，整份写本并不完整，至少有50纸缺失，相当于写本总数的40%。此外，现存写本保存状况不太理想，不少写本虫蛀情况严重。② 两份写本现均保存在印度孟买的卡玛东方学研究所（K. R. Cama Oriental Institute）。

西方学界则是从19世纪末法国学者达米斯提特（J. Darmesteter）与英国学者韦斯特（E. W. West）的文章中了解到这一写本存世的信息。③ 从1910年起，德国伊朗学家巴托洛梅（Ch. Bartholomae）发表了研究《千条律例书》的系列论著，选取文书的若干章节进行转写、德译，并附有注释和语言学的研究，尽管其某些论断今天需要重新讨论，但巴氏所著无疑是该写本研究的奠基之作。④ 而后，巴托洛梅的学生帕格里阿罗（A. Pagliaro）相继发表了几篇文章，讨论了文书所见的若干法律术语。⑤ 法国伊朗学家米纳斯（J. -P. de Menasce）

① T. D. Anklesaria, *The Social Code of the Parsis in Sassanian Times or Mādigān ī Hazār Dādistān*, Part II, Bombay, 1912.

② A. Perikhanian, *The Book of a Thousand Judgements (A Sasanian Law-Book)*, translated from Russian by Nina Garsoïan, Costa Mesa, California and New York: Mazda Publishers in association with Bibliotheca Persica, (Persian Heritage Series 39), 1997, p. 9.

③ J. Darmesteter, *Revue critique d'histoire et de littérature*, nour. Sér., XXIV/49, 1887, pp. 425 – 427; E. W. West, "Pahlavi Literature", *Grundriss der iranischen Phiologie*, II, Strasburg: Verlag von Karl J. Trübner, 1896 – 1904, pp. 116 – 117.

④ Chr. Bartholomae, *Über ein sasanidisches Rechtsbuch*, Heidelberg: Carl Winter's Universitätsbuchhandlung, 1910; *Zum sasanidischen Recht*, I – V, Heidelberg: Carl Winters Universitätsbuchhandlung, 1918 – 1923.

⑤ A. Pagliaro, "L'anticresi nel diritto sāsānidico", *Rivista degli Studi Orientalni* (*RSO*), Vol. 15, 1935, pp. 275 – 315; "Note di lessicografia pahlavica", *RSO*, Vol. 23, 1948, pp. 52 – 68; "Aspetti del diritto sasanidico: *hačašmānd* '*interdictum*'", *RSO*, Vol. 24, 1949, pp. 120 – 130; "Notes on Pahlavi Lexicography", *Prof. Jackson Memorial Volume*, Bombay: The K. R. Cama Oriental Institute, 1954, pp. 72 – 83.

则几乎将文书所记有关火庙“为灵魂”而进行私人捐赠的信息全部检出，进行转写与翻译，并对有关问题进行了深入讨论。[①] 玛丽·博伊斯（Mary Boyce）则在米纳斯研究的基础上，将文书有关火庙捐赠和祭祀的记载收集整理，将其置于整个琐罗亚斯德教圣火崇拜和虔诚捐赠的背景下进行了深入讨论。[②] 克林根施密特（G. Klingenschmitt）发表文章，讨论了文书中有关家庭法的部分内容。[③] 苏联学者佩里卡妮安（A. Perikhanian）则根据文书的相关内容，讨论了古伊朗法律和社会制度等问题，是文收入 1983 年出版的《剑桥伊朗史》第三卷中。[④] 2002 年，丹麦学者赫杰拉德（Bodil Hjerrild）出版了《琐罗亚斯德教家庭法研究》一书，即以《千条律例书》所记资料为主，辅以其他中古波斯文资料，对琐罗亚斯德教家庭法进行了深入的个案研究。[⑤]

第一位将文书全文翻译成现代语言的是印度帕尔西学者布萨拉（S. J. Bulsara），不过其译文饱受学界诟病，已基本失去参考价值。[⑥]

---

① J. – P. de Menasce, “Le protecteur des pauvres dans l'Iran sassanide”, *Mélanges H. Massé*, Téhéran, 1963, pp. 282 – 287; “Some Pahlavi Words in the Original and in the Syriac Translation of Išōbōxt Corpus Iuris”, *Dr. J. M. Unvala Memorial Volume*, Bombay: Kaikhusroo M. JamaspAsa, 1964, pp. 6 – 11; *Feux et fondations pieuses dans le droit sassanide*, Paris, 1964; “Les données géographiques dans le *Mātigān ī Hazār Dātistān*”, *Indo-Iranica. Mélanges présentés à G. Morgenstierne*, Wiesbaden, 1964, pp. 149 – 154; “Textes pehlevis sur les qanats”, *Acta Orientalia*, Vol. 30, Copenhagen, 1966, pp. 168 – 175; “Formules juridiques et syntaxe pehlevie”, *Bulletin of the Iranian Culture Foundation*, Vol. 1. 1, 1969, pp. 11 – 20.

② Mary Boyce, “On Sacred Fires of the Zoroastrians”, *Bulletin of the School of Oriental and African Studies* (*BSOAS*), Vol. 31. 1, 1968, pp. 52 – 68; “The Pious Foundations of the Zoroastrians”, *BSOAS*, Vol. 31. 2, 1968, pp. 270 – 289.

③ G. Klingenschmitt, “Die Erbtochter im sassanidischen Recht”, *Münchener Studien zur Sprachwissenschaft* (*MSS*), Vol. 21, 1967, pp. 59 – 70; “Neue Avesta-Fragmente”, *MSS*, Vol. 24, 1971, pp. 111 – 174.

④ A. Perikhanian, “Iranian Society and Law”, Ehsan Yarshater ed., *The Cambridge History of Iran*, Vol. 3 (2), Cambridge University Press, 1983, pp. 627 – 680.

⑤ Bodil Hjerrild, *Studies in Zoroastrian Family Law. A Comparative Analysis*, Copenhagen: Museum Tusculanum Press, 2002.

⑥ S. J. Bulsara, *The Laws of the Ancient Persians as found in the “Mâtikân ê hazâr Dâtastân” or “The Digest of a Thousand Points of Law”*, Bombay: The Fort Printing Press, 1937.

1973 年，苏联学者佩里卡妮安重新整理并将全部文书转写、翻译成俄文，为后来学者的研究奠定坚实的基础。1997 年佩氏的著作被英译出版，极便不谙俄文的学者参考。[①] 20 世纪 80 年代以来，有关该文书研究最有代表性的学者是德国伊朗学家玛丽娅·玛祖赫（Maria Macuch），她于 1981 年、1993 年出版了对文书的整理研究本，将全部文书转写、德译，并附有详细的注释与评论。[②] 佩氏和玛氏根据文书所附的波斯文数字，重新理清了篇章顺序，但也偶有差异之处，[③] 学者们在参考时应予以注意。不过需要指出的是，佩里卡尼安的转写主要依据的是巴托洛梅以及之后的尼堡（H. S. Nyberg）、贝利（H. W. Bailey）、本凡尼斯特（E. Benveniste）等伊朗学家在 20 世纪上半叶所确立的帕拉维文转写体系，其与萨珊王朝晚期的中古波斯文语言状况颇有差距。而现今国际伊朗学界通用的转写体系是 20 世纪 60 年代以来麦肯基（D. N. MacKenzie）所确立的。[④] 因此，若要系统研究这份法律文书，首先应对比写本原件（影印件），根据学界已有的研究成果，对佩氏和马氏的转写翻译重新检讨，从而整理出一个更为可靠的转写本。

《千条律例书》不仅是研究古伊朗律法的珍贵文献，其中也包含有关伊朗周边诸文明古代律法的珍贵信息。玛祖赫在全面整理文书的基础上，还专门发表多篇论文，系统讨论了萨珊伊朗法律对伊斯兰法学的影响、[⑤]

---

① A. Perikhanian, *The Book of a Thousand Judgements (A Sasanian Law-Book)*.

② Maria Macuch, *Das Sasanidische Rechtsbuch "Mātakdān i hazār dātistān" (Teil II)*, Wiesbaden: Deutsche Morgenländische Gesellschaft, 1981; *Rechtskasuistik und Gerichtspraxis zu Beginn des siebenten Jahrhunderts in Iran: Die Rechtssamlung des Farroḫmard i Wahrāmān*, Wiesbaden: Harrassowitz Verlag, 1993.

③ 如莫迪影印本第 31 章第 76 页—77 页第三行，根据波斯文数字应为第 7 章，而莫迪误写为第 47 章，佩氏从之。见 J. J. Modi, *Mâdigân-i-Hazâr Dâdistan*, p. ii. A. Perikhanian, *The Book of a Thousand Judgements (A Sasanian Law-Book)*, p. 187。

④ D. N. MacKenzie, "Notes on the transcription of Pahlavi", *BSOAS*, Vol. 30. 1, 1967, pp. 17 – 29; *A Concise Pahlavi Dictionary*, London: Oxford University Press, 1971.

⑤ Maria Macuch, "Die Zeitehe im sasanidischen Recht-ein Vorläufer der šīʿitischen Mutʿa-Ehe in Iran?" *Archälogische Mitteilungen aus Iran (AMI)*, Vol. 18, 1985, pp. 187 – 203; "Die sasanidische Stiftung 'für die Seele'—Vorbild für den islamischen *waqf*?" in P. Vavroušek ed., *Iranian and Indo-European Studies. Memorial Volume of O. Klíma*, Prague: Enigma Corporation, 1994, pp. 163 – 180.

对巴比伦塔木德的影响,[①] 以及萨珊法和拜占庭法之间的关系等。[②] 近年来，有关这一主题的研究得到重视，比较活跃的学者是匈牙利的贾诺斯·贾尼（Janos Jany），其从审判的角度，将琐罗亚斯德教法和伊斯兰法、犹太法进行了综合比较研究。[③]

根据写本所示，《千条律例书》的编者名叫法罗赫马特·瓦赫拉曼（Farroxmard i Wahrāmān），可惜这个名字仅出现在写本序言中，而且由于名字后面的内容已损毁，所以有关他的生平我们一无所知。不过从文书的内容和所使用的法律术语来看，这位瓦赫拉曼应是位法官（或同时是一位精通法理的法学家），他非常熟悉当时的各种法律术语，熟稔萨珊王朝的法律体系，而且可以接触到宫廷档案和其他珍贵文献。编者在文书中引用的一位法学权威的名字是宇凡·亚姆（Yuvān-Yam），这一名字正好和 9 世纪两位著名的琐罗亚斯德教学者马奴什切尔（Manuščihr）和扎德斯普拉姆（Zātspram）的父亲名字相同。达米斯提特据此认为文书的创作年代应为 9 世纪。不过玛丽·博伊斯客观指出，两个名字一致并不足以表明两人一定同为一人。[④] 而且文书中并无可确认的属于萨珊王朝时空范围之外的证据，相反，其中所出现的众多术语都属于萨珊王朝时期。《千条律例书》中提到了萨珊王朝的国王胡司洛二世（Khosro Ⅱ，公元 591—628 年在位）卑路兹（Parwēz），文书称他是最后一位君主，因此学者们更倾向于认为文书应编于他在位第 26 年之后的某时。[⑤] 无论如何，《千条律例

---

① Maria Macuch, "Iranian Legal Terminology in the Babylonian Talmud in the Light of Sasanian Jurisprudence", in Sh. Shaked and A. Netzer eds., *Irano-Judaica*, Vol. 4, Jerusalem, 1999, pp. 91 - 101; "The Talmudic Expression 'Servant of the Fire' in the Light of Pahlavi Legal Sources", *Jerusalem Studies in Arabic and Islam*, Vol. 26 (Studies in Honor of Shaul Shaked), 2002, pp. 109 - 129.

② Maria Macuch, "Pious Foundations in Byzantine and Sasanian Law", in *La Persia e Bisanzio. Convegno internazionale* (*Roma, 14 - 18 ottobre 2002*), Roma (Atti dei convegni Lincei 201), 2004, pp. 181 - 196.

③ János Jany, *Judging in the Islamic, Jewish and Zoroastrian Legal Traditions. A Comparison of Theory and Practice*, Burlington: Ashgate Publishing Limited, 2012.

④ Mary Boyce, "Middle Persian Literature", *Handbuch der Orientalistik*, Pt I, IV/2, Leiden · Köln: E. J. Brill, 1968, p. 62 and n. 1.

⑤ Maria Macuch, *Rechtskasuistik und Gerichtspraxis zu Beginn des siebenten Jahrhunderts in Iran: Die Rechtssamlung des Farrohmard i Wahrāmān*, pp. 9f.

书》可能编纂于阿拉伯入侵伊朗之前不久，它的内容完全是萨珊伊朗时期的，并未受到伊斯兰时代法律发展的影响。

尽管文书的内容应该创作于萨珊王朝晚期，但根据文书所附的波斯文题记，现存的唯一写本应抄于17世纪：

> 本书被阿斯凡特亚尔·诺什拉凡（Asfandyār Nōširvān）的女儿给她……鲁斯塔姆·诺什拉凡·巴曼亚尔（Rustam Nōširvān Bamānyār），交换《亚什特》（Yašts）和《维斯帕拉特》（Visparad）。全部账户上的1000第纳尔的钱也转交给他。写于亚兹德（Yazdkart）1006年阿达尔月（Adar）戈什日（Goš）。[①]

亚兹德（Yazdkart）1006年即公元1637年，一般认为这个年份是写本抄就的时间。众所周知，古波斯琐罗亚斯德教具有悠久的“口传经典”之传统，[②] 汉文史籍对波斯法律传统的描述也与其相符合，如《旧唐书》卷一九八记载波斯“断狱不为文书约束，口决于庭”[③]。《新唐书》卷二二一下记载波斯“断罪不为文书，决于廷”[④]，这或许有助于理解《千条律例书》写本为何如此晚出吧。

二 内容特点

根据学者的研究，到萨珊王朝时期，古伊朗的法律已经发展出独立的体系，到王朝末期，有关司法实践也逐渐摆脱宗教的束缚，两者只保持着

---

① J. J. Modi, *Mâdigân-i-Hazâr Dâdistan*, p. xii.

② Ph. G. Kreyenbroek, “Theological Questions in an Oral Tradition: the Case of Zoroastrianism”, in R. G. Kratz and H. Spickermann eds., *Götterbilder*, *Gottesbilder*, *Weltbilder. Polytheismus und Monotheismus in der Antike. Band I*: *Äypten*, *Mesopotamien*, *Persien*, *Kleinasien*, *Syrien*, *Palästina* (Forschungen zum Alten Testament, Reihe 2, 17), Tübingen: Mohr Siebeck, pp. 199–222.

③ （后晋）刘昫等撰：《旧唐书》卷一九八《西域》，中华书局1975年标点本，第5312页。

④ （宋）欧阳修、宋祁等撰：《新唐书》卷二二一下《西域》下，中华书局1975年标点本，第6258页。

松散的联系。不过，萨珊王朝奉琐罗亚斯德教为国教，其经典《阿维斯陀经》以及帕拉维文的翻译与注解，仍然被当作帝国法律体系的理论基础。正如帕拉维文琐罗亚斯德教宗教百科全书《宗教行事》（*Dēnkard*）中所提及的，根据琐罗亚斯德教的早期司法理念，法官（dādwar）的裁决应基于三种主要的法律文献，即《阿维斯陀经》（*awistāg*）、它的帕拉维文翻译与注释（zand）、正义合规类文书（ham-dādestānīh ī wehān）。[①] 揣其文意，第三类文书应为法典法规类文献。然而，《千条律例书》并不同于上类文献，它并非法典，而是详细的案例汇编，取材广泛，涉及宫廷的记录、证词、各种司法作品、法学家的注释、本领域权威专家的语录，以及大量其他久已佚失的文献等。[②] 若要客观评估《千条律例书》在整个古伊朗法律体系中的地位与作用，应首先对古伊朗的法律文献有通盘的了解。一般认为，现存中古波斯文的法律文献可分为三大类。

第一类，明确与《阿维斯陀经》有关的文献，包括注释（zand）文献中的帕拉维文词汇与评论，特别是《教法研习》（*Hērbedestān*）[③]、《仪轨指南》（*Nērangestān*）[④]、《辟邪经》（*Vīdēwdād*）[⑤]，以及《阿维斯陀经》选译本（*Xwurdag abestāg*）的帕拉维文注释所保留的几份文献。[⑥] 不过，对于宗教和法律研究来说更为重要的是《〈辟邪经〉注释》（*Zand ī Fragard ī Juddēwdād*），这是一份独立流传的文书，并未附

① Maria Macuch, *Rechtskasuistik und Gerichtspraxis zu Beginn des siebenten Jahrhunderts in Iran: Die Rechtssamlung des Farrohmard i Wahrāmān*, p. 12, no. 34.

② M. Macuch, *Rechtskasuistik und Gerichtspraxis zu Beginn des siebenten Jahrhunderts in Iran: Die Rechtssammulung des Farrohmard i Wahrāmān*, pp. 11 – 15.

③ F. M. Kotwal and Ph. Kreyenbroek, *The Hērbedestān and Nērangestān*, Vol. 1, *Hērbedestān*, Studia Iranica, Cahier 10, Paris: Association Pour l'Avancement des Études Iraniennes, 1992. H. Humbach, J. Elfenbein, *Ērbedestān. An Avesta-Pahlavi Text*, München, 1990.

④ F. M. Kotwal and Ph. Kreyenbroek, *The Hērbedestān and Nērangestān*, Vol. 2, *Nērangestān*, Fragard 1, Studia Iranica, Cahier 16, Paris: Association Pour l'Avancement des Études Iraniennes, 1995; Vol. 3, *Nērangestān*, Fragard 2, Studia Iranica, Cahier 30, Paris: Association Pour l'Avancement des Études Iraniennes, 2003; Vol. 4, *Nērangestān*, Fragard 3, Studia Iranica, Cahier 38, Paris: Association Pour l'Avancement des Études Iraniennes, 2009.

⑤ 最新的整理本参阅 Miguel Ángel Andrés-Toledo, *The Zoroastrian Law to Expel the Demons: Wīdēwdād 10—15. Critical Edition, Translation and Glossary of the Avestan and Pahlavi Texts*, Wiesbaden: Harrassowitz Verlag, 2016。

⑥ B. N. Dhabhar, *Zand-i Khūrtak Avistāk*, Bombay: The K. R. Cama Oriental Institute, 1927; *Translation of Zand-i Khūrtak Avistāk*, Bombay: The K. R. Cama Oriental Institute, 1963.

于任何阿维斯陀经原文之后。它所包含的内容比已知的《辟邪经》帕拉维文注释更为广泛，表明《辟邪经》有不同的注释本传世。[1] 以上所列举的诸文书都是汇编解诂本，在新的社会历史背景下，那些帕拉维文注释家们尽力试图将阿维斯陀经原本的内容与变化的时代相适应。此外，晚出的《阿维斯陀语—帕拉维文词汇手册》（*Frahang ī ōīm-ēk*）也保留了一些有价值的法律术语的解释。[2] 另一份重要的文献是帕拉维文宗教百科全书《宗教行事》，其第八部中包含了一些有关法律事务的阿维斯陀经文献提要。[3] 虽然这些帕拉维文文献编成于不同时期，但很明显它们都是用来帮助理解阿维斯陀经原文的，而且其中的法律内容总是与宗教混合在一起，构成不可分割的整体。

第二类，独立存在、自成体系的法律文献。萨珊王朝时期一定已经存在大量的此类文献，称为《法书》（dādestān-nāmag），不过只有一份文书的一件抄本保留下来，这就是本文所讨论的《千条律例书》。这份文书并未将宗教理论和法律信息相混同，而是完全集中于讨论司法事务。而且，文书中普遍使用非常成熟的技术语言，而未提供任何解释。新近发现的几份写在羊皮纸和棉布上的帕拉维文草体文书（现收藏于柏林和伯克利），属于 7 世纪的伊朗，也使用了相同的法律术语。[4] 此外，帕拉维文写本 MK 中，保留了一份婚约样本（paymān ī zan griftan），虽然其日期是公元 1278 年，但文书内容的时代明显更早，可能完成于萨珊时期，因为婚约所使用的法律术语与

---

① G. König, "Der Pahlavi-Text *Zand ī Fragard ī Juddēwdād*," in M. Macuch, D. Weber and D. Durkin-Meisterernst eds., *Ancient and Middle Iranian Studies*, Wiesbaden: Harrassowitz Verlag, 2010, pp. 115 – 132.

② H. Reichelt, "Der Frahang i oīm. Teil I. ", *Wiener Zeitschrift für die Kunde des Morgenlandes* (*WZKM*), Vol. 14, 1900, pp. 177-213; "Der Frahang i oīm. Teil II. ", *WZKM*, Vol. 15, 1900, pp. 117 – 186. G. Klingenschmitt, *Frahang i ōīm. Edition und Kommentar*, Inaugural-Diss. , Erlangen, 1968.

③ E. W. West, transl. , *Pahlavi Texts*, Part 4, *Contents of the Nasks*, in F. Max Müller ed. *SBE*, Vol. 37, Oxford University Press, 1882; repr. Motilal Banarsidass, Delhi, 1965, 1970, 1977.

④ D. Weber, *Berliner Pahlavi-Dokumente. Zeugnisse spätsassanidischer Brief-und Rechtskultur aus frühislamischer Zeit*, Wiesbaden: Harrassowitz Verlag, 2008.

《千条律例书》所记完全一致。[①]

第三类文献，包括一些宗教文献的章节，特别是萨珊王朝灭亡之后编纂的中古波斯文宗教文书，其主要目的是保存古老的琐罗亚斯德教习俗与准则，特别是有关婚姻、家庭以及继承等方面的法律，这些内容与伊斯兰时期的新规定完全不同。[②] 比如《宗教判决书》(*Dādistān ī dēnīg*)、[③]《宗教判决书所附帕拉维文教义问答》(*The Pahlavi Rivāyat Accompanying the Dādestān ī Dēnīg*)、[④]《阿杜尔法赫巴伊与法赫巴伊·斯罗什的帕拉维文教义问答》(*Pahlavi Rivāyat of Ādurfarrbay and Farrbay-srōš*)[⑤]、《阿沙瓦希什坦的艾米德教义问答》(*Rivāyat ī Ēmēd ī Ašawahištān*)[⑥]、《许不许》(*Šāyest-nē-šāyest*)[⑦] 及《许不许补编》(*The Supplementary Texts to the Šāyest nē-šāyest*)[⑧]、《宗教裁决》(*Wizīrkard ī dēnīg*)[⑨] 等。在这些文献中，宗教理论和法律问题往往被视作一个整体，并未有严格的区分。文书中也包含了对中古伊朗法律术语和复杂制度的若干解释，据闻是为了防止在伊斯兰巨变的大环境下，这些术语可能被遗忘或误用。[⑩]

---

① Maria Macuch, "The Pahlavi Marriage Contract in the Light of Sasanian Family Law", in M. Macuch, M. Maggi and W. Sundermann eds., *Iranian Languages and Texts from Iran and Turan. Ronald E. Emmerick Memorial Volume*, Wiesbaden: Harrassowitz Verlag, 2007, pp. 183 – 204.

② M. Macuch, "Pahlavi Literature: Works on Jurisprudence", in R. E. Emmerick & M. Macuch eds., *The Literature of Pre-Islamic Iran*, New York: I. B. Tauris & Co. Ltd, 2009, p. 185.

③ Mahmoud Jaafari-Dehaghi, *Dādestān ī Dēnīg*, Part 1, *Transcription, translation and Commentary*, Paris: Association pour l'Avancement des etudes iraniennes, 1998.

④ A. V. Williams, *The Pahlavi Rivāyat Accompanying the Dādestān ī Dēnīg*, Part 2, *Translation, Commentary and Pahlavi Text*, Munksgaard. Copenhagen: Det Kongelige Danske Videnskabernes Selskab, 1990.

⑤ B. T. Anklesaria, *The Pahlavi Rivāyat of Āturfarnbag and Farnbag-srōš*, Vol. 1, *Text and Transcription*; Vol. 2, *Introduction and Translation*, Bombay: Dorab Tata Trust, 1969.

⑥ N. Safa-Isfehani, *Rivāyat-i Hēmīt-i Ašawahištān. A Study in Zoroastrian Law*, Harvard, 1980.

⑦ J. C. Tavadia, *Šāyest-nē-šāyest*, *A Pahlavi Text on Religious Customs*, Hamburg: Friederichsen, de Gruyter & CO m. b. H. , 1930.

⑧ F. M. Kotwal, *The Supplementary Texts to the Šāyest nē-šāyest* (*Šnš*), København: Kommissionœr. Munksgaard, 1969.

⑨ D. P. Sanjana, *Daftar-ī vičirkard ī dēnīk* (*vazarkard dīnī*), Bombay, 1848.

⑩ M. Macuch, "Pahlavi Literature: Works on Jurisprudence", p. 185.

《千条律例书》中也提及与琐罗亚斯德教火庙有关的宗教制度，如火的设施（ādurān，ātaxšān）、慈善捐助（pad ruwān，ruwān rāy）、虔诚供养（ahlawdād）等问题，不过主要是从司法角度来讨论的。《千条律例书》中有两段提及《阿维斯陀经》（MHD 14.17－15.1，48.14－16），但主要关涉帕拉维文注释而非经文原文，所论问题也主要是萨珊王朝晚期的法律问题。也就是说，《千条律例书》是完全独立的法律文献，即便和宗教问题有所牵涉，但不可将两者简单等同。虽然在古伊朗社会历史发展的过程中，法律和宗教的关系一直极为紧密，正如阿达希尔一世所说："须知宗教与王权乃双生兄弟，两者不可缺一，宗教是王权的基础，王权保护着宗教，缺少了其中之一，基础就毁坏，或者是保护者就消失。"[①] 但到了萨珊王朝末期，法律系统变得非常复杂，为适应新的时代变化，当政者有必要将教义理论与法律事务相区分，而《千条律例书》的内容也清楚表明，法学家原本的宗教理论与政权中的法律实践的分歧日益明显。[②]《千条律例书》将这些个案汇编在一起的目的，正是为司法实践提供切实可行、可以遵循援引的案例。

三 学术价值

《千条律例书》主要记载了关涉司法领域中民法、刑法和诉讼法三个方面的案例，内容包括婚姻、继承、财产、租赁、贸易等。文书也记载了丰富的有关萨珊王朝社会结构的信息，有助于复原伊斯兰化之前古伊朗社会生活的诸多方面。本节仅以有关古伊朗婚俗的记载为例，借以窥见文书内容的学术价值。

---

① M. Grignaschi transl.，"Testament of Ardašīr"，*Journal Asiatique*，Vol. 254，1966，p. 70 and n. 10. James R. Russell，"Kartīr and Mānī：A Shamanistic Model of their Conflict"，*Papers in Honor of Professor Ehsan Yarshater*（Ac. Ir. 30），Leiden：E. J. Brill，1990，p. 181.

② Maria Macuch，"Mādayān ī Hazār Dādestān"，http：//www.iranicaonline.org/articles/madayan-i-hazar-dadestan.

根据文书记载，一般情况下，男女成年之后，会安排一种 cum manu mariti 形式的婚姻，称为“特许婚”（pādixšāy），在这种婚姻形式中，男子对他的妻子和子女拥有婚姻权利，他们自然成为他的合法继承人。然而如果该男子无子嗣，或者去世时没有继承人，他的妻子则有义务与另外一名男子（通常是丈夫一系的一名亲属）举行另外一种所谓的“替代婚”（čagar），其目的是第一任丈夫能获得孩子作为继承人（尤其是儿子）。这种第二次婚姻的男子无法享有对自己亲生子的权利。他们是法定父亲（pādixšāy 婚）的合法继承人。如果妻子不育，男子的女儿或姐妹有义务和他结成“替代婚”，为他产子。这三种有责任为男子提供子嗣的女子称为“代理人”（ayōkēn/ayōgēn），这一法律术语意为“为没有男性继承人的男子承担代理继承人的女子”①。这里，若原配妻子不育，该男子可以与自己的女儿或姐妹结成“替代婚”；乍一看，这一婚姻形式显然有悖人伦，颇令人费解。可是联系到史书所记载的古波斯特别的婚俗“血亲婚”，就不难理解了。

主张近亲结婚，即双亲和子女结婚，兄弟姊妹自行通婚是古波斯琐罗亚斯德教的一大特色，至迟在阿契美尼王朝以来已不乏文献记载。② 传世汉文史籍亦有关于这一独特婚俗的记载，如《周书·异域传》有关古波斯婚俗的描述：

> （波斯国）俗事火祆神。婚合亦不择尊卑，诸夷之中，最为丑秽矣。③

---

① G. Klingenschmitt, “Mittelpersisch”, in B. Forssman and R. Plath eds., *Indoarisch, Iranisch und die Indogermanistik. Arbeitstagung der Indogermanischen Gesellschaft vom 2. bis 5. Oktober 1997 in Erlangen*, Wiesbaden: Reichert, 2000, pp. 191 – 229. B. Hjerrild, *Studies in Zoroastrian Family Law. A Comparative Analysis*, Copenhagen: Museum Tusculanum Press, 2003.

② C. Herrenschmidt, “Le *xwêtôdas* ou marriage ‘incestueux’ en Iran ancient”, in P. Bonte ed., *Épouser au plus proche. Inceste, prohibitions et strategies matrimoniales autour de la Méditerranée*, Paris: Éditions de l'École des Hautes Études en Sciences Sociales, 1994, pp. 113 – 125.

③ （唐）令狐德棻等撰：《周书》卷五〇《异域》下，中华书局 1971 年标点本，第 920 页。

《魏书》卷一百零二、《北史》卷九七所载与《周书》略同。[1] 有关这种“诸夷之中，最为丑秽”的婚姻形式，《隋书》所记则更为具体：“（波斯国）妻其姊妹。”[2] 尽管文献关于近亲婚的记载很多，不过古波斯到底在多大程度上流行这一婚俗，则不乏争议之处。[3] 学者们质疑这一婚俗真实性的原因包括如下几方面：第一，当代社会的琐罗亚斯德教徒，无论是历代坚守在伊朗本土的教徒，还是迁徙到印度的帕尔西人（Parsis），都不承认血亲婚。特别是帕尔西人，他们在19世纪末就曾撰文，对阿维斯陀经和古典文献有关血亲婚的记载质疑。[4] 第二，则是众所周知的原因。根据现代社会人类学家的研究，尚未知哪一种文明没有乱伦禁忌的。尽管乱伦禁忌的具体规定并非普遍存在，但“直系血亲禁止婚配”仍被当作研究每个社会的亲属与婚姻关系的基本原则。[5] 第三个原因则源于记载这一风俗的帕拉维文文献本身。现存的帕拉维文献成书时间较晚，多在伊斯兰时期，如已知创作时间最早的是上文提及的《宗教行事》，为公元9世纪开始创作的作品。已知的帕拉维文写本时间最早的是MK，抄写时间为1322年。[6] 所以仅就帕拉维文献的记载，很难判断这一风俗在伊斯兰化之前就早已存在。有学者据此认为这只是在当时的环境下，琐罗亚斯德教社区用以维系自身团结，鼓励族内婚的一种策略。[7] 也有学者进一步质疑道，这一婚俗并非在萨珊波斯社会中广泛存在，正是因为大多数教徒并没有行近亲婚的热

---

① 参阅余太山《两汉魏晋南北朝正史西域传研究》，中华书局2003年版，第65—94页。

② （唐）魏征等撰：《隋书》卷八三《西域》，中华书局2019年标点本，第2087页。

③ 有关这一婚俗在古代中亚及唐宋社会传播痕迹的考察，参阅张小贵《祆教内婚及其在唐宋社会的遗痕》，载余太山、李锦绣主编《欧亚学刊》第6辑，中华书局2007年版，第113—129页；收入所著《中古华化祆教考述》，文物出版社2010年版，第136—159页。

④ Darab Peshtan Sanjana, *Next-of-kin Marriages in Old Iran*, London: Trübner & Co., 1888.

⑤ R. Fox, *Kinship and Marriage. An Anthropological Perspective*, Great Britain: Middlesex, 1967, p. 31.

⑥ Prods Oktor Skjærvø transl. & ed., *The Spirit of Zoroastrianism*, Yale University Press, 2011, p. 6.

⑦ Maria Macuch, “Inzest im vorislamischen Iran”, in *AMI*, Vol. 24, 1991, p. 146.

情，所以文献中才屡屡出现赞美的描述，这是祭司为了鼓励教徒而专门写入经文的。① 而根据《千条律例书》所记，近亲婚除了宗教意义之外，亦不失为保持家庭财产完整的一种手段，因为若将女儿嫁入别人家，无疑会使财产分割。近亲婚不但可保证家庭和财富的完整性，也有益于家庭保持琐罗亚斯德教信仰。为讨论方便，特征引相关记载如下。

《千条律例书》第44章第8—14节记载了父亲和自己的女儿结婚，女儿则得到作为妻子所应继承的那部分财产：

> 如果一个人只有两个女儿，他将把财产和作为财产一部分的房屋的所有权分给长女，然后方可安心死去。有位法学者在注释这段文字时说道："尽管已经得到作为女儿的那部分，长女仍然得到照例为替代继承准备的部分。也就是说，若父亲首先给了他女儿的那部分，然后娶她为妻，妻子那部分仍然会给她。"另一位注释者说道："即使它是照例为替代继承准备的部分，也仍然会分给她作为女儿应得的部分。如果父亲娶女儿为妻，妻子应得的那份会给她，并不因为是女儿而给她女儿应得的那份。她不会继承任何其他财产。"《审判书》则如是记载：长女是代理人。当屋主去世后，屋主的财产则给小女儿。②

第104章第9—11节则记载父亲和女儿结婚后，女儿按律继承妻子应得的金器，而不是女儿应得的银器。也就是说，父女通婚后，妻子的法律身份重于女儿：

---

① Maria Macuch, "Incestuous Marriage in the Context of Sasanian Family Law", Maria Macuch, Dieter Weber and Desmond Durkin-Meisterernst eds., *Ancient and Middle Iranian Studies. Proceedings of the 6th European Conference of Iranian Studies, held in Vienna, 18 – 22 September 2007*, Wiesbaden: Harrassowitz Verlag, 2010, p. 134.

② Maria Macuch, *Rechtskasuistik und Gerichtspraxis zu Beginn des siebenten Jahrhunderts in Iran: Die Rechtssamlung des Farroḫmard i Wahrāmān*, pp. 303f. , 319f. , 347f. .

> 如果他说“把我的金器给我的妻子，我的银器给我的女儿”，即使他首先宣布给女儿，然后宣布给妻子，成为妻子的那个女儿，也不会得到银器，而是得到应属于她的金器。①

第105章第5—10节记载了兄妹为婚的例子，当兄妹成婚后，他们是作为夫妻来继承父亲的土地，而失去单以子女身份继承的权益：

> 如果一个人捐赠了两块地，给另外的照例替代继承人，这两块地将会如是处理，一块专门给首先成年的长子，一块给长女。然后女儿和儿子婚配。这次婚姻中，首先生了一个女儿，接着生了一个儿子，他们再没有其他子女，则第二种安排有效，第一种安排无效。②

第18章第7—12节也同样记载了兄妹为婚的例子：

> 如果他已经规定：“如果儿子和女儿婚配，十年之后我将把财产移交给儿子，让其为儿子所有，然后十年之后，它被移交了。如果他在十年过去之前娶了女儿，它就会在十年过去之前被移交。”如果他宣布：“十年之后，如果儿子娶了女儿，就将财产移交给儿子，让其为他所有。十年之后，若儿子没有和女儿婚配，则按第二种方案分配财产，财产不归儿子所有。”③

---

① Maria Macuch, *Rechtskasuistik und Gerichtspraxis zu Beginn des siebenten Jahrhunderts in Iran: Die Rechtssamlung des Farrohmard i Wahrāmān*, pp. 618, 626.

② Maria Macuch, *Rechtskasuistik und Gerichtspraxis zu Beginn des siebenten Jahrhunderts in Iran: Die Rechtssamlung des Farrohmard i Wahrāmān*, pp. 640, 647, 654.

③ Maria Macuch, *Das Sasanidische Rechtsbuch “Mātakdān i hazār dātistān” (Teil II)*, pp. 41, 164f., 177.

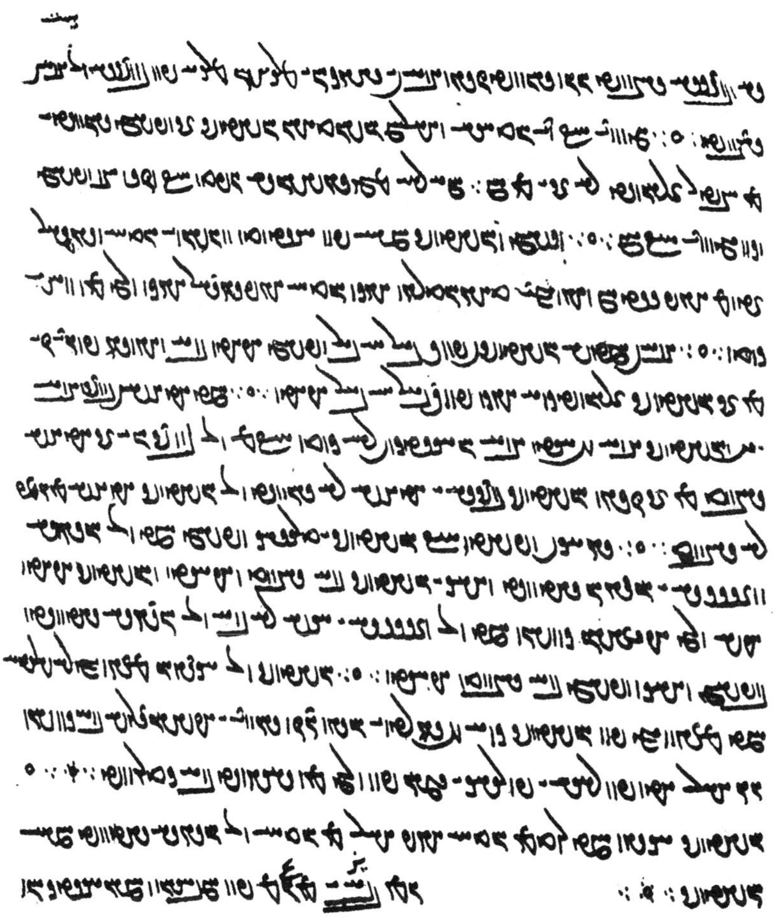

图 1　《千条律例书》写本书影①

此前学界已注意到近亲婚的神学根源和宗教含义,② 而《千条律例书》不止一处记载了父女、兄妹为婚的案例，其皆与财产继承有关系。这或许有助于回答既往学界有关古波斯血亲婚的诸多质疑。

① J. J. Modi, *Mâdigân-i-Hazâr Dâdistan*, Poona: The Government Photozincographic Department, 1901, p. 1.

② 张小贵:《古波斯近亲婚小考》，载江滢河主编《广州与海洋文明》II，中西书局 2018 年版，第 15—28 页。

在中古帕拉维文文献中，《千条律例书》向称难治。一方面，由于文书并不完整，许多内容缺失；另一方面，正如上文所指出的，文书的编者熟谙古波斯法律，在使用很多法律术语时信手拈来，而并未提供过多的解释，因此为今人理解这些术语造成了不少困难。人们对帕拉维文的认识是建立在学界对考古发现的萨珊波斯碑铭、20 世纪初吐鲁番发现的中古波斯文写本，以及 17 世纪后西方学界发现的琐罗亚斯德教经文写本的不断解读研究工作基础之上的，许多语言学的问题悬而未决，这也增加了我们研读《千条律例书》的难度。当然，除了帕拉维文语文学的要求之外，还要结合多种相关文献、萨珊波斯的社会历史背景，才能对文书内容进行更为深入的讨论。

萨珊波斯律法中的罪与罚

公元224年，阿达希尔统一伊朗，建立萨珊王朝，是为古伊朗第三大帝国。阿达希尔力图统治全伊朗，成为全伊朗人之王，遂借助古伊朗传统的琐罗亚斯德教作为思想武器。他相信自己的胜利，乃得益于上神奥尔马兹达（Ohrmazd，阿胡拉·马兹达的中古波斯文形式）的庇佑，于是在胜利之城（Firouzabad）、拉贾布（Naqsh-i Rajab）和鲁斯塔姆（Naqsh-i Rustam）等处刻石纪念。在著名的鲁斯塔姆岩雕上，阿达希尔骑于马背，踩踏着帕提亚王朝末代君主阿尔塔巴努斯四世的尸体；对面是同样骑马的奥尔马兹达，踏在恶神阿里曼的身上。画面中，上神将统治的象征物授予阿达希尔。通过这组石雕，国王向世人宣称他的君权来自神授，他乃整个伊朗的君主。① 根据史书记载，萨珊波斯的历代君主被称作“众王之王”（shahanshah），承载了王家荣光（khwarnah，阿维斯陀语 khvarenah，古波斯语 farnah，新波斯语 farr），体现了王朝与整个国族的繁荣昌盛。萨珊君主被认为是琐罗亚斯德教及其最高创造神奥尔马兹达在人世间的代表。他们是神所指定的保护者，是全伊朗宗教和世俗领域的统治者。在尘世，他们就如同至高神奥尔马兹达一样，是物质世界和精神世界的双重主宰。② 正印证了萨珊波斯的那句名言“明了王权即宗教，宗教即王权……于他们而言，王权基于宗教而确立，宗教基于王权。

---

① W. Hinz, *Altiranische Funde und Forschungen*, Berlin: Walter de Gruyter & Co., 1969, pp. 126 – 135.

② J. K. Choksy, “Sacral Kingship in Sasanian Iran”, *Bulletin of the Asia Institute*, New Series, Vol. 2, Detroit, 1988, pp. 35 – 52.

(hād xwadāyīh dēn ud dēn xwadāyīh…pad awēšān xwadāyīh abar dēn ud dēn abar xwadāyīh winnārdagīh)”[①]这种政教合一的社会历史传统决定了萨珊波斯的法律体系明显带有宗教与政治相结合的特色，其中以刑法尤为突出。

一 罪的分类

随着萨珊帝国的建立，琐罗亚斯德教成为新帝国的国教。在大祭司坦萨尔（Tansar）和卡德尔（Kardēr）领导之下，强大的琐罗亚斯德教教会组织逐渐形成。到了巴赫拉姆二世（Wahram Ⅱ，公元274—293年在位）统治时，卡德尔地位越发显赫，萨珊国王将护持阿娜希塔火庙的大部分宗教权移交卡德尔，并使他成为整个帝国的法官。自此以后，环顾帝国全境，祭司普遍扮演法官的角色，据说很多宫廷案件都是以琐罗亚斯德教律法为依据，除非是在其他少数派宗教团体成员发生争议的时候。[②] 由于波斯政权的庇佑，琐罗亚斯德教的宗教律法开始推行。琐罗亚斯德教的刑法并不局限于本教信众，其同时也是国王和祭司阶层用来限制非本教社团的强有力手段。[③] 虽然宗教法并不能概括整个萨珊波斯法律的全貌，但国王往往任命大祭司来处理法律事务，以刑法为例，很多罪的判定便是由祭司来裁决的。因此本文所讨论的萨珊波斯律法主要还是宗教法。萨珊波斯法律文献中关于各种罪的记载十分丰富，但并没有一个现代法律意义上的分类体系，学者们根据不同的文献记载，至少提出了三种不同的划分方式。

第一种分类，比较概括而抽象，见于14世纪流传下来的《阿维斯陀—帕拉维文词汇》（Frahang i ōīm）的记载：

> 侵犯人们的罪被称为“与对手相关的罪”。其他（的罪）被称为“与灵魂相关的罪”。

---

① Touraj Daryaee, *Sasanian Persia: The Rise and Fall of an Empire*, London: I. B. Tauris, 2009, p. 81.

② Touraj Daryaee, *Sasanian Persia: The Rise and Fall of an Empire*, p. 11.

③ János Jany, “Criminal Justice in Sasanian Persia”, *Iranica Antique*, Vol. 42, 2007, pp. 348 – 349.

winah i andar mardomān winah i hamēmālān ān i abārīg winah i ruwānīg xwānīhēd. ①

柏林自由大学的伊朗学家玛丽娅·玛祖赫（Maria Macuch）据此将萨珊波斯时期的罪行分为两大类：

(1) 违反宗教规定的道德罪行（winah ī ruwānīg"与灵魂有关的罪"）；

(2) 针对琐罗亚斯德教社区其他成员的罪行（winah ī hamēmālān"与对手相关的罪"）。②

Winah ī ruwānīg 一词用指道德或灵魂层面的罪行，具体指违反了宗教戒律的行为，如有意或无意伤害了善的动物，甚至未按教规喂养和保护动物的行为亦在此列。Winah ī hamēmālān，字面意思是"与对手有关的罪"，用指可在世俗法庭起诉的罪行。它最初应包括民事和刑事犯罪，即导致人们之间各类冲突的罪行，比如某些财产纠纷，或有关借贷的争议（属现代民法范畴），以及盗窃、抢劫、袭击、过失杀人、谋杀等犯罪行为（属现代刑法范畴）。若遇到后一类情况，犯罪者不一定会如今日这般受到社区（或国家）公诉，而是必须被受害方起诉才能受到司法惩罚。相较人类社会早期粗暴的血亲复仇来说，这些司法程序的渐趋完善显然代表了社会进步。③ 一般而言，若触犯了 winah ī hamēmālān 之罪而被起诉，罪犯需通过赔偿损失来弥补。需

① G. Klingenschmitt, *Frahang i ōīm. Edition und Kommentar*, Ph. D. diss., University of Erlangen, 1968, p. 205 no. 686.

② Maria Macuch, "On the Treatment of Animals in Zoroastrian Law", in *Iranica Selecta. Studies in honour of Professor Wojciech Skalmowski on the occasion of his seventieth birthday*, ed. A. von Tongerloo, Turnhout: Brepols Publishers, 2003, pp. 172 – 174.

③ Maria Macuch, "A Zoroastrian Legal Term in the Dēnkard: *pahikār-rad*", in *Iran. Questions et Connaissances*, Vol. I, *La Période Ancienne*, Paris: Association Pour l'Avancement des Études Iraniennes, 2002, pp. 77 – 90.

要指出的是，hamēmālān 和 ruwānīg 两种罪行都会受到体罚，通常以罚款代替。前一种罪行的补偿须支付给受害者本人，而后一类罪行的补偿则须支付给祭司或法官。这种刑罚分类方式应在萨珊帝国建立以前就存在了。很明显受当时统一帝国尚未建立、独立司法体系尚未完善影响，司法裁决不得不依赖于宗教经典的规定所致。[1]

这种两分法虽然清晰地区分了宗教和世俗两类罪行，但在古波斯政教合一的社会历史背景下，将二者绝对地进行区分殊为不易。一般情况下，国王会任命大祭司为大法官，负责“立法”，界定犯罪内容，构建起一个以保护教会上层在内的统治集团和琐罗亚斯德教徒利益的法律体系。根据中古波斯文文献，琐罗亚斯德教专设一类“管理”祭司，身兼世俗社会的公共职责，他们负责主导法律事务，仔细判别违法行为，并作出裁决。在萨珊王朝时期，这类管理祭司亦分等级，包括最高等级的总祭司（Mōbedān Mōbed），大祭司（Grand Mōbed）[2]、Mōγ Handarzbed、Rad；Mōbed，是为省或城镇的祭司首领；dādwarān，即不同等级的法官。[3] 9 世纪的大祭司扎德斯帕拉姆（Zādspram）记载道：“每个村庄委任一位值得信赖的证人，每个地区有一位懂得法律的法官，每个省有专职教律的 Mōbed，每个地区有一位正直的 Rad；然后设立 Mōγ（an）Handarzbed 和一位 Mōbedān Mōbed 主管他们。”[4] 也就是说，在琐罗亚斯德教祭司阶层中，主要由 rad 与 mobed 来承担法官的职责。最高级别的法官是 mobedān mobed，拥有至高的裁决权，同时也是琐罗亚斯德教社团的领袖。[5] 这种

① Maria Macuch, “On the Treatment of Animals in Zoroastrian Law”, p. 173.

② Ph. Gignoux, “Titres et fonctions religieuses sasanides d'après les sources syriaques hagiographiques”, *Acta Antiqua Academiae Scientiarum Hungarcae*, Vol. 28, 1983, pp. 191 – 203.

③ Maria Macuch, *Das sasanidische Rechtsbuch*, *Mātakdān ī Hazār Dātistān* (*Teil II*), (Abhandlungen für die Kunde des Morgenlandes XLV, 1), Wiesbaden: Deutsche Morgenländische Gesellschaft, 1981, p. 14. Ph. Gignoux, “Éléments de prosopographie de quelques Mōbads sasanides”, *Journal Asiatique*, 1982, p. 261.

④ B. T. Anklesaria, *Vichitakiha-i Zatsparam*, Bombay: Trustees of the Parsi Punchayet Funds and Properties, 1964, pp. 87 – 88.

⑤ Maria Macuch, *Das sasanidische Rechtsbuch*, *Mātakdān ī Hazār Dātistān* (*Teil II*), pp. 188 – 208.

祭司直接参与司法的情况也决定了上述刑罪的二分法应该含有区分宗教与世俗的意图，虽然客观上二者往往混合在一起。

第二种分类，见于波斯语《塔巴里斯坦历史》（*History of Tabaristān*）中所保存的一份萨珊时期文献“坦萨尔书信”（*Letter of Tansar*）。该《书信》应产生于萨珊王朝初期，传世写本以波斯语书写于17世纪，书信记载了帝国肇建时琐罗亚斯德教大祭司坦萨尔为维护开国君主阿达希尔的统治，对地方领主的异见进行回应。当时伊朗北部的一位领主古什纳斯普（Gušnasp）曾尖锐批评阿达希尔新政过于铁血强硬，坦萨尔回应道新国王的政策虽然严苛，但却有章法可循，讲求实效，利于维护统治，如新国王明确区分了三类罪行：“一类是反对神，一类是反叛国王，另一类是人们之间互相侵犯。反对神的罪过称为叛教，反对国王的罪过包括叛乱、叛逆。”[①] 其间，反叛国王之罪，具体包括对国王本人利益及政权利益的侵害，属于死罪，这种死罪被称为margarzān。如根据中古波斯文《阿达希尔事迹》（*Kār Nāmag ī Ardakhšēr*）记载，刺杀国王即触犯了此罪。[②] 而原文为中古波斯文，后译为叙利亚文传世的《叙利亚殉道记》（*Syriac Acts of Martyrs*）记载，如果士兵逃离战场也科以同罪。[③] 很显然，国王即国家权力的代表，反叛国王即反叛国家。由此看来，《坦萨尔书信》所记的叛逆之罪至少包括叛教、叛国两个方面，是站在帝国刚刚建立时为维护统治的立场上，这种叛逆之罪也见于传世汉文典籍的记载。《旧唐书》卷一九八《西域》记波斯国：

> 其叛逆之罪，就火祆烧铁灼其舌，疮白者为理直，疮黑者为有罪。[④]

---

① Mary Boyce transl., *The Letter of Tansar*, Roma: Istituto Italiano Per Il Medio Estremo Oriente, 1968, p. 42.

② E. K. Antiā transl., *Kārnāmak-i Artakhshīr Pāpakān*, Fort: Fort Printing Press, 1900, pp. 35 – 36.

③ O. Braun, *Ausgewählte Akten Persischer Märtyrer, Mit Einem Anhang. Ostsyrisches Mönchsleben*, Kempten. München: Josef Kösel, 1915, p. 43.

④ （后晋）刘昫等撰：《旧唐书》卷一九八《西域》，中华书局1975年标点本，第5312页。

《新唐书》卷二二一下《西域》下则载其：

> 叛者铁灼其舌，疮白为直，黑为曲。①

汉文史籍所记载的古波斯神判方式，也正好印证了古波斯政教合一的社会历史特点。不过《坦萨尔书信》之类文献虽也述及叛教之罪，但对有违教规的罪过却未过多提及，这表明于当政者而言，重要的是保持琐罗亚斯德教作为主导的意识形态，而并非具体的宗教事务。也就是说，坦萨尔关于罪行的分类是政治现实主义的体现，其中宗教的考虑是重要的，但不是唯一的。②

第三种分类，主要见于大量的琐罗亚斯德教宗教法律文献，如《辟邪经》（*Widewdad*）、中古波斯文的《许不许》（*Šāyist-nē-šāyist*）③及《许不许补编》（*The Supplementary Texts to the Šāyest nē-šāyest*）④、《教法研习》（*Hērbedestān*）⑤、《仪轨指南》（*Nērangestān*）⑥等，该类文献详细记载了违背教义的诸般罪行，为我们提供了古波斯律法的珍贵记录。与前两类文献偏重于宏观上对罪行进行分类有所不同，宗教法类文献往往偏重于讨论宗教领域中的具体问题，而忽略了威胁国家

---

① （宋）欧阳修、宋祁等撰：《新唐书》卷二二一下《西域》下，中华书局1975年标点本，第6258页。

② Jánes Jany，"Criminal Justice in Sasanian Persia"，p. 360.

③ J. C. Tavadia，*Šāyest-nē-šāyest*，*A Pahlavi Text on Religious Customs*，Hamburg：Friederichsen，de Gruyter &CO m. b. H.，1930.

④ F. M. Kotwal，*The Supplementary Texts to the Šāyest nē-šāyest*，København：Kommissionœr. Munksgaard，1969.

⑤ F. M. Kotwal and Ph. Kreyenbroek，*The Hērbedestān and Nērangestān*，Vol. 1，*Hērbedestān*，17. 1，Studia Iranica，Cahier 10，Paris：Association Pour l'Avancement des Études Iraniennes，1992. H. Humbach，J. Elfenbein，*Ērbedestān. An Avesta-Pahlavi Text*，München，1990.

⑥ F. M. Kotwal and Ph. Kreyenbroek，*The Hērbedestān and Nērangestān*，Vol. 2，*Nērangestān*，Fragard 1，Studia Iranica，Cahier 16，Paris：Association Pour l'Avancement des Études Iraniennes，1995；Vol. 3，*Nērangestān*，Fragard 2，Studia Iranica，Cahier 30，Paris：Association Pour l'Avancement des Études Iraniennes，2003；Vol. 4，*Nērangestān*，Fragard 3，Studia Iranica，Cahier 38，Paris：Association Pour l'Avancement des Études Iraniennes，2009.

利益或社会日常生活的不当行为，因此这些材料也不能体现完整的萨珊波斯刑法。编纂于萨珊帝国晚期的中古波斯文教律文献《许不许》开篇即提及了八种罪：

> 正如阿维斯陀经的《辟邪经》所记，这八种罪是宗教类的：framān，āgrift，ōyrišt，arduš，khwar，bāzāy，yāt 和 tanāpuhl。
>
> Čiyon az abestāg paydāg，pad Wīdēwdād guft ēstēd kū ēn hašt pāyag ī wināh pad dēn guft ēstēd：ast ī framān，āgrift，ōyrišt ud arduš ud khwar ud bāzāy ud yāt ud tanāpuhl.①

文献接下来详细讨论了这些罪过的量刑，以及当时代法学权威人士的不同意见，可见从古老的阿维斯陀经时代一直到萨珊帝国晚期，这些量罪标准都曾不同程度地施行过。āgrift（阿维斯陀语作 āgerepta）和 ōyrišt（阿维斯陀语作 avaoirišta）起初表示身体所受伤害的形式，后变成通用术语。《辟邪经》第四部第二章详细描述了这些罪。如果一个人抓起武器攻击另一个人，就是 āgerepta（āgrift）罪；若挥舞武器，就是 avaoirišta（ōyrišt）罪。因为这两种罪都没有造成身体损害，因此属于"意图"犯罪的范畴。如果"意图"成功了，身体损伤（未来某一天可治愈）出现了，罪过被称作 arduš。②《许不许》在《辟邪经》的基础上，更精确地定义了这些罪：如果抬起武器四指高，就是 āgrift 罪；如果仅拿出武器，就是 ōyrišt 罪。③尽管我们对教规根据拿武器的方式来确定不同罪种类的原因已不得而知，而且这种八分法也并不完善，如遗漏了最大罪 margarzān 和低级罪 srōšōčarnām，④但其规

① J. C. Tavadia, *Šāyest-nē-šāyest*, p. 27.

② J. Darmesteter transl., *The Zend-Avesta*, Part 1, *The Vendīdād*, in F. Max Müller ed. *Sacred Books of the East*, Vol. 4, Oxford University Press, 1880, pp. 39 – 40. 有关这段经文的帕拉维文翻译参阅 Mahnaz Moazami, *Wrestling with the Demons of the Pahlavi Widewdad: Transcription, Translation, and Commentary*, Boston: Brill, 2014, pp. 108 – 111。

③ F. M. Kotwal, *The Supplementary Texts to the Šāyest nē-šāyest*, pp. 68 – 69.

④ János Jany, "Criminal Justice in Sasanian Persia", pp. 365 – 366.

定的繁复严密本身表明古波斯律法已发展到较高水平。

这种情况广泛见诸宗教文书对违反教规行为的记录。如若有人将水泼在不干净的地方，就犯了 Yāt 罪；[①] 没有佩戴圣带（kustī），而走出超过三步，每走一步就犯了一 framān 罪，[②] 到第四步就是犯了极大的罪过 tanāpuhl；[③] 未及时保证圣火燃烧，每发生一次就犯了一次 framān 罪（har bār-ē be abrōzišn ka nē abrōzēd adwadād rāy har bār ī framān-ē）。[④] 不研习圣经者是 arduš。[⑤] 另外，将火带入离尸体三步之内，将火带入不干净的房屋或在那里点火，无事而进入一间不干净的房屋，未经犬视（sagdīd）而擅移尸体，[⑥] 杀死狗或其他的野生动物，[⑦] 等等，则是犯了极大的罪过 tanāpuhl。更有甚者，如果让一只牧羊犬缺少食物供给，也是犯了 tanāpuhl 这样严重的罪过。[⑧]

综合上引古波斯现存法律文献来看，尽管各家划分罪名的标准并不统一，却涵盖了宗教和社会生活的多个方面。刑法是关于犯罪和刑罚的法律规范，刑罚亦作为刑法的重要组成部分，古波斯文献所记犯了罪就意味着仪式上的不净，所以其相应的惩罚措施也带有浓厚的宗教色彩。

---

① J. C. Tavadia, *Šāyest-nē-šāyest*, pp. 19, 50.

② *framān* 表示罪过的程度，一般认为是最轻的罪过，犯者将受到体罚。见 A. Perikhanian, *The Book of a Thousand Judgements* (*A Sasanian Law-Book*), translated from Russian by Nina Garsoïan, Costa Mesa, California and New York: Mazda Publishers in association with Bibliotheca Persica, (Persian Heritage Series 39), 1997, pp. 259, 359。

③ J. C. Tavadia, *Šāyest-nē-šāyest*, 4. 10, pp. 22, 89. 这是一种致命的罪过，必须经过严厉的鞭打或巨额罚款方可豁免，否则犯者可能被逐出教会，见 H. S. Nyberg, *A Manual of Pahlavi*, Part 2, Wiesbaden: Otto Harrassowitz, 1974, p. 191。

④ A. V. Williams, *The Pahlavi Rivāyat Accompanying the Dādestān ī Dēnīg*, Part 1, *Transliteration*, *Transcription and Glossary*; Part 2, *Translation*, *Commentary and Pahlavi Text*, Copenhagen: The Royal Danish Academy of Sciences and Letters, 1990, pp. 150 - 151, 65.

⑤ F. M. Kotwal and Ph. Kreyenbroek, *The Hērbedestān and Nērangestān*, Vol. 1, *Hērbedestān*, pp. 74 - 75.

⑥ J. C. Tavadia, *Šāyest-nē-šāyest*, pp. 19, 46, 50, 55.

⑦ M. Macuch, "On the Treatment of Animals in Zoroastrian Law", p. 187.

⑧ M. Macuch, "The *Adwadād* Offence in Zoroastrian Law", Shai Secunda and Steven Fine eds., *Shoshannat Yaakov. Jewish and Iranian Studies in Honor of Yaakov Elman*, Leiden · Boston: Brill, p. 253.

二　刑罚方式的多样性

古波斯文献所记的鞭刑是当时较通行的处罚方式，见于《辟邪经》的记载。鞭刑广泛应用于多种犯罪的处罚中，既可以作为单独适用的处罚方法，也可以附加于其他处罚方法之下，或作为其他处罚方式的替代措施。例如，如果订立契约的一方违反了约定，违约者及其亲属就要接受鞭刑。在拘押期间，鞭刑也会作为促使犯罪嫌疑人“认罪”的有力武器。鞭刑的刑具也比较讲究，萨珊波斯时期官府常用多刺的石榴树枝来执行鞭刑。随着犯罪程度的加深和犯罪频率的增加，往往执行不同次数的鞭刑。最轻微的罪行只需要接受5次鞭打的处罚，而最严重的罪行则要经受1400次鞭打。[①] 如果之后再犯，所受到鞭打的次数就会按比例增加。当然数以千计的鞭打次数显然很难在现实生活中执行，因此有学者认为这些数字可能并不真实，而是采用了夸张的修辞手法，文献所记的鞭打次数可能仅代表衡量罪行严重等级的标准，用以区分不同类型的犯罪。此外，缔结不同类型的契约，违约者所需承担的责任年限亦随之不同。如订立最高等级的土地类契约，违约人需要承担1000年的责任，其他类型契约的违约者则需承担300—800年责任。而这里需要承担的责任就用与责任年限相对应的鞭打次数来代替，违约者的亲属也需经受鞭打，次数同样与年限对应。[②] 但数以千百计的鞭刑次数显然执行难度过大，现实生活中往往改由罚款来代替。[③] 因此无论是阿维斯陀经所记载的时代还是伊朗历史的其他时期，鞭刑次数很少在实际社会生活中得到证实。

在执行刑罚的具体过程中，萨珊王朝的统治者们逐渐意识到若采取以往同态复仇中以牙还牙、以眼还眼的处罚方式，则丝毫无益。比

① J. Darmesteter, *The Zend-Avesta*. Part 1, *The Vendîdâd*, pp. 39 – 45.

② J. Darmesteter, *The Zend-Avesta*. Part 1, *The Vendîdâd*, pp. 35 – 39.

③ M. Macuch, "On the Treatment of Animals in Zoroastrian Law", pp. 177 – 178.

如，在抓住偷盗的小偷后，若法官判处砍掉偷盗者的手，则对受害人和小偷均无任何好处。受害人的损失并未因此得到赔偿，小偷也会因残疾而失去工作能力，日后的生活将陷入困境。同理，在一些关涉人身伤害的案件中，砍断凶手的肢体也是无益的。相反，如果让凶手支付受害方罚款，则有利于双方当事人，受害方可以通过罚款获得实质性的补偿，犯罪者支付罚款本身也意味着受到惩罚，并未违背相关的刑罚观念。同时，凶手也因此而保留了手脚完整，有益于未来的生计。因此到了萨珊王朝中后期，罚款日渐成为较为常用的刑罚手段，如《许不许》第一章第二节对不同罪行所对应的罚款金额有详细规定：

> 一 framān 是四 stērs，每 stērs 值四 drakhms；āgrift 和 ōyrišt 会受到最小数额的惩罚，它们的价格是特殊的；有一位权威人士解释道最多一 drakhm；arduš 值 30 stērs，khwar 值 60 stērs，bāzāy 值 90 stērs，yāt 值 180 stērs，tanāpuhl 值 300 stērs。[①]

根据文献记载，萨珊波斯刑罚中最引人注目的莫过于死刑了，法官对犯下最严重罪行的违法者通常判处这种刑罚。如前文提及的叛教者、叛国者、在战场上临阵脱逃者，均将遭受死刑。死刑以斩首为主，但也会针对不同类型的罪而施以不同种类的行刑方式。执行死刑常见的方式是斩首，囚犯被绑在断头台，由专职的刽子手来执行，力求一刀致命。周围往往有众人围观。据《叙利亚殉道记》记载，曾有围观群众要求同被处决，以成为基督教殉道者。按照萨珊波斯刑法的规定，须持有详细记载审判过程并正式盖章的判决书才可执行死刑。但现场混乱，违规执行死刑的情况时有发生，国王于是颁布法令，要求每位犯人都要登记个人详细资料（个人姓甚名谁、父母姓名、出生地、居住地、宗教信仰和他本人对相关指控的回应），也就是说只有

① J. C. Tavadia, *Šāyest-nē-šāyest*, p. 28.

此类信息完备才能证明判决有效，死刑才能被顺利执行。[①]

钉十字架是另一种比较常见的处死犯人的方式，一般多用在盗贼和女巫等罪犯身上，有时先将头钉在十字架上。有时候罪犯也会被拦腰斩断，或直接泼油活活烧死。更有甚者，行刑者会用滚烫的铁钉凿穿犯人眼睛致死，或将犯人半身埋入土中用箭射杀，将醋和芥末倒进眼睛、嘴巴和鼻子里。偶尔也使用石刑。[②]《坦萨尔书信》还提到了另外两种惩罚方式，一种称为"驴刑"，另一种称为"牛刑"。所谓"牛刑"，是指将一口大锅制成牛的形状，将铅置入锅中融化，然后将犯人扔进铅锅里，液体铅会沿呼吸道进入人体从而将人致死。而"驴刑"则指将犯人吊在铁制的三脚架上绞死。这两种刑罚方式皆因将刑具制成动物形状而得名。事实上，萨珊波斯律法中也存在直接使用动物行刑致人死的案例，如让大象踩踏处决叛乱或谋反者。如沙普尔二世（Šābuhr Ⅱ，公元309—379年在位）在镇压叛乱后，为惩罚叛乱的民众，下令数百头大象踩踏他们。有时候，在处罚强盗和基督徒时也会使用大象。[③]

将以上所述古波斯刑罚与汉文有关记载比较，可发现两者互有异同。根据《周书·异域传下》记载，"（波斯国）大官有摸胡坛，掌国内狱讼"，"其刑法：重罪悬诸竿上，射而杀之；次则系狱，新王立乃释之；轻罪则劓、刖若髡，或翦半须，及系排于项上，以为耻辱；犯强盗者，禁之终身；奸贵人妻者，男子流，妇人割其耳鼻"[④]。一般认为，摸胡坛，即mak-ku(mag-gu)-dan，为波斯司法部门的官吏。其中"摸胡"译自中古波斯语magu，而"坛"可与herbeδān（"法官"）和mobeδān（"祭司长"）等的词尾堪同。而magu明显源

① János Jany, *Judging in the Islamic, Jewish and Zoroastrian Legal Traditions: a comparison of theory and practice*, Burlington: Ashgate Publishing Company, 2012, pp. 67 – 68.

② János Jany, *Judging in the Islamic, Jewish and Zoroastrian Legal Traditions: a comparison of theory and practice*, p. 67.

③ Mary Boyce transl., *The Letter of Tansar*, p. 48.

④（唐）令狐德棻等撰：《周书》卷五〇《异域》下，中华书局1971年标点本，第919—920页。

于 magu-pat 一词，该词义为祭司长，为琐罗亚斯德教祭司首领。[①] 汉文史籍所记掌管古波斯律法的是宗教神职人员，符合古波斯政教结合的社会特色，而所记载的刑罚细节则可与古波斯文献的记载互为补充。

值得注意的是，在正式裁决之前，嫌犯往往会被拘押，经历一次或多次审判方能定罪。若在押嫌犯被控犯了叛教之罪，琐罗亚斯德教祭司有义务敦促叛教者“悔改”。祭司会入狱探访这些叛教者，与他们辩论，或晓以大义，力图促使他们放弃自己“错误的信仰”。大祭司坦萨尔曾提到，叛教者只要在一年之内承认“错误”，即可无罪。但有些案件仅仅监禁数周或几个月，也有些案件监禁长达三年，因而“悔改”的时间或许并不限于一年。即便被告不是叛教者，在拘押期间也并非平安无事，会不时地经历讯问。如果被告人再次犯下与所受指控相同的罪行，或犯下了此前从未被指控过的另一种罪行，那么在讯问过程中还会遭受各种体罚。某种意义上来说，这些体罚也等同于刑罚，如割断被告者的舌头，使骨头和下巴骨折。更有甚者，在拘押期间，就算犯罪嫌疑人没有任何不当行为，为迫使他们认罪，也会采取类似现代刑讯逼供的做法：将嫌疑人置于强盗和行刺者中间，用沉重的脚镣捆住他们，每天重复多次讯问，长时间不提供食物和水，用多刺的石榴树枝抽打，他人也不得探望并提供食物、水和衣服。萨珊波斯时期，被拘押的嫌疑人也可以合法地被保释。如基督徒纳尔赛（Narse）在狱中遭受多次折磨后得到保释，当地居民缴纳了巨额保释金，并担保纳尔赛会在接下来的庭审中按时出庭。因此官方起草了一份书面记录，并指定负责监督者。纳尔赛遂重获自由，但当局有权继续对他提起诉讼。[②]

当然，考虑到萨珊波斯政教合一的历史背景，上述诸种刑罚除了实现惩罚与预防的一般目的，也涉及宗教忏悔与拯救灵魂的层面。

---

① H. S. Nyberg, *A Manual of Pahlavi*, Part 2, p. 122.

② János Jany, *Judging in the Islamic, Jewish and Zoroastrian Legal Traditions: a comparison of theory and practice*, pp. 64 – 66.

三　刑罚之外：忏悔与拯救

上文提及，萨珊王朝初建时，针对地方领主质疑新国王的暴力政策，时任大祭司的坦萨尔特意进行辩解，指出阿达希尔一世的政策乃为杀鸡儆猴，防微杜渐；而且这些看起来残忍的刑罚，在多数时候可以通过表示悔改而被赦免。如《坦萨尔书信》记载，国王在对待叛教问题上要比前朝宽容。阿达希尔一世一改将叛教者判处死罪的前朝惯例，而是先判他们入狱一年，其间琐罗亚斯德教祭司会前来探视，晓以大义，消除其对本教的疑虑。如果这些入狱者有所忏悔，就会被释放。但若他们仍然执意不悔，则被判死罪。[1] 这反映了新帝国通过维护琐罗亚斯德教的利益来确立进行改革的合法性。古什纳斯普曾批评说："我不认为宗教与法律之间存在什么必然关联，阿达希尔一世忽视了惯例。"坦萨尔反驳道："阿达希尔发现了异教的堕落与混乱，他尝试对此进行改革。"[2] 也强调了改革与维护宗教利益的紧密关系。

萨珊波斯所制定的刑法既是琐罗亚斯德教社团的戒律，亦是整个帝国世俗社会的法规，同时保护着政权组织和宗教社团的共同利益，由本教的各级僧侣所执行。在具体诉讼过程中，国王代表政府，遇有重大政治性的审判，其负责整个审判过程，直至最终批示，如中古波斯文的法律文书《千条律例书》（*Mādayān ī Hazār Dādestān*）所记："若无统治者最终拍板，地方领主的决定则无法律效力（Vičīr ī pēšak sardārān ud axonsandīh ī pad vičīr）。"[3] 宗教僧侣们则作为法律顾问和法官，而参与审判过程的每个环节。而且，祭司阶层，或者至少是他们的上层，往往充当着"立法委员"的角色，因为就是他们规定了什么是违法、什么是犯罪。[4] 毋庸置疑，萨珊波斯的刑法首先应具备惩罚犯罪和保护统治阶

---

① Mary Boyce transl., *The Letter of Tansar*, p. 42.

② Mary Boyce transl., *The Letter of Tansar*, p. 46.

③ A. Perikhanian, *The Book of a Thousand Judgements* (*A Sasanian Law-Book*), pp. 30–31.

④ János Jany, "Criminal Justice in Sasanian Persia", p. 349.

级乃至一般民众利益的基本功能。但是由于萨珊波斯的刑法体系乃以琐罗亚斯德教律法为基础而确立的，因此其更为明显的意图是帮助犯罪者的灵魂得到解脱，以及在死亡后接受圣裁时免入地狱。

根据琐罗亚斯德教义规定，教徒死后，灵魂离开肉体，必须经过“裁判桥”（Činvat），由密特拉（Mithra）、斯牢莎（Sraoša）、拉什奴（Rašnu）负责检视其一生的善恶功过，根据每位教徒生前是否善思、善言、善行来判断，如果行善多于行恶，灵魂则被判进入天堂，反之则堕入地狱。[①] 教徒若犯有违法行为，则死后其灵魂陷入不洁的境地，即便其生前多所行善，也无法纳入死后审判的裁量因素。可见，违反法律关涉到教徒死后灵魂的归属问题。因此在琐罗亚斯德教祭司的“法律理论”中，惩罚犯罪或以严厉处罚的形式来预防犯罪固然是必要的，但是他们更看重违法者自身通过刑罚洗清自己的罪孽，使其灵魂得到解脱。通过刑罚的手段来惩罚世俗中的犯罪者，既可帮助他们的灵魂从犯罪的后果中获得解脱，也可使他们的罪行免遭神的清算，其灵魂在末日审判中得到有利的判决。根据古波斯律法的规定，刑罚的目的是拯救犯过者的灵魂免受犯罪的后果。如果在世间惩罚罪过，那么在死后神裁时，他曾经所犯的罪过就不会被计算。[②] 这种信仰在宗教著作中也得到体现，《许不许》认为犯罪者是不净的，需要忏悔和施加刑罚来摆脱这种状态。但犯下最严重罪行的罪犯除外，他是无法摆脱这种不净的状态（margarzān hakirč pāk nē bawēd），需要以死谢罪。[③] 他们在死后也因为其罪行只能坠入地狱，在地狱接受折磨以清除自己的罪孽。因此，除了刑罚措施之外，进行忏悔也是重要的措施。忏悔并非挽救在世的生命，而是为去世后的灵魂祈祷。另外，法律对罪犯如何进行忏悔也有明确的要求，强调罪犯应当公开地和真诚地忏悔。[④] 犯罪者要如实地列举其犯下的所有罪行，不得遗漏。一旦有遗漏，就意味着他有可能会再次犯下这种罪行，将导致其处境变得

---

① G. Kreyenbroek, *Sraoša in the Zoroastrian Tradition*, Leiden: E. J. Brill 1985, pp. 164 – 183.

② János Jany, “Criminal Justice in Sasanian Persia”, p. 350.

③ J. C. Tavadia, *Šāyest-nē-šāyest*, p. 68.

④ János Jany, “Criminal Justice in Sasanian Persia”, pp. 350 – 351.

更糟。诚恳地认罪表明他不会再次犯罪。在对其犯罪事实供认不讳后，违法者就会获得宗教意义上的洁净。[①] 法官也由此在对罪犯的判决中掌握自由裁量权，因为刑罚的判决目的是说明罪犯的灵魂摆脱不净的状态，而不是惩罚罪犯。因此法官只要在一定的范围内，可以选择任何他认为有利于罪犯灵魂解脱的刑罚即可。但这个权力随着法官的腐败现象日益增加而逐渐受到滥用，有的犯罪嫌疑人因为向法官行贿而减少了部分的刑罚。忏悔只是接受惩罚的第一步，犯大罪者还应该将身体和财富交予法官。[②]

除忏悔和刑罚外，还有一种方法可以帮助克服犯罪的负面影响，即行 xwēdōdah。xwēdōdah，阿维斯陀语写作 xvaētuuadaϑa，准确地说应译为"近亲结婚"[③]。如中古波斯文《宗教行事》（*Dēnkard*）第三部第 72 章 3—11 节记载：

> Xwēdōdah 发生了，这时某人付出自我，其作用乃将力量转移给伴侣，在神佑之下，通过这种婚姻，人们保留了自身的精华，男女于此结合，直到重生。男女之结合应以更准确的方式进行，无数同类的人与他们的近亲婚媾，在诸近亲婚的例子中，最亲近的关系包括三种亲属关系，即：父女、母子和兄弟姐妹。
>
> xwēdōdah kē ka（4）xwēš-dahišnīh u-š gāh paywandišn ī nērōg ō xwēšān（5）hamdahišnān pad yazdān srāyišn bōzišn kē andar（6）mādayān xwēšān mardōmān pad win（n）ārišn paywandišn ī ō（7）frašgird narīhā mādagīhā paywandīhēd. ān paywand amaragānīhā（8）drusttar raft rāy mardōm andar a-marīg × hamsardagān（ms.：hmsl'tk'n）ō（9）abāg nabānazdištān andar nabānazdištān ō abāg nazdpaywandān（10）nazdpay-

---

① F. M. Kotwal and Ph. Kreyenbroek, *The Hērbedestān and Nērangestān*, Vol. 3, *Nērangestān*, Fragard 2, pp. 32 – 33.

② János Jany, "Criminal Justice in Sasanian Persia", p. 351.

③ Prods Oktor Skjærvø, "Marriage ii. Next of Kin Marriage in Zoroastrianism", http://www.iranicaonline.org/articles/marriage-next-of-kin.

wandtar 3 ēwēnag hampaywandīh ī ast pid ud duxt (11) ud pus ud burdār ud brād ud xwāh.①

血亲婚可以消除最严重罪行的负面影响,② 还不需要忏悔和经受刑罚。这一强大功效也许是萨珊帝国时期和后萨珊时代的宗教著作中大力宣扬血亲婚的原因之一。不过在具体社会生活实践中, xwēdōdah 参与刑罚往往容易导致混乱。根据相关规定, 犯大罪的人仅凭缔结了血亲婚即可不用接受刑罚, 但实际案例中, 执法者很难断定违法者是在违法前还是违法后缔结的血亲婚。这为肇事者提供了逃避刑罚的可能性。

从某些方面来看, 萨珊波斯律法颇有些现代法律的意味。如萨珊波斯律法中根据不同等级的犯罪行为, 执行不同程度的刑罚。同时, 法官具有无限的自由裁量权, 可以采取任何他认为合理的制裁措施来惩处犯罪者, 包括死刑。根据萨珊波斯的刑罚理论, 为了更好地清除违法者犯罪行为带来的不净, 法官在判刑的过程中会考虑被告是第几次犯下此类罪行。犯罪频率的增加会导致犯罪行为人灵魂的罪孽程度加深。因此在萨珊律法中会出现因为多次犯下同种罪行而罪加一等的情况, 也会判处更加严厉的刑罚来去除违法者的罪孽。如最轻罪行, 只需要判处鞭打 5 次, 但第二次或第三次犯罪, 鞭打的次数就需要按比例增加。如《宗教行事》记载:“犯第一次遗弃罪的惩罚, 在第二、第三次直至第十次犯罪时, 所受惩罚会日益增加 (abar tāwān ī fradom adwadād ud waxš ī-š tāwān ān ī dudīgar ud sidīgar tā dahom)。”未能按规定保持牧羊犬的食物供给就是一种遗弃罪, 若犯了第四次这样的罪过, 就允许牧羊犬去杀死一只羊作为食物:“在牧羊时, 若克扣牧羊犬的每日口粮, 若发生第四次克扣 (adwadād, 未正常供给), 牧

① Maria Macuch, “Incestuous Marriage in the Context of Sasanian Family Law”, Maria Macuch, Dieter Weber and Desmond Durkin-Meisterernst eds., *Ancient and Middle Iranian Studies. Proceedings of the 6th European Conference of Iranian Studies, held in Vienna, 18 – 22 September 2007*, Harrassowitz Verlag: Wiesbaden, 2010, p. 135.

② J. C. Tavadia, *Šāyest-nē-šāyest*, p. 113.

羊犬被允许杀死一只羊作为食物（abar fšah ka rōzīg ī pasuš-horw abāz gīrēd <ud> ā-š rawišnīh ī padiš pas az tasum adwadād pādixšāy kuštan ī pasuš-horw gōspand pih rāy）。”[①]所以，有时一些惯犯即使犯罪等级较低，也会受到更严厉的刑罚。另外，如果犯罪行为人在实施犯罪时并没有目击证人，但其在没有任何人报案的前提下，向警察自首，法官在判决时会因此根据其自首行为酌情减免部分刑罚。因为违法者的自首行为属于对自己犯罪行为的忏悔，法官据此行使其裁量权。

除此以外，萨珊帝国的刑罚还会考虑过失犯罪和故意犯罪的区别。虽然并没有具体的细则明确区分过失和故意犯罪，但有些专门的术语暗示两者的区别。特殊法律术语的使用表明，当时的法学家清楚故意和过失之间的区别。在萨珊王朝时期，叛教行为多数是属于最严重等级的罪行，要判处死刑，这是在自主叛教的情况下的刑罚。如果一个人不是故意叛教，只是不清楚当时自己说的是什么，那么就不会被认为是叛教行为，不属于最严重罪行，自然所受到的刑罚也会有所不同。这些都可以看出琐罗亚斯德教刑罚体系具有一定的现代意义的进步性。此外，判断一种罪过是偷盗还是抢劫行为，还依赖于犯人实施罪行的环境，是秘密还是公开。[②]

不过，虽然宗教律法在整个社会中占据非常重要的地位，宗教神职人员甚至还掌管国内狱讼，但并不表示在古波斯教权就凌驾于王权之上了。正如阿达希尔一世所说：“须知宗教和王权是两兄弟，两者不可缺一。宗教是王权的基础，王权保护宗教。二者无论缺了谁，要么基础必定毁坏，要么保护者注定消失。”[③] 宗教乃为政治服务。阿达希尔一世的顾问高级祭司坦萨尔认为：“不要惊叹我对促进世界秩序的热心和热情，以使信仰法律的基础变得牢固。因为宗教和国家产生自同一个母体，它们结合在一起，永不分离。”[④]

---

① M. Macuch, “The *Adwadād* Offence in Zoroastrian Law”, p. 254.

② János Jany, “Criminal Justice in Sasanian Persia”, p. 370.

③ R. C. Zaehner, *Zurvan*: *A Zoroastrian Dilemma*, Oxford: at the Clarendon Press, 1955, p. 36.

④ Mary Boyce transl., *The Letter of Tansar*, pp. 34 – 35.

四　结语

有关古波斯的法律传统，《旧唐书》卷一九八记载“断狱不为文书约束，口决于庭”[①]，《新唐书》卷二二一下亦有相似记载：“断罪不为文书，决于廷。”[②] 根据《坦萨尔书信》记载，萨珊波斯帝国初建时阿达希尔曾颁布刑法，但详细情况却并未言明。现在所知有关古波斯的刑法，主要存在于琐罗亚斯德教文献中，而且其内容也多关涉宗教仪式、戒律等。考虑到琐罗亚斯德教并不热衷于向外传教，教外人自不易于了解古波斯教律的详细内容，或可表明汉籍载“断狱不为文书约束”实接近古波斯法制的某些真相。有学者在研究萨珊波斯刑法时，专门强调中古波斯文宗教文献的重要性，而断言现存的世俗法律文书《千条律例书》殊无贡献，[③] 则显得有些偏颇了。

伯尔曼曾指出真正的历史法学的特性，于我们认识古波斯的法制特色颇有启发：

> 特定民族某一长时间的历史经验将此民族引向某些方向；尤其是在法律方面，特定民族法律制度经由其中发展起来的过往时代，有助于确定其法律应当据以制定和解释的标准，以及，其法律制度要努力达成的目标。[④]

对于萨珊波斯而言，由于萨珊波斯政教合一的特点，它的法律制度所据以制定和解释的标准，无疑都无法摆脱国教琐罗亚斯德教的影响，其法律制度所努力达成的目标也带有浓厚的宗教特色。

---

① （后晋）刘昫等撰：《旧唐书》卷一九八，中华书局1975年标点本，第5312页。

② （宋）欧阳修、宋祁等撰：《新唐书》卷二二一下，中华书局1975年标点本，第6258页。

③ Jάnos Jany, “Criminal Justice in Sasanian Persia”, p. 349.

④ ［美］伯尔曼：《法律与宗教》，梁治平译，商务印书馆2021年版，第vi页。

波斯多善犬

——古伊朗犬的神圣功能

犬是人类较早驯化的动物，被称为“人类忠实的朋友”。在政教合一的古代伊朗社会，犬的功能与角色尤为突出，与宗教信仰、牺牲祭祀、神话传说、民俗传统等紧密联系在一起。传世汉文文献亦不乏古波斯多善犬的记载：

> 《旧唐书·西戎》：“（波斯）又多白马、骏犬，或赤日行七百里者，骏犬今所谓波斯犬也。”[①]
>
> 《新唐书·西域下》：“（波斯）多善犬。”[②]
>
> 《通典·边防》：“（波斯）多良犬。”[③]
>
> 《唐会要·波斯国》：“又多骏犬，今所谓波斯犬也。”[④]

不唯如此，波斯犬也曾沿丝绸之路东传至中土社会。姜伯勤[⑤]、张广

---

① （后晋）刘昫等撰：《旧唐书》卷一九八，第5312页。

② （宋）欧阳修、宋祁等撰：《新唐书》卷二二一下，第6258页。

③ （唐）杜佑撰，王文锦等点校：《通典》，中华书局1988年版，第5270页。

④ （宋）王溥撰：《唐会要》，上海古籍出版社2006年版，第2118页。

⑤ 姜伯勤：《敦煌白画中的粟特神祇》，载中国敦煌吐鲁番学会编《敦煌吐鲁番学研究论文集》，上海汉语大词典出版社1991年版，第296—309页；《敦煌白画中粟特神祇图像的再考察》，《艺术史研究》第2辑，中山大学出版社2000年版，第263—291页，又收入其著《中国祆教艺术史研究》，生活·读书·新知三联书店2004年版，第237—270页。

达[①]、沈睿文[②]先生在论及法国国立图书馆藏 P. 4518（24）号敦煌白画的文化内涵时，对图像所见古波斯犬的宗教含义多有讨论。腾磊《中国祆教艺术中的犬神形象》[③]，王永平《“波斯狗”东传：从伊朗到中国——兼论粟特人在丝绸之路物种传播中的贡献》[④]，张小贵《康国别院“令狗食人肉”辨》[⑤]《祆教“犬视”及其在丝绸之路上的传播》[⑥] 等，均从文化交流的视角，揭橥了波斯犬在中外关系史中的文化因缘。本文则主要依据古伊朗文献，对犬在古波斯社会中的宗教和社会功能，及其所体现的动物与人的关系进行考察，庶几有助于加深对“动物王国与人类社会以及神界相互关系”的认识。[⑦]

一　古波斯宗教的益兽

近东地区最早的驯化犬遗骸，发现于伊拉克东北部的帕勒嘎乌拉（Palegawra）洞穴，可以追溯到公元前 12000 年，生理结构类似所谓的“库尔德犬”（Kurdish dog）。通过对波斯南部动植物驯化历史的研

---

① Zhang Guangda, “Trois exemples d’influences mazdéennes dans la Chine des Tang”, *Études chinoises*, 13. 1 – 2, 1994, pp. 203 – 219；中译本见张广达《祆教对唐代中国之影响三例》，《法国汉学》第 1 辑，清华大学出版社 1996 年版，第 143—154 页，又收入其著《文本、图像与文化流传》，广西师范大学出版社 2008 年版，第 240—249 页。F. Grenet & Zhang Guangda, “The Last Refuge of the Sogdian Religion: Dunhuang in the Ninth and Tenth Centuries”, *Bulletin of the Asia Institute*, new series, Vol. 10 (Studies in Honor of Vladimir A. Livshits), 1996, pp. 175 – 186. 张广达：《唐代祆教图像再考》，载荣新江主编《唐研究》第 3 卷，北京大学出版社 1997 年版，第 1—17 页，又收入其著《文本图像与文化流传》，第 274—289 页。

② 沈睿文：《敦煌白画 P. 4518（24）图像考》，《中古中国祆教信仰与丧葬》，上海古籍出版社 2019 年版，第 356—369 页。

③ 腾磊：《中国祆教艺术中的犬神形象》，《故宫博物院院刊》2007 年第 1 期，第 96—105 页。

④ 王永平：《“波斯狗”东传：从伊朗到中国——兼论粟特人在丝绸之路物种传播中的贡献》，《唐史论丛》第 23 辑，三秦出版社 2016 年版，第 32—60 页。

⑤ 张小贵：《康国别院“令狗食人肉”辨》，《西域研究》2007 年第 3 期，第 77—85 页。

⑥ 张小贵：《祆教“犬视”及其在丝绸之路上的传播》，载刘进宝主编《丝路文明》第 5 辑，上海古籍出版社 2020 年版，第 83—102 页。

⑦ 陈怀宇：《动物与中古政治宗教秩序》，上海古籍出版社 2012 年版，第 30 页。

究，弗兰克·霍尔（Frank Hole）及其同事从动物骨骼的证据得出如下结论：首先，狗可能是公元前 5500 年在库泽斯坦(Ḵūzestān)被驯化的；其次，它可能是当地野生狼（Canis lupus pallipes）的后裔；最后，齿骨的状况证明在某些地区犬被当作了食物。在阿塞拜疆的哈吉·菲鲁兹（Ḥājī Fīrūz）遗址也发现了驯养犬的遗骸（通过放射性碳检测，年代可追溯到公元前 5500—前 5100 年）。[①] 至迟在公元前 2000 年之前，印度伊朗人还在中亚北部过着游牧生活的时候，犬就是他们的亲密朋友。到了印度伊朗人向南向西迁徙定居之后，犬在他们社会生活中的地位也愈发重要了。根据文献记载，古波斯人不仅用犬来帮助狩猎和放牧，还让犬参与战争。波斯人、希腊人、亚述人和巴比伦人均有使用大型獒犬参与作战的记录。印度犬在波斯贵族中备受珍视，薛西斯一世（Xérxēs，公元前 485—前 465 年在位）的军队远征希腊时有很多印度犬随行。巴比伦的一位波斯贵族甚至花费该省四个大村庄的收入来喂养印度猎犬。[②] 据说，大流士三世（Darius Ⅲ，公元前 336—前 330 年在位）被阿契美尼德朝巴克特里亚总督贝苏斯（Bessus，？—前 329 年）击倒后，他的犬拒绝离开尸体。[③] 这些都可作为犬参与古波斯帝国政治生活的重要例证。

犬甚至还与古波斯王权建立的传说发生联系。中古波斯文史书《阿达希尔事迹》记载了萨珊王朝开国君主阿达希尔如何反抗帕提亚王朝末代君主阿尔塔巴努斯的故事，当阿达希尔逃离帕提亚王宫时，三次遇到农民，农民们后来向阿尔塔巴努斯报告，这位未来的萨珊国王并非孤身上路，而是有只神奇的动物跟着他。帕提亚王宫的占星师进言应该在神奇的动物追上阿达希尔之前抓住他，因为这些动物是王家荣光（xwarrah）的象征，是每位伊朗国王确立统治时的前兆。可惜的是，阿尔塔巴努斯的军队没能及时抓住阿达希尔，他已经骑在马

① M. Omidsalar and T. P. Omidsalar, "Dog i. In Literature and Folklore", https://iranicaonline.org/articles/dog#pt1.

② M. Boyce, *A History of Zoroastrianism*, Vol. 2, Leiden: E. J. Brill, 1982, p. 169.

③ M. Omidsalar and T. P. Omidsalar, "Dog i. In Literature and Folklore".

上，神奇的动物已紧随身侧。占星师断言这对阿尔塔巴努斯来说是灾难性的，因为王家荣光已经降临阿达希尔，帕提亚人击败阿达希尔的努力注定失败。[①] 事实果真如此，不久以后，萨珊军队击败了帕提亚军队，阿达希尔成为新王朝的首任君主。《阿达希尔事迹》有多个不同写本，学者们根据各版文字对追随阿达希尔的神奇动物解读也各有不同，计有山羊、鹰、犬等不同观点。尽管有学者力证山羊的可能性更大，但也并未排除其他两种动物。无论如何，这则故事可反证犬在古伊朗社会的重要性，甚至参与了王权的建立。[②]

不过犬在古波斯社会中被进一步神化，主要体现在琐罗亚斯德教信仰中。琐罗亚斯德教教义特点是神学上的一元论和哲学上的二元论，该教崇拜最高神阿胡拉·马兹达（Ahura Mazdā），其与孪生的恶神安哥拉·曼纽（Angra Mainyu）处于不断争斗之中。琐罗亚斯德教从自身善恶二元斗争的角度出发，将诸种动物也分为善恶两大类，如中古波斯文《创世纪》（*Bundahišn*）记载了上神奥尔马兹达（Ohrmazd，阿胡拉·马兹达的中古波斯文形式）创造的动物与阿里曼（Ahriman，安哥拉·曼纽的中古波斯文形式）创造的动物之间的对立。[③] 信徒杀死“恶”的动物是神圣的职责，如此方能削弱恶灵阿里曼借以在世上行恶的帮手。[④] 但是依宗教律法的规定，恶灵阿里曼所创造的邪恶动物（称作 xrafstras），包括爬行动物、昆虫、猫科、狼和其他的肉食动物，却不能作为牺牲。因为杀死狼这类邪恶的动物并不会释放或解救其灵魂，献祭这样的动物牺牲就是“邪恶的崇拜”[⑤]。另外，某些“至善”的动物也被排除在合法的牺牲祭品之外，其中

---

① E. K. Ântiâ transl., *Kârnâmak-i Artakhshîr Pâpakân*, Bombay: Fort Printing Press, 1900, pp. 15 – 17.

② M. Compareti, “‘Holy Animals’ of Mazdeism in Iranian Arts: Ram, Eagle and Dog”, *Nāme-ye Irān-e Bāstān*, Vol. 9 · 1 – 2, 2009 – 2010, pp. 27 – 42.

③ B. T. Anklesaria, *Zand-Ākāsīh: Iranian or Greater Bundahišn*, Bombay, Published for the Rahnumae Mazdayasnan Sabha by its Honorary Secretary Dastur Framroze A. Bode, 1956, p. 44.

④ R. Foltz, “Zoroastrian Attitudes toward Animals”, *Society and Animals*, Vol. 18, 2010, p. 370.

⑤ A. de Jong, *Traditions of the Magi*, Leiden · New York · Köln: Brill, 1997, pp. 177 – 180.

就包括犬和公鸡。中古波斯文《教义问答》记载，除非特殊原因，禁止杀死公鸡；无论如何，杀死公鸡都被认为是一种异教行为。① 小公鸡尤其不能作为牺牲使用，据说小公鸡是大法官斯罗什神（Sroš）的助手，其在清晨鸣叫，能驱走恶魔。《辟邪经》（*Vidēvdāt*）第十八章规定了公鸡的职责乃在于唤醒人类、唤醒斯罗什神。② 同样地，献祭神圣的犬亦是不可想象的。因为犬常与公鸡合作，共同帮助斯罗什神抵抗谎言。③ 稍晚撰成的《诸神颂》（Yašts，成书于公元前8—前6世纪）于动物牺牲的描述甚多，如其中的《水神颂》（Yt. 5. 45 –47）记载：

> 勇敢、威武的卡维·乌山（Kavi Usan）在埃利兹弗亚山（Erezifya）向阿娜希塔（Anahit）奉献了百匹马、千头牛、万只羊。然后他祈求道："善良伟大的阿勒德维·苏拉·阿娜希塔，赐我力量吧，让我成为万物的主宰，主宰恶魔和人类，主宰占星师和巫者，主宰诸侯领主。"阿勒德维·苏拉·阿娜希塔遂赐予他力量，他为她带来祭品，礼拜她，向她奉献牺牲。④

可见犬并不在常见的牺牲之列，这当然是因为犬的"至善"本质，它是诸善端动物的突出代表，必须得到人类全力保护，若虐待他们，就会受到严厉惩罚。

众所周知，犬在众多文化的末世论中都扮演着重要角色，如印欧神话中它具有保护此岸世界与彼岸世界边界的功能，保护天堂或地狱

---

① E. B. N. Dhabhar ed., *The Pahlavi Rivâyat accompanying the Dâdistân î Dînîk*, Bombay: Fort Printing Press, 1913, p. 188.

② J. Darmesteter transl., *Le Zend-Avesta*, Vol. 2, Paris: Librairie D'amérique et D'orient, 1960, pp. 244 –247.

③ B. T. Anklesaria, *Zand-Ākāsīh: Iranian or Greater Bundahišn*, p. 202.

④ F. Wolff, *Avesta: Die Heiligen Bücher der Parsen*, Strassburg: Verlag von Karl J. Trübner, 1910, pp. 171 –172.

入口免受外界困扰，类乎它在现实世界中经常承担护卫的角色。[①] 古伊朗宗教中的犬显然也体现了这种文化观念。琐罗亚斯德教认为人死后，灵魂要经过“裁判之桥”（Činvat），有两只犬守护在桥头，帮助审判灵魂：当灵魂来到裁判桥时，“走来了一位美丽女子，身材健壮，容貌姣好，跟随着两只犬……她引导正直者的灵魂越过哈拉高山，引导他们渡过裁判桥”[②]。这两只犬便是琐罗亚斯德教灵犬“黄耳朵”（Zarrīngōš）：“黄耳朵由奥尔马兹达专门饲养，以保护初人（Adam/Gayōmard）的肉身免受恶神阿里曼伤害；它同时也坚守在‘裁判之桥’附近，通过吠叫来吓跑附在正直人灵魂上的恶魔。而且，也帮助密赫尔制止那些妄图残害入狱灵魂的恶魔，并阻止生前曾残害过狗的人经过‘裁判之桥’。”[③] 帕尔西人也有类似的传说，在连接现世和彼岸世界的裁判桥上，黄耳朵的犬蹲在桥头，通过吠叫驱赶附着在至善的人灵魂上的恶魔，以防恶魔将他们的灵魂拽向地狱。因此，许多人认为帕尔西的四眼狗与希腊神话中的三头犬（Kerberos）和印度神话中阎摩（Yama）的狗相类似。[④] 生前行善者的灵魂将升入天堂，反之则堕入地狱，犬在这一审判过程中的作用至关重要。

在宗教生活中，犬甚至享受了与人同等重要的待遇。人们必须对牧羊犬和护家犬表示感谢，正如《阿维斯陀经》中所说：“在阿胡拉创造的大地上，如果没有牧羊犬或护家犬，我将没有立足的家园。”[⑤]

---

① B. Schlerath, “Der Hund bei den Indogermanen”, *Paideuma*, Vol. 6, 1954, pp. 25 – 40.

② Miguel Ángel Andrés-Toledo, “The Dog (s) of the Zoroastrian Afterlife”, *Le sort des Gâthâs et autres études iraniennes in memoriam Jacques Duchesne-Guillemin*, Contributions rassemblées par Éric Pirart, Leuven-Paris-Walpole: Peeters, 2013, p. 14; Mary Boyce ed. and transl., *Textual Sources for the Study of Zoroastrianism*, Manchester University Press, 1984. p. 80.

③ M. R. Unvala ed., *Dārāb Hormazyār's Rivāyat*, 2 vols., Bombay: British India Press, 1922, Vol. 1, pp. 256 – 257; B. N. Dhabhar, *The Persian Rivayat of Hormazyar Framarz and Others, Their Version with Introduction and Notes*, Bombay: K. R. Cama Oriental Institute, 1932, pp. 259 – 260.

④ J. Darmesteter transl., *The Zend-Avesta*, Part 1, *The Vendīdād*, in F. Max. Müller ed., *The Sacred Books of the East*, Vol. 4, Oxford University Press, 1887, intro. lxxxvii.

⑤ Miguel Ángel Andrés-Toledo, *The Zoroastrian Law to Expel the Demons: Wīdēwdād 10 – 15*, Wiesbaden: Harrasowitz Verlag, 2016, p. 305.

对犬的责任与对人类的责任反复联系在一起。公元9世纪汇编的中古波斯文献《宗教行事》（*Dēnkard*）第八卷中所保存的阿维斯陀经佚文（*Hûspâram Nask*），列举了按法律规定成年男子、怀孕女子和小孩子的日常饮食，以及同例应给牧羊犬、村犬、猎犬的喂食，并附有这三类犬的特征。[①]《辟邪经》第十三章第三十五节记载："（问：）物质世界的造物主，正直上神，若马兹达教徒家中的犬失去知觉，患了狂犬病，马兹达教徒们应该如何做？阿胡拉·马兹达回答道：他们应该寻找方法来治疗，如同对待正直的人一样。"[②] 第十五章第十九节记载，要像照顾孕妇一样对待怀孕的母犬。[③] 第十五章第四十五节记载，要像照顾七岁以下的幼儿一样照顾六个月内的幼犬。[④] 第十五章第四十四至四十八节记载，犬有八种性格，像祭司、战士、农夫与牧民、仆人、小偷、恶人、娼妓、婴儿一样。[⑤] 第十三章第三十九节记载："查拉图斯特拉，我阿胡拉·马兹达创造了犬，穿着自己的衣服，自强，警惕，锐利，有齿的，拥有人的食物以照看人的财产。"[⑥] "拥有人的食物"按字面意思理解，意为按规定要给犬以牛奶和牛油一起食用（帕拉维文注释为应带给犬甜而富含脂肪的面包、牛奶，以及肉，这是法定的给犬的食物）。[⑦]《创世纪》中保存的一段古佚阿维斯陀经记载，犬是"从大熊座的北斗七星之处产生，融合了善端动物与人的

---

① E. W. West transl., *Pahlavi Texts*, Part 4, *Contents of the Nasks*, in F. Max. Müller ed., *The Sacred Books of the East*, Vol. 37, Oxford University Press, 1892, p. 114.

② Miguel Ángel Andrés-Toledo, *The Zoroastrian Law to Expel the Demons*: *Wīdēwdād 10 - 15*, p. 298

③ Miguel Ángel Andrés-Toledo, *The Zoroastrian Law to Expel the Demons*: *Wīdēwdād 10 - 15*, p. 327.

④ Miguel Ángel Andrés-Toledo, *The Zoroastrian Law to Expel the Demons*: *Wīdēwdād 10 - 15*, pp. 334 - 335.

⑤ Miguel Ángel Andrés-Toledo, *The Zoroastrian Law to Expel the Demons*: *Wīdēwdād 10 - 15*, pp. 302 - 305.

⑥ Miguel Ángel Andrés-Toledo, *The Zoroastrian Law to Expel the Demons*: *Wīdēwdād 10 - 15*, p. 299.

⑦ Miguel Ángel Andrés-Toledo, *The Zoroastrian Law to Expel the Demons*: *Wīdēwdād 10 - 15*, p. 295.

优点，乃为保护善端动物而生”①。犬被认为具有自身高尚的道德品格，它的尸体像正直人的尸体一样被邪恶力量包围，因而高度污染。大地上最脏乱之地就是人与犬的尸体被埋葬的地方。如果犬在房屋中死亡，则应将火从该房屋中带走，就像人死时一样，并且犬的尸体应像人尸一样被带到曝露地点。②

身为至善的益兽，犬虽不能作为牺牲，却参与了宗教献祭的过程。《创世纪》记载，人类所做的第一份牺牲中献给火的部分直接放在火焰上，但是献给神的部分要抛向空中，一只秃鹫会俯冲而下，得到它，“如同当下让狗吃掉肉的习俗”③。时至今日，在神圣节日的庄严仪式上，琐罗亚斯德教徒会收集一些祭祀过的食物，把它们给犬吃，同时念诵阿维斯陀经祷文。④ 犬乃以一种神秘的方式代表着精神世界，在当代伊朗一些古老村庄，虔诚的教徒们仍坚持着将给死者的食物一天三次给犬，持续三天，因为这三天灵魂仍然停留在大地上。在所有的纪念仪式上都要把一部分祭祀的食物给犬，这是施动者和被动者之间的中介。犬能够代表神人本身，代表它们接受部分祭品，如豪麻仪式中献祭死去动物的舌头时，舌头先被烘烤，释放了香气，然后举行仪式献给犬。⑤ 给犬的部分必须是少量的，随着仪式的发展，大部分祭品应该由信众来享用。⑥ 犬以这种神秘的方式参与了祭祀的过程，喂犬的食物最终将献给彼岸的诸神和逝世的灵魂。⑦

---

① B. T. Anklesaria, *Zand-Ākāsīh: Iranian or Greater Bundahišn*, 13.28, pp. 122 – 125.

② M. Moazami, “A Purging Presence The Dog in Zoroastrian Tradition”, *Anthropology of the Middle East*, Vol. 11, No. 1, 2016, p. 23.

③ B. T. Anklesaria, *Zand-Ākāsīh: Iranian or Greater Bundahišn*, 14.21 – 22, pp. 130 – 131.

④ J. J. Modi, *The Religious Ceremonies and Customs of the Parsees*, Bombay, 1922, 2nd 1937, reprint published by the Society for the Promotion of Zoroastrian Religious Knowledge & Education, Bombay, 1995, p. 350.

⑤ M. Boyce, “Haoma, Priest of the Sacrifice”, *Henning Memorial Volume*, London: Lund Humphries, 1970, pp. 73 – 75.

⑥ M. Boyce, *A History of Zoroastrianism*, Vol. 1, p. 163.

⑦ M. Boyce, *A History of Zoroastrianism*, Vol. 1, p. 120.

二　犬的驱邪功能

在琐罗亚斯德教的诸多善端动物之中，犬具有独特的驱邪功能。《创世纪》记载："若无牧羊犬与护家犬，家庭则无法重建。通过消除痛苦，猪保护了世上的人类和牛，它的眼睛能够消除污染。猪像犬一样，驱除痛苦，它的肉能消除人类的污染和痛苦，以达治疗之功效。"① 这则经文前半部分指明牧羊犬与护家犬对建立家园的意义，已见于前引《辟邪经》的记载；后半部分在强调猪及猪肉的功效之余，也提及"猪像犬一样"，从侧面凸显了犬同样具有驱除痛苦的功能。《辟邪经》中还提到犬可以杀死诸恶造物，如第十三章第一节记载：

> 谁是善灵的造物，在这些善灵的诸造物中，它在整个拂晓（帕拉维文增加了注释：自午夜出现）出现，直到日出，杀死了一千种恶灵的造物（帕拉维文译为反抗恶灵以杀死千种）？②

《辟邪经》第十三章第二节借阿胡拉·马兹达之口回答道：

> 阿胡拉·马兹达说道："强壮的宽阔脊柱的犬，如同刺猬，口出恶言的人们称之为 dužaka -。这是善灵的造物，在这些善灵的诸造物中，它在整个拂晓出现，直到日出，杀死了一千种恶灵的造物。"③

---

① Ph. Gignoux, "Dietary Laws in Pre-Islamic and Post-Sasanian Iran", *Jerusalem Studies in Arabic and Islam*, Vol. 17, 1994, pp. 20, 29, 38.

② Miguel Ángel Andrés-Toledo, *The Zoroastrian Law to Expel the Demons*: *Wīdēwdād 10 - 15*, p. 282.

③ Miguel Ángel Andrés-Toledo, *The Zoroastrian Law to Expel the Demons*: *Wīdēwdād 10 - 15*, p. 282.

关于此段经文的帕拉维文翻译则有不同：

> 奥尔马兹达说道：“强壮的（野生的）细头犬（即它的鼻尖是瘦的），号称 vaɦhāparəm，口出恶言的人们称其为刺猬（也就是说，如果人们不如此称呼它，它将会做得更好）。这是善灵的造物，属于善灵自身所创造的诸造物之一。它在整个拂晓（始自午夜）出现，直到日出，为反抗恶灵以杀死千种（也就是说每个它在这么长的时间里都做了这么多）（我不清楚这是如何完成的）（有一位翻译注释家说道：‘在整个白天和黑夜它不会做超过三次。’）”①

上文只是概要介绍了犬可以杀死千种恶灵的造物，而犬发挥驱邪功能则集中体现在与死亡有关的场合。当灵魂（ruwān）和生命呼吸（gyān）离开身体后，尸体开始腐烂，尸魔逐渐附身，根据《宗教行事》记载：

> 这意味着，尸体死亡即为导致死亡的恶魔会让躯体停止运作。此时恶魔（Astwihād）之势达于巅峰，在躯体中追逐挑战灵魂。它最终夺走了生命，并入侵生命体内，以产生恶臭和腐烂，并产生更多破坏性的恶魔。恶魔们不断与芬芳、清洁、善行、美丽和其他美好事物作战。他们在同一个躯体中落地生根，并向外呼出恶臭、死物和所有疾病。②

为了对抗尸魔的影响，降低它所带来的污染，必须为尸体执行“犬视”仪式。有关这一点，《辟邪经》的记载更为详细，在经文中阿胡拉·马兹达告诫信徒，人一旦去世，恶魔便会立即从北方袭来，附着

① Miguel Ángel Andrés-Toledo, *The Zoroastrian Law to Expel the Demons*: *Wīdēwdād 10 – 15*, pp. 282 – 283.

② P. O. Skjaervø, *The Spirit of Zoroastrianism*, New Haven, CT: Yale University Press, 2011, pp. 252 – 253.

在尸体上，带来严重的污染，越是正直的人尸体所受的污染越严重。而只有举行特殊的仪式，让专门的犬凝视尸体，才能驱走恶魔，保持尸体和灵魂的洁净。如经文第七章第一、二节记载：

> 琐罗亚斯德问阿胡拉·马兹达：啊，阿胡拉·马兹达，伟大的生命之神，现世万物的至善造物主！尸魔如何冲向死者尸体？
>
> 阿胡拉·马兹达回答道：啊，斯皮塔马·琐罗亚斯德，就在人死后，灵魂刚刚离开肉体，尸魔即从北方飞来，它幻化成丑陋的苍蝇，展翅……胡乱飞舞，就像最邪恶的爬虫。
>
> 直到犬凝视了尸体或者啃咬了尸肉，或者食肉鸟飞来，落在尸体上。当犬凝视了尸体或者吃掉了尸肉，或者食肉鸟飞向尸体，尸魔幻化成丑陋的苍蝇，展翅逃回北方，就像最邪恶的爬虫。①

《辟邪经》第八章第三节的记载则更为详细：

> （琐罗亚斯德问：）伟大的造物主，至善的上神！凡经犬或人的尸体经过之路，羊群、畜群、男子、女子、阿胡拉·马兹达诸子——火、圣枝（barsom）以及普通信众，可以走吗？
>
> （阿胡拉·马兹达答道：）羊群、畜群、男子、女子、阿胡拉·马兹达诸子——火、圣枝以及普通信众，不可以走。
>
> 你们应牵一条黄色的四眼狗或者黄耳朵的白狗在这条路上来回走三次。当黄色的四眼狗或黄耳朵的白狗到了那里之后，尸魔展翅狂舞，带着世上最肮脏的污秽从北方咆哮飞来，就像最邪恶的造物一样。
>
> 如果狗不愿意走这条路，他们应该牵着这只黄色的四眼狗或

---

① J. Darmesteter transl., *The Zend-Avesta*, Part 1, *The Vendīdād*, in F. Max Müller ed. *Sacred Books of the East*, Vol. 4, pp. 74 – 75. 有关这段经文的帕拉维文翻译参阅 Mahnaz Moazami, *Wrestling with the Demons of the Pahlavi Widewdad: Transcription, Translation, and Commentary*, Boston: Brill, 2014, pp. 184 – 185。

> 者黄耳朵的白狗在这条路上来回走六次。当黄色的四眼狗或黄耳朵的白狗到了那里之后，尸魔展翅狂舞，带着世上最肮脏的污秽从北方咆哮飞来，就像最邪恶的造物一样。
>
> 如果狗还是不愿意走，他们应该牵着这只黄色的四眼狗或者黄耳朵的白狗在这条路上来回走九次。当黄色的四眼狗或黄耳朵的白狗到了那里之后，尸魔展翅狂舞，带着世上最肮脏的污秽从北方咆哮飞来，就像最邪恶的造物一样。[①]

由此可见，不但尸体本身受到尸魔侵蚀，即便尸体经过之路也受到污染。在琐罗亚斯德教的葬礼中，祭司和信徒们要为每具尸体进行三次犬视：在死亡刚刚发生时，将尸体放在石棺上时，将尸体运抵达克玛(dakhma)[②] 外面时。至于何时举行葬礼，何时举行犬视，如何进行犬视，都有严格的规定。[③] 上引经文表明，举行犬视仪式所使用的犬通常为四眼黄犬或者是黄耳朵的白犬。"四眼"通常是指该犬眼睛上方有两个不同颜色的毛发形成的斑点。[④] 据说这两个斑点赋予了犬神奇的力量，以抵御尸魔，并本能地发现尸体中的任何生命迹象。[⑤] 此外，牧羊犬、护家犬、猎犬、训练犬，甚至幼犬（四个月大）或盲犬都可以驱逐尸魔。[⑥] 这些犬专门在达克玛附近饲养，并被选中供仪

---

① J. Darmesteter transl., *The Zend-Avesta*, Part 1, *The Vendīdād*, in F. Max Müller ed. *Sacred Books of the East*, Vol. 4, pp. 97 – 98.

② 该教建有特制的建筑物以供曝尸，这种建筑由石墙围绕，呈圆形露天，内有层级的平台，中央有井用以收埋骨殖，这就是达克玛（*dakhma*）。K. Hoffmann, "Avestan *daxma* –", *Zeitschrift für Vergletchende Sprachforschung auf dem gebiete der Indogermanischen Sprachen*, Band 79, 1965, p. 238.

③ M. Boyce, *A Persian Stronghold of Zoroastrianism*, Oxford: Oxford University Press, 1977, repr. University Press of America, 1989, pp. 148 – 152. 中译本［英］玛丽·博伊斯《伊朗琐罗亚斯德教村落》，张小贵、殷小平译，中华书局2005年版，第159—162页。

④ E. B. N. Dhabhar, *The Persian Rivayats of Hormazyar Framarz*, pp. 259 – 60.

⑤ J. J. Modi, *The Religious Ceremonies and Customs of the Parsees*, pp. 58, 63.

⑥ J. C. Tavadia ed., *Šāyast-nē-Šāyast*, Hamburg: Friederichsen, De Gruyter & Co, 1930, chap. 2. 4; E. B. N. Dhabhar, *The Persian Rivayats of Hormazyar Framarz*, p. 117; J. J. Modi, *The Religious Ceremonies and Customs of the Parsees*, p. 58.

式使用。如果没有犬，可以用捕食猛禽来替代，例如山秃鹰、黑乌鸦或秃鹫（Gypaetus barbatus）也可以用于此仪式。这些飞禽飞向尸体时凭借自身的影子就可驱走尸魔。① 若教徒未能为尸体成功举行犬视仪式，则被视为犯了死罪（margarzān），这是最高等级的罪，没有可赎罪的方式，罪犯将一直待在地狱中直到复活。②

有关琐罗亚斯德教徒如何处理尸体，教律的规定是十分严格的，禁止通过埋葬、焚烧或投入水中来处理尸体，因为尸体会污染土地、火、水这三种神圣的造物。③ 同时死亡也会产生其他系列问题，污染可能会影响直接或间接与尸体接触的任何人。处理尸体充满了危险，特别是对于执行仪式的抬尸者和祭司而言，尤其容易受到污染。而犬则在这一人生必经阶段肩负起驱除污染的神圣使命，不但保证了尸体的洁净和灵魂解救，也帮助参与丧葬仪式的在世者保持洁净。

由经文记载可知，经过这种犬凝视三、六、九遍之后，无论是尸体、处理尸体的人或因尸体而受污染的道路均可降低污染。犬缘何具有如此神秘的宗教力量，有人认为犬的眼睛具有某种魔力，“特殊的四眼犬（举行犬视仪式所使用的狗）具有检测人的生命之火是否熄灭的特性”，如果此人已经死去，那么狗就会不停地盯着尸体；如果此人还未死去，那么犬就不会盯着。也有人认为，在所有的动物中，犬最为忠实于它的主人，因此犬视表达了活着的犬与逝去的主人之间忠诚与感恩的情谊；犬视是为了追忆先祖所奉行的狗在人们生产生活中创造了巨大价值的信念。此外，也有人把犬看作激情消亡的象征，死亡终结了激情，立于尸体旁的犬则强调了这一点。犬被认为能洞悉彼岸世界。④ 一个更为现代的解释为，当缺乏能够胜任的专业医务人

---

① E. B. N. Dhabhar, *The Persian Rivayats of Hormazyar Framarz*, p. 113; J. C. Tavadia ed., *Šāyast-nē-Šāyast*, 2. 5.

② M. Moazami, “A Purging Presence The Dog in Zoroastrian Tradition”, p. 22.

③ M. Jaafari-Dehaghi, *Dādestān ī Dēnīg*, *Transcription*, *Translation and Commentary*, Paris: Association pour l’avancement des études iraniennes, 1998, pp. 70 – 71.

④ 相关论点的整理可参阅 J. J. Modi, *The Religious Ceremonies and Customs of the Parsees*, pp. 48 – 49。

员时，犬比人类更能感知一个人是否真的生病。[①] 玛丽·博伊斯教授的论述，则更有助于我们从社会经济发展的角度分析犬受到如此重视的原因：

> 远古时代，当伊朗人的远祖游牧生活在亚洲草原的时候，一定和狗的关系密切；因为骑马的传统还不为人所知，他们一定徒步放牧牛群，因此非常依赖犬帮助放牧与保护畜群。牛和犬这两种动物，可能是原始伊朗人亲密接触的主要动物；它们不仅出现在人类的日常生活中，也参与到他们的信仰与习俗——这些信仰习俗后来就成为琐罗亚斯德教的一部分。[②]

《宗教行事》则提出了宗教意义上的解释：

> 将犬带来视看尸体是仪式的一部分。原因如下：那些尸魔使尸体丧失所有生机，它们可以在躯体内占据一席之地，直到尸魔脱离尸体，躯体重生而行善。当躯体回到清洁的火、风和泥土中，重新焕发生机，为生命提供更多助益之前，最好让犬和鸟来消化和燃烧尸魔。我们应该将尸魔视为它们的食物，并明确表明有义务将尸体交给它们以使其洁净。这样，犬和鸟就变得有用了，成为亲密的伙伴。当犬或鸟看着尸体时，他们认为恶魔无法再静止不动，它们开始动摇和移动，在躯体内的分量减少，尸魔的污染也就越发衰弱了。[③]

---

① R. Foltz, "Zoroastrian Attitudes towards Animals", *Society and Animals*, Vol. 18, 2010, pp. 370 – 371.

② M. Boyce, *A Persian Stronghold of Zoroastrianism*, p. 139. 中译本［英］玛丽·博伊斯《伊朗琐罗亚斯德教村落》，张小贵、殷小平译，第 152 页。

③ J. Amouzgar and A. Tafazzoli eds., *Le Cinquième Livre du Dēnkard*, Paris: Association pour l'avancement des études iraniennes, 2000, pp. 100 – 103；参见 P. O. Skjaervø, *The Spirit of Zoroastrianism*, pp. 256 – 257。

当犬看着尸体裸露的脸时，它的凝视具有力量束缚尸魔，即邪恶之灵在人死后进入人体，带来有毒物质，犬视则防止尸魔逃脱并污染生活世界。此等解释显然极具神秘色彩，犬是否具有如此神奇的魔力并不重要，重要的是仪式的客观效果，尤其是在世者举行仪式时愿意相信它的神奇功能，并因此而心安理得。

三　护犬的法规

犬在宗教和社会生活中如此重要，古波斯法律条文中有详细的规定，来规范与犬有关的各种宗教和世俗行为。玛丽娅·玛祖赫（Maria Macuch）曾将琐罗亚斯德教的罪分为两大类：侵犯他人的罪及与灵魂有关的罪。前者包含侵犯他人的民事刑事案件，类似今日之财产、借贷、债务、偷窃等罪过；而侵犯诸善端动物的罪过属于后者，主要是伤害了侵犯者自身的灵魂，但依然要受到与世俗犯罪同样的惩罚。[①] 这些规定显然体现了古波斯政教合一的法律特色。

《辟邪经》第十三、十四、十五章罗列了各种不同的犬，包括牧羊犬、家犬、猎犬等，它们都是善神创造的益兽，如果虐待并杀死他们，将会遭到惩罚。《辟邪经》第十三章第三节指出杀死犬的人实际上是伤害了自己甚至九代亲属的灵魂：

> 无论谁杀死它，噢，斯皮塔玛查拉图斯特拉，强壮的宽阔脊柱的犬，如同刺猬，口出恶言的人们称之为 dužaka -。他将伤害自己甚至九代亲属的灵魂，裁判之门将很难通过，除非他在世时受到惩罚。[②]

① M. Macuch, "On the treatment of animals in Zoroastrian Law", in A. van Tongerloo ed., *Iranica Selecta. Studies in honour of Professor Wojtiech Skalimowski on the occasion of his seventieth birthday*, Turnhout: Brepols, 2003, pp. 167 – 190.

② Miguel Ángel Andrés-Toledo, *The Zoroastrian Law to Expel the Demons: Wīdēwdād 10 – 15*, p. 283.

帕拉维文译文则更为详细：

> 无论谁杀死它，噢，斯皮塔曼·扎杜什特，强壮的（野生的）细头犬（即它的鼻尖是瘦的），号称 vaɦhāparəm，口出恶言的人们称其为刺猬（也就是说，如果人们不如此称呼它，它将会做得更好），他将毁坏甚至九世孙的灵魂（也就是说，当行善时，为他们的捐赠将更差），在裁判之门那些水将很难通过（又是因为杀死犬），除非他在世时遭受（也就是说，除非他补救）惩罚（净礼）。①

《辟邪经》第十三章第八—九节进一步记载了杀死各种犬都会使灵魂受罪：

> 无论谁杀死了这些犬，即牧羊犬、护家犬、猎犬和训练的犬，他的灵魂在到达来世时将会因此而听到更多吠叫，受到比狼要多的追逐，被驱逐远离密林最深处。
>
> 当从此岸到彼岸的路上被呼喊和追逐时，没有其他的灵魂帮助他死去的灵魂；当从此岸到彼岸的路上被呼喊和追逐时，两只犬也不会在他死时守在关口帮助他。②

《辟邪经》第十三章第四节则记载了杀死犬的人将受到什么样的惩罚：

> 物质世界的造物主，正直者，无论谁杀死强壮的宽阔脊柱的犬，刺猬，口出恶言的人们称之为 dužaka-，他将遭受什么惩罚？阿胡

① Miguel Ángel Andrés-Toledo, *The Zoroastrian Law to Expel the Demons*: *Wīdēwdād 10 - 15*, pp. 283 - 284.

② Miguel Ángel Andrés-Toledo, *The Zoroastrian Law to Expel the Demons*: *Wīdēwdād 10 - 15*, pp. 286 - 287.

拉·马兹达回答道："他将被判遭受一千次马鞭鞭打，一千次斯牢莎的鞭打。"（帕拉维文中阿胡拉·马兹达的回答一致）[①]

除了对杀死犬的罪过进行惩罚外，《辟邪经》中甚至规定了若喂犬食不当，也要承担罪责。如第十三章第二十节记载：

现实世界的造物主，正直至善之主，无论谁若喂食牧羊犬不足，何种 程度会获罪？

阿胡拉·马兹达回答道："正如在这个现实世界，他给少了最重要的屋主食物，他因而获罪。"[②]

这段经文的帕拉维文注释则进一步解释，他的罪剥夺了给家里每个成员营养，除了冬天。他应该更为正直，遵守法律。[③] 本章经文第二十四节则详细说明了具体的刑罚：

现实世界的造物主，正直至善之主，无论谁若喂食牧羊犬不足，他将如何赎罪？

阿胡拉·马兹达回答道："对于这一罪过，他应该被罚打200马鞭和200斯牢莎（Sraoša）鞭。"

这段经文的帕拉维文注释解释到，这是犯了大罪（tanāpuhl），是更严重的罪。[④] 经文的其他部分也规定了若喂食护家犬、猎犬、幼犬不足，

---

① Miguel Ángel Andrés-Toledo, *The Zoroastrian Law to Expel the Demons*: *Wīdēwdād 10 - 15*, p. 284.

② Miguel Ángel Andrés-Toledo, *The Zoroastrian Law to Expel the Demons*: *Wīdēwdād 10 - 15*, p. 291.

③ Miguel Ángel Andrés-Toledo, *The Zoroastrian Law to Expel the Demons*: *Wīdēwdād 10 - 15*, p. 292.

④ Miguel Ángel Andrés-Toledo, *The Zoroastrian Law to Expel the Demons*: *Wīdēwdād 10 - 15*, p. 293.

将会获何罪，以及分别受到90、70、50马鞭和斯牢莎之鞭的惩罚。[①]而正确的喂食乃是喂犬足够的牛奶、牛油、肉等。[②]这反映了典型的游牧社会的饮食特征。[③]不过上引《辟邪经》中有关罚打多少马鞭和斯牢莎鞭惩罚，可能仅是一种法律文书表述的套语，实际生活中往往会依据罪过的程度和意图而用行善或交纳固定的罚金来替代。[④]可以肯定地说，琐罗亚斯德教中保护善端的道德规范不仅属于宗教范畴，甚至成为琐罗亚斯德教法理学（法律体系）的显著特征之一。真正的琐罗亚斯德教徒对待动物的戒律不仅成为萨珊社会"非正式的"规范，也促成了保护益兽免受"故意的"或"无意的"伤害的相应法律。[⑤]

对于犬的尊重不仅体现于教律的规定，也体现在琐罗亚斯德教徒的日常生活中，犬在伊朗人的生产生活中仍然扮演着重要的角色：放牧捕猎、驱赶豺狼、看家护院、吓退盗匪。因此，伊朗人对犬非常尊敬爱护，如果有人做了对犬不利的事，就会受到严厉惩罚。伊朗中部亚兹德地区沙里发巴特村至今还保有这些传统：生活在此地的琐罗亚斯德教徒不仅每天在家人吃饭前喂狗，且一天最少一次；而且也优待巷狗和流浪狗。[⑥]布鲁斯·林肯（Bruce Lincoln）在讨论印欧人的地狱看门狗时曾指出："地狱看门狗的本质在于它处在中介的地位——即它处在今世与来世、生命与死亡、希望与恐惧的交界上，（由于和生命之犬乃为一对）而处在善与恶的边界上。对于这种角色，狗是完全能够胜任的，因它是一种彻底驯化的动物，是处在兽与人、野蛮与

① Miguel Ángel Andrés-Toledo, *The Zoroastrian Law to Expel the Demons*: *Wīdēwdād 10 – 15*, p. 294.

② Miguel Ángel Andrés-Toledo, *The Zoroastrian Law to Expel the Demons*: *Wīdēwdād 10 – 15*, p. 295.

③ M. Boyce, "Dog ii. in Zoroastrianism", http://www.iranicaonline.org/articles/dog#pt2.

④ M. Macuch, "On the treatment of animals in Zoroastrian Law".

⑤ M. Macuch, "On the treatment of animals in Zoroastrian Law", p. 188.

⑥ M. Boyce, *A Persian Stronghold of Zoroastrianism*, pp. 140 – 144. 中译本［英］玛丽·博伊斯《伊朗琐罗亚斯德教村落》，张小贵、殷小平译，第153—156页。

文明、自然与文化之间驯服然而食肉的动物。”① 古伊朗的犬显然已经超越了印欧人地狱看门狗的角色，更具有护佑人类生存发展的积极功能，只是这种功能蒙上了一层神秘的面纱。从这个角度来理解汉文献所记载的“波斯多善犬”，就不会局限于犬类外形的健壮，而是着眼于犬积极参与古波斯人来世今生、惩恶扬善等多个层面的真善美。当然这一善犬的形象是人类所创造的，归根结底也服务于人类社会。

① B. Lincoln, *Death*, *War and Sacrifice. Studies in Ideology and Practice*, Chicago: The University of Chicago Press, 1991, p. 101. 译文据［美］布鲁斯·林肯《死亡、战争与献祭》，晏可佳译，龚方震校，上海人民出版社2018年版，第170页。

从伐由到乌悉帕卡

——中古祆教风神的印度风

北朝隋唐时期，古波斯琐罗亚斯德教经中亚地区传入中土，一度流行，以祆教名之，留下不少祆神崇拜的文字记录和考古遗存。与波斯本教相比，中亚及中土的祆神呈现出更为丰富多元的特征，这与中亚地区自古即多种文明交汇之地，不同宗教信仰交汇融合有关。因此在考察中古祆神崇拜的渊源流变时，必须注意到各种宗教的互相影响。本文仅以祆教风神为例，考察其从波斯本土经由贵霜、粟特，东传至中国的渊源流变。

一　阿维斯陀经所记的伐由

伐由（Vayu）是阿维斯陀语（中古波斯文作 Wāy），意为风神，同时也与世间万物的生命息息相关，阿维斯陀经将其描述为好战而残暴的征服者。① 阿维斯陀语关于“风”有两个词：vayu 和 vāta，它们都来源于同一个动词词根 vā，意为“吹动”，应是同义词。在古代印伊民族的宗教经典《吠陀》和《阿维斯陀》中，伐多（vāta）是具体有形的风神。因为风带来雨，“英勇的伐多”成为雨星神（Tištrya）和雨水神（Satavaēsa）的助手，帮助他们散播云雨。② 可是另一风神伐由（吠陀经作 Vāyu）的内涵

① Mary Boyce, *A History of Zoroastrianism*, Vol. 1, Leiden: E. J. Brill, 1975, pp. 79 – 82.

② L. H. Gray, *The Foundations of the Iranian Religions*, Bombay: The K. R. Cama Oriental Institute, 1929, p. 167.

更为复杂更为强大。在吠陀中，伐由意为“诸神之灵”，经常与因陀罗相连；他享有第一滴豪麻（soma）汁，是“最迅捷的神”[①]。阿维斯陀经中的伐由则有两面性：“雅利安人从伐由身上既看到了疾风骤雨中混夹的大风，锐不可当，也看到了世间首要的生命之源。在万事万物中，伐由是呼吸，是生命的气息。同时伐由也是生物弥留之际呼出的风。因此他身兼生命与死亡之神责……琐罗亚斯德教徒应正视他，寻访、觅得、征服善灵和恶灵这两种造物之能。万般生命皆在他股掌之中。”[②] 作为生命与死亡的主宰，伐由既是仁慈的又是残暴的；他也被认为是战神，身披金甲，乘驾金车。[③] 他最敏捷、最勇猛、最强大，往往一击（吹）制胜。[④] 阿维斯陀经颂诗宣称他带走了已死之人，[⑤] 因为所有人都必经这一步，伐由遂有了特殊的绰号“万物征服者”（vanō. vīspa-）。[⑥] 另一份阿维斯陀经文献忏悔书（Aogəmadaēčā）则专门道及他的冷酷无情：人类凭借自身强大和勇敢几可克服所有困难，“只有残酷的伐由之路（即死亡之路——引者注）无可避免”[⑦]。到了帕拉维文书中，出现了善的伐由和恶的伐由，后者就是死神。

在古代伊朗人的观念中，伐由不仅是自然之风，更象征万般生命的气息，待到生命弥留之际方始离开，因此他成为强大的力量，万物的护持者和破坏者。正是这一特征，构成了这一伊朗神和强大的湿婆相连的理论基础，湿婆的三个头象征造物、护持和破坏。[⑧] 然而，对

---

① Mary Boyce, “Great Vayu and Greater Varuna”, *Bulletin of the Asia Institute*, New Series, Vol. 7, *Iranian Studies in Honor of A. D. H. Bivar*, 1993, pp. 35 – 40.

② J. Duchesne-Guillemin, *The Western Response to Zoroaster*, Oxford: The Clarendon Press, 1958, p. 59.

③ Mary Boyce, *A History of Zoroastrianism*, Vol. 1, p. 80.

④ Antonio Panaino, *The Lists of Names of Ahura Mazdā (Yašt I) and Vayu (Yašt XV)*, Roma: Istituto Italiano per l'Africa e l'Oriente, 2002, pp. 73 – 87.

⑤ W. W. Malandra, *An Introduction to Ancient Iranian Religion, Readings from the Avesta and Achaemenid Inscriptions*, Minneapolis: University of Minnesota Press, 1983, p. 101.

⑥ Antonio Panaino, *The Lists of Names of Ahura Mazdā (Yašt I) and Vayu (Yašt XV)*, pp. 73 – 75.

⑦ J. Duchesne-Guillemin, “Les citations avestiques: de l'augmadaiča”, *Journal Asiatique*, 1936, pp. 241 – 255.

⑧ Mary Boyce, “Great Vayu and Greater Varuna”, p. 36.

于瑣罗亚斯德教徒来说，将伐由视作死亡之神，难免令人心生疑惑。因为，据先知所宣扬的教义，死亡是恶灵安格拉·曼纽所制造，用以攻击阿胡拉·马兹达所创造的诸善端。如何礼拜这一身具正邪两大特征的风神，既能继续弘扬他善的一面，而又避免其邪恶的一面得到强化？据说东伊朗人在前阿契美尼时代创造360天瑣罗亚斯德教日历时，就触及这一问题了。每月的第21天，在风神日伐多之前，理应用来祭祀伐由，却转而用来祭祀小神哈曼（Rāman Hvāštra）。他的名字意思是“拥有良园的祥和”，通常认为是纯粹的瑣罗亚斯德教神，反映了瑣罗亚斯德本人笔下牧者在美好牧场宁静生活的田园诗的场景（Yasna 35.4，47.3）。[①] 不过教众还是不愿放弃对他的祭拜，在《颂神书》（Yašt 15.5，42）中，他被当作阿胡拉·马兹达圣灵的助手（spəntō. mainyava）来祭拜。到帕拉维文书中，明确地分成善的伐由与恶的伐由，“当恶的伐由使灵魂脱离肉体，善的伐由接受了他，使他满足”[②]。正能体现伐由掌管生死气息的两种职能。可能在瑣罗亚斯德教日历形成后不久，古老的伐由被宣布成为哈曼（Rāman）的助手，并定期同时于每月第21日享祀。最后哈曼神成了伐由的掩护者。伐由的颂神书正式称为《哈曼颂》（Rām Yašt），因为颂神书通常以日祭之神名来命名。[③] 但是在后来的颂神书写本F1中，它依然保有善的伐由［（vāy ī）ŠPYR（=veh）yasn］的头衔。[④] 在死后第三夜凌晨之前举行的仪式中，有一次献祭仪式，本来是祭祀哈曼的，但是在16世纪的波斯语《教义问答》中，[⑤] 这一仪式却献给了善的伐由，这

---

① J. Narten, *Der Yasna Haptaŋhāiti*, Wiesbaden: Dr. Ludwig Reichert Verlag, 1986, pp. 35–37; Mary Boyce, *Zoroastrianism: Its Antiquity and Constant Vigour*, Columbia Lectures on Iranian Studies, no. 7, Costa Mesa, California and New York: Mazda Publishers in association with Bibliotheca Persica, 1992, pp. 87–94.

② B. T. Anklesaria, *Zand-Ākāsīh. Iranian or Greater Bundahišn*, Bombay, 1956, pp. 216–217.

③ J. Darmesteter, *Études iraniennes*, Vol. 1, Paris: F. Vieweg, Libratre-éditeur, 1883, p. 187.

④ Mary Boyce, “Great Vayu and Greater Varuna”, p. 36.

⑤ B. N. Dhabhar transl., *The Persian Rivayats of Hormazyar Framarz and others*, Bombay: The K. R. Cama Oriental Institute, 1932, p. 168.

明显是为了将要审判的灵魂可得到善的伐由帮助。在审判的时刻，灵魂升入天堂还是堕入地狱，对信教者来说非常重要，司其职的主神是密特拉，并有拉什奴和斯牢莎帮助审判灵魂。颂赞伐由的经文却未以伐由命名，或许说明伐由在伊朗本土并非那么重要。而对于东伊朗人来说，善的伐由角色更为重要，可能因为他被认为在临死时纳入灵魂。他的颂诗表明，很早之前，他就被当作上神祭拜。

尽管如前所述，阿维斯陀经中记载了他身披金甲，乘驾金车的形象，但在整个伊斯兰时代之前，西伊朗地区并未见伐由的图像。这符合学术界关于古波斯琐罗亚斯德教无偶像崇拜的论述。不过在贵霜和粟特地区，却频现伐由的形象，见证了祆教风神沿丝绸之路东传的历史。

二 乌悉（Oešo）：贵霜的风神

公元 1 世纪中叶贵霜部翕侯丘就却（Kujula Kadphises，公元 50—90 年在位）统一五部，建立贵霜帝国。到迦腻色伽一世（Kanishka，公元 127—151 年在位）时，帝国臻于鼎盛，疆域从今日的塔吉克斯坦绵延至里海、阿富汗及印度河流域。贵霜地处东西方交通要道，境内各种文化传统、宗教信仰融合发展。如融合希腊、印度传统的犍陀罗艺术即产生、发展、成熟于贵霜时代。迦腻色伽虽然崇信佛教，但并不排斥其他宗教。在他的钱币的背面可以看到希腊、美索不达米亚、波斯和印度的神像。这一方面反映了他对宗教的兼容并包的态度；另一方面也反映了他所统治的帝国疆域辽阔。

根据学界研究，可确认的伐由形象，即出现于贵霜时期，从外形来看，伐由借用了印度教湿婆的样貌。湿婆的形象首次出现在阎膏珍（Vima Kadphises，约公元 105—127 年在位）时期的钱币上，不过其头衔是用佉卢文书写的“上帝”（maheśvara）和“世界之主”（sarvaloga iśvara），其形象主要借自赫拉克利斯，身着狮子皮。但也有一些适应印度观念的改变：三叉戟取代了大棒，垂直的头发象征印度教的火焰。[①] 到了迦腻色伽一世发行的金币上，这一神的形象发生了变化，神的特征逐渐与赫拉克利斯剥离，而出现了摩诃提婆的三头四臂特征，法器也包括借自因陀罗的金刚杵（vajra）、山羊或羚羊，以及印度授权仪式中常见的洒水的长颈瓶。不过更重要的变化是，此时钱币上表示神名的铭文不再与印度有关，而是用巴克特里亚语书写的乌悉。[②]

有关乌悉的宗教属性，至少有伊朗说和印度说两种不同观点。1975年，赫尔穆特·洪巴赫（Helmut Humbach）发表文章，认为贵霜钱币上的巴克特里亚语铭文 Oešo（乌悉，οηÞο）读作巴克特里亚语 wēš，来自阿维斯陀语 vaiiuš，正与伐由的阿维斯陀语称谓“vaiiuš uparō. kairiiō”（意为活跃于上天的神）相同。因此，贵霜的乌悉可视为伊朗伐由的本地变体，[③] 从而为将两者比定提供了语言学支持。洪巴赫的假设被一些学者接受。[④] 不过，由于钱币上所见的乌悉的形象与湿婆一致，研究印度图像的学者倾向于认为“乌悉就是湿婆”[⑤]。但是，他们无法令人信服地解答“乌悉源自湿婆（Śivaite）”这一语言学上的疑问。

乌悉首次出现在阎膏珍早期发行的钱币上时是没有偶像的，而是通过其最易辨认的符号（三叉戟与斧头和公牛相结合）表现出来。他的拟人化图像是在这位国王统治期间创建的，可能吸收了波塞冬、宙斯和赫拉克利

① Frantz Grenet, “Iranian Gods in Hindu Garb: The Zoroastrian Pantheon of the Bactrians and Sogdians, Second-Eighth Centuries”, *Bulletin of the Asia Institute*, New Series, Vol. 20, 2006/2010, p. 88.

② Frantz Grenet, “Zoroastrianism among the Kushans”, Harry Falk ed., *Kushan Histories*, Bremen: Hempen Verlag, 2015, p. 215.

③ H. Humbach, “Vayu, Śiva und der Spiritus Vivens im Ostiranischen Synkretismus”, in *Monumentum H. S. Nyberg*, Vol. 1, Leiden: E. J. Brill, 1975, pp. 402－408.

④ Razieh Taasob, “Representation of Wēś in early Kushan coinage: Royal or local cult?” *Afghanistan*, Vol. 3. 1, 2020, pp. 83－106.

⑤ G. Gnoli, “Some Notes upon the Religious Significance of the Rabatak Inscription”, in W. Sundermann, A. Hintze and F. de Blois eds., *Exegisti Monumenta: Festschrift in Honour of Nicholas Sims-Williams*, Wiesbaden: Harrassowits Verlag, 2009, pp. 141－159.

斯的某些特征。[①] 除钱币外，乌悉的图像亦见诸其他文献，如现藏于美国大都会博物馆的两块彩绘陶板。其中一块陶板绘有一位礼拜者，上半身残缺，但右手捧着一碗状物体。他面前站着一位半裸的三头神，其中只有两个头存留。中间的头留着小胡子，长了第三只眼，略显年轻。左部的头戴着白帽子，是蓄着长须的男子。该神四臂，手持三叉戟和法器，可以清楚地辨认他就是乌悉。第二块面板上的图案正相反，礼拜者在右侧，乌悉则位于左边，右手持三叉戟和一件法器。[②] 这位乌悉同样是三头神，中间的头与第一块面板相似；但右侧的头戴红色帽子，属于儿童或年轻女孩；左头没有蓄须，是一位成熟的男性。这两种形象都与克里布（J. Cribb）分类的第 VI 种类型相对应。[③] 到了胡毗色伽（Huvishka，公元 155—187 年在位）的儿子韦苏提婆（Vāsudeva，约公元 191—230 年在位）时，他又成为硬币背面的唯一的神，并与女神 Ardoxšo 出现于迦腻色伽二世（Kanishka Ⅱ，公元 226—240 年在位）、婆湿色伽（Vashishka，公元 240—250 年在位）、迦腻色伽三世（Kanishka Ⅲ，公元 255—275 年在位）和韦苏提婆二世（Vasudeva Ⅱ，公元 290—310 年在位）钱币的背面。可见这一神在巴克特里亚地区的流行。

在萨珊人征服贵霜地区之后，乌悉不仅继续被贵霜—萨珊人使用，而且实际上已成为当时发行的钱币背面最受欢迎的形象。但是，他的巴克特里亚语头衔却变成了 βορζοανδο ιαζαδο，这是从中古波斯语 Burzāwand yazad 借来的，意思是“崇高的神”或“高高在上的神”[④]。这种变化的原因尚不清楚。贵霜—萨珊君主卑路斯一世（Pērōz Ⅰ，公元

① L. Giuliano, “Studies in Early ŚaivaIconography: (Ⅰ) The Origin of the triśula Some Related Problems”, *Silk Road Art and Archaeology*, Vol. 10, 2004, p. 59.

② M. L. Carter, “Preliminary Notes on Four Painted Terracotta Panels”, in Allchin, R. and Allchin, B. eds., *South Asian Archaeology*, Vol. 2, New Delhi and Calcutta, 1995, pp. 577 – 581.

③ J. Cribb, “Shiva Images on Kushan and Kushano-Sasanian Coins”, in K. Tanabe, J. Cribb and H. Wang eds., *Studies in Silk Road Coins and Culture. Papers in Honour of Professor Ikuo Hirayama on his 65th Birthday*, Kamakura, 1997, pp. 11 – 66.

④ N. Sims-Williams, “Ancient Afghanistan and its invaders: Linguistic evidence from the Bactrian documents and inscriptions”, in N. Sims-Williams ed., *Indo-Iranian Languages and Peoples*, Oxford: Oxford University Press, 2002, p. 232.

457—484 年在位）的钱币上，除了乌悉与公牛南迪（Nandī）这一标准形象外，[1] 尚可见火坛上端的半身男子正面像，刻有巴克特里亚铭文 BAΓO BOPZANΔO。[2] 他怒发冲冠，肩披长发，钱币学证据表明他是贵霜—萨珊时期巴克特里亚地区最重要的神祇之一。唯一可确认为乌悉的雕像是苏联—阿富汗考古队在迪尔伯金（Dilberjin）十号圣殿的主室挖掘的。雕像描绘的是裸体（尽管很可能衣服是彩绘但没有留存）男子坐在宝座上的正面形象，宝座置于入口前的台面上。雕像的头不见了，但肩膀上有几束卷发的痕迹。他戴着两条项链和一块粽叶坠饰，右手未保存，左手低垂。雕像旁边还有另外两个放在下部座位左侧的雕像——最左边的是女性雕像，另外还有一个雕像，只有零星碎片幸存于他们之间。神像形制与卑路斯一世钱币上所见神像一致。根据钱币资料，很容易推测他丢失的右手可能抓着一柄三叉戟，而他的左手原本拿着乌悉的一件法器。[3] 有趣的是，阿维斯陀经中阿帕姆·纳帕特（Apą̆m Napāt）的名衔为 bərəzant（“至高无上”），与贵霜—萨珊时期的乌悉神源自同一词根（在中古波斯语中他被称为 burz yazad），或许表明乌悉神的伊朗特征越来越明显。

贵霜—萨珊时期的乌悉形象发生了两个重大变化。他被视为授予王权或王冠，而三叉戟（他在所有贵霜类型上的必有特征）被矛代替。根据阿维斯陀经的说法，伐由的主要特征或武器是一支矛。他的称谓包括“尖锐的”（tižiiarštə），“异常尖锐的”（pərə-θuuararsštə）和“挥舞着长矛的人”（vaēžiiarštə）。[4] 这或许表明萨珊人征服贵霜以后，试图让披着湿婆外衣的乌悉神更接近阿维斯陀经的规定。

---

① Frantz Grenet, “Iranian Gods in Hindu Garb: The Zoroastrian Pantheon of the Bactrians and Sogdians, Second-Eighth Centuries”, 图 11。

② J. Cribb, “Numismatic Evidence for Kushano-Sasanian Chronology”, *Studia Iranica*, 19.2, 1990, no. 32, p. 188.

③ M. Shenkar, *Intangible Spirits and Graven Images: The Iconography of Deities in the Pre-Islamic Iranian World*, Leiden. Boston: E. J. Brill, 2014, p. 156.

④ Antonio Panaino, *The Lists of Names of Ahura Mazdā (Yašt I) and Vayu (Yašt XV)*, pp. 83 – 84.

传到贵霜地区的风神伐由变为披着湿婆外衣的乌悉，或与古波斯琐罗亚斯德教无偶像崇拜的传统有关。一般认为，古波斯琐罗亚斯德教徒至迟于公元前4世纪时始接受庙火仪式，乃为反对圣像崇拜而确立，并逐渐发展成为该教的正统仪式。[①] 如此，火逐渐成为琐罗亚斯德教徒唯一崇拜对象，其地位越发重要。在帕提亚晚期，随着希腊化影响的减退，反对圣像崇拜、支持火坛的情绪日益高涨。伏洛吉斯（Valakhš，Vologeses）一世统治时，在其发行的钱币反面印上火坛，代替了希腊风格的神像；而地方大族，如伊斯塔克尔阿娜希塔（Anāhīd）神庙的保卫者，他们都是波斯的萨珊家族，则把神像从圣祠移出，代之以圣火。[②] 正是因为波斯本土的琐罗亚斯德教并无具体的神像，传到贵霜地区的风神才采取了当地人熟知的湿婆的形象，而之所以用伐由来“自然化”湿婆，葛乐耐认为，因为两者都是大神，居于高处（空气中，高山顶），身具暴力和矛盾的一面。[③]

三　粟特风神乌悉帕卡（wyšprkr）

穆格山文书中有一个人名 Wešδāt，意为“伐由赐予”，证明伐由在粟特万神殿中存在。[④] 此外，伐由也存在于花剌子模文献中。[⑤] 在粟特片治肯特（Panjikent）发掘期间，苏联考古学家在22号遗址发现了一幅壁画，壁画破损严重，只能部分复原，依稀可辨两位神的形象，经过马尔沙克的复原，其中一个神像三头六臂，手持三叉戟，具

① Mary Boyce, “On the Zoroastrian Temple Cult of Fire”, *Journal of the American Oriental Society*, Vol. 95. 3, 1975, pp. 455 – 456.

② Mary Boyce, “Iconoclasm among the Zoroastrians”, *Christianity, Judaism and Other Greco-Roman Cults: Studies presented to Morton Smith at Sixty*, ed. by J. Neusner, Vol. 4, Leiden: E. J. Brill, 1975, pp. 104 – 105.

③ Frantz Grenet, “Zoroastrianism among the Kushans”, p. 215.

④ P. B. Lurje, *Personal Names in Sogdian Texts*, Wien: Verlag der Österreichischen Akademie der Wissenschaften, 2010, no. 1385, p. 427.

⑤ M. Shenkar, *Intangible Spirits and Graven Images: The Iconography of Deities in the Pre-Islamic Iranian World*, p. 158.

备典型的湿婆的特征，与贵霜万神殿乌悉神非常接近，旁边用粟特文书写乌悉帕卡［wšpr（kr）Wešparkar］。[①] 而正如上文洪巴赫所指出的，贵霜的乌悉和粟特的乌悉帕卡同为伊朗伐由的本地变体，与乌悉帕卡共同出现的可能是阿维斯陀经中的阿帕姆·纳帕特，其名衔也同于贵霜—萨珊时期的乌悉，也有助于证明粟特的乌悉帕卡就是贵霜的乌悉。

乌悉帕卡这一名字至少见载于20世纪初中国新疆发现的三份粟特文文献中。一份是摩尼教文献，内中用乌悉帕卡来表示摩尼本人所熟悉的“生命的精神”这位神，帕提亚人（粟特人正是从他们这里接受了摩尼教）将其翻译为“生命的风”（Wād Žīwandag）。将乌悉帕卡和乌悉比定为伐由，则符合摩尼教粟特语文书将帕提亚的“生命之风”译为乌悉帕卡。[②] 其他两份是佛教文献，其中在巴黎藏敦煌粟特语文书八号（TSP8）中，乌悉帕卡是其中记载的五位神中的一位，前三位神同时配有印度名和伊朗名，这些名字也以相同的顺序出现，即梵王（Brahma）对祖尔万（'zrw'，中古波斯语 Zurvān），以天王释（Sakra/Indra）对阿胡拉·马兹达（''δδβγ，＊Āθbaγ），以大天或湿婆（Mahādeva-Śiva）对乌悉帕卡。另外两位神并无对应的伊朗神名，即那罗衍那（Nārāyana，毗湿奴，印度教保护神之一，佛教称遍入天）和毗沙门天（Vaisravana，即佛教四大天王中的北方天王）。[③] 另一份粟特文佛经《吠桑檀多本生》（*Vessantara Jātaka*）则描述了这些粟特神的特

---

① A. M. Belenistkii, B. I. Marshak and M. J. Dresden, “The Paintings of Sogdiana”, in G. Azarpay, *Sogdian Painting. The Pictorial Epic in Oriental Art*, Berkeley-Los Angeles-London: University of California Press, 1981, p. 30.

② W. B. Henning, “A Sogdian Fragment of the Manichaean Cosmogony”, *BSOAS*, Vol. 12, 1948, p. 312. W. Sundermann, “Namen von Göttern, Dämonen und Menschen in iranischen Versionen des manichäischen Mythos”, *Altorientalische Forschungen*, Vol. 6, 1979, pp. 95 – 133.

③ E. Benveniste ed., *Vessantara Jataka*, *Texte sogdien édité*, *traduit et commenté*, Paris, 1946, p. 72; *Textes sogdiens*, *edite*, *traduits et commentes*, Paris: Paul Geuthner, 1940, p. 107. 参阅张广达《吐鲁番出土汉语文书中所见伊朗语地区宗教的踪迹》，《敦煌吐鲁番研究》第4卷，北京大学出版社1999年版，第10—11页；《文本、图像与文化流传》，广西师范大学出版社2008年版，第238页。

征，祖尔万蓄着胡须，阿胡拉·马兹达有三只眼，乌悉帕卡有三张脸。① 贵霜钱币上的乌悉正好与粟特壁画和粟特文献所描述的乌悉帕卡形象一致，均具备湿婆的特征，三头或者四臂，手持三叉戟，旁有公牛。尽管不能排除乌悉帕卡直接从印度艺术中借来湿婆的形象，但更合理的假设是披着湿婆外衣的乌悉帕卡实际上直接继承了贵霜乌悉的风格，这无论从时代顺序和空间分布上都更容易解释。

如果说贵霜乌悉的图像更接近于湿婆，粟特的乌悉帕卡则表现了更多阿维斯陀经中伐由的特征。乌悉帕卡三头的左侧吹了一个号角，这并非湿婆的特征，而是完全适合伊朗风神伐由。② 它也可以是战号，可能更反映了神的好战一面。在片治肯特三号遗址六号屋的壁画上大型祭坛的腿部也可能画了他。③ 在东曹国（Ustrushana）中，乌悉帕卡被刻画在“小礼堂”东壁下半部的中央，像一位三头四臂骑乘的神灵，正与恶魔作战。中头明显大于另外两个，所有三个头都戴着月牙形冠。神身着盔甲，手持弓箭、长矛，腰上挂着短匕首。他的第二个形象出现在上部，在四臂娜娜的左侧。乌悉帕卡披着盔甲，留着小胡子，头绕光圈，戴着饰有月牙的冠。他的头微微转向女神。神的一只右手抓住了一把三叉戟。不幸的是，他的其他特征没有保留。④ 我们也应该提及卡菲尔·卡拉（Kafir-Kala）一枚印章，上刻手持三叉戟的三头人物形象，这无疑是乌悉帕卡。⑤

至于学者们所质疑的为何粟特地区存在大量印度的物质资料？康

① A. Wendtland, “Xurmazda and Āδβaγ in Sogdian”, in C. Allison, A. Joisten-Pruschke and A. Wendtland eds., *From Daēnā to Dîn. Religion, Kultur und Sprache in der iranischen Welt: Festschrift für Philip Kreyenbroek zum 60. Geburtstag*, Wiesbaden: Harrassowitz, 2009, pp. 120 – 121.

② Frantz Grenet, “Iranian Gods in Hindu Garb: The Zoroastrian Pantheon of the Bactrians and Sogdians, Second-Eighth Centuries”, p. 92.

③ A. M. Belenistkii, B. I. Marshak and M. J. Dresden, “The Paintings of Sogdiana”, in G. Azarpay, *Sogdian Painting. The Pictorial Epic in Oriental Art*, pp. 30 – 31.

④ M. Shenkar, *Intangible Spirits and Graven Images: The Iconography of Deities in the Pre-Islamic Iranian World*, p. 157.

⑤ M. Compareti, “Two Seal Impressions from Kāfer Qal‘a (Samarkand) and the Representations of Iranian Divinities”, *Journal of Persianate Studies*, Vol. 6, 2013, pp. 128 – 131, 图 1。

马泰根据印度河谷上游的粟特文铭文，阿弗拉西阿卜壁画和中国的文献记载，充分地证明了粟特地区和印度的联系。[①] 从传播史的角度看，粟特地区的祆教直接继承了早期贵霜时期祆教的传统。同时粟特地区的资料也进一步证明贵霜乌悉可以比定为祆教风神伐由。

四 中土祆教所见风神

随着祆教沿丝绸之路东传，祆教风神的形象亦见于中土。20 世纪初，斯坦因（A. Stein）从和田东北丹丹乌里克（Dandan Uiliq，即唐代的杰谢镇）的几处房屋遗址中，发掘一批彩绘木版画，年代为公元 8 世纪，皆两面作画，一面绘着佛教图像，另一面的图像则具有伊朗艺术特征。1992 年，莫德（M. Mode）讨论了编号为 D. X. 3 的木板正面绘制的三身一组形象。其中居中的四臂神祇头戴波斯式宝冠，面部呈女性特征，上二手托举日月，莫德将其确定为粟特本土的娜娜女神；右侧的三面四臂神祇，一手执三叉戟，一手执弓，应为风神乌悉帕卡。由此看来，这幅三身一组形象从左到右依次是阿胡拉·马兹达、娜娜女神和风神乌悉帕卡。[②] 莫德还指出，片治肯特壁画中不止一处绘有这类三身一组神像，如轮廓保存相对完整的三号遗址六号屋画像，年代在公元 5—6 世纪，左侧为娜娜女神，中间为祖尔万，右侧为风神乌悉帕卡。可见于阗地区的这种三神组合应是源自粟特地区的传统。[③]

1998 年 10 月，瑞士人鲍默（C. Baumer）在丹丹乌里克编号为

---

① M. Compareti, "The Indian Iconography of the Sogdian Divinities and the Role of Buddhism and Hinduism in its Transmission", *Annali dell'Istituto Orientale di Napoli*, Vol. 69. 1 - 4, 2009, p. 184.

② M. Mode, "Sogdian Gods in Exile-Some Iconographic Evidence from Khotan in the light of Recently Excavated Material from Sogdiana", *Silk Road and Archaeology*, Vol. 2, 1991/1992, pp. 179 - 214.

③ M. Mode, "Sogdian Gods in Exile-Some Iconographic Evidence from Khotan in the light of Recently Excavated Material from Sogdiana", p. 182.

D13 的建筑遗址墙壁上又发现了两幅三神组合画像，其中一组中有一尊三首神像，膝下卧有一头牛，应是摩醯首罗式祆神乌悉帕卡。[①] 荣新江先生甚至认为，D13 可能就是斯坦因编号为 D. X 的遗址。[②] 此外，姜伯勤先生认为："这些祆教木板画是公元 7—8 世纪以后来此地的粟特人，利用前此留下的佛教木板画的资源重新于背面绘画的。"[③] 姚崇新先生总结了学界的相关研究，进一步提出敦煌地区祆教图像与佛教图像借鉴和影响的两个层次，一是敦煌民众熟悉佛像——祆神的对应情况，敦煌地区的祆神造型仍套用佛教或婆罗门——印度教图像系统，当地的粟特祆教徒因祆神形象与佛教造像更相似，才出现"将佛似祆"的情况；二是佛教的某些图像元素局部地被祆教造型艺术所吸收的情况，从而使"将佛似祆"又多了一层内涵。[④]

以上研究表明，广泛流行于贵霜和粟特地区的印度式祆教风神沿着丝路南道传播，而且和当地的佛教传统共同存在，甚至互相影响。其实，这一祆神形象至迟于 6 世纪末就已传到长安。2003 年西安出土的北周史君墓石堂（Wirkak，579 年）东边的右板上，亦刻有摩醯首罗式神像，尽管他只是一头，而非三头神，但考虑到他有公牛相伴，而且高居灵魂升天的场景之上，符合琐罗亚斯德教经文规定伐由帮助灵魂穿过裁判桥的记载，学者们断定他应该就是祆教风神乌悉帕卡。[⑤] 若这一考证得实，则有助于我们进一步理解唐宋文献中关于祆

---

① C. Baumer, "Dandan Oilik Revisited: New Findings a Century Later", *Oriental Art*, Vol. 45. 2, 1999, pp. 2 – 14.

② 荣新江：《佛像还是祆神？——从于阗看丝路宗教的混同形态》，载郑培凯主编《九州学林》第 1 卷第 2 期，香港城市大学中国文化中心、复旦大学出版社 2003 年版，第 104—105 页。

③ 姜伯勤：《于阗木板画所见粟特祆教美术的影响》，载其著《中国祆教艺术史研究》，生活·读书·新知三联书店 2004 年版，第 199 页。

④ 姚崇新、王媛媛、陈怀宇：《敦煌三夷教与中古社会》，甘肃教育出版社 2013 年版，第 102—116 页。

⑤ F. Grenet, P. Riboud et Yang Junkai, "Zoroastrian Scenes on a newly discovered Sogdian Tomb in Xi'an, Northern China", *Studia Iranica*, Vol. 33, 2004, pp. 280 – 282, 图 3。

佛关系的记载。敦煌文书 S. 2729v 抄有《太史杂占历》，尾题“大蕃国庚辰年（800 年）五月廿三日沙州（后缺）”，中有“岁在丑年，将佛似祆”一语。[①] 唐韦述《两京新记》卷三：“（布政坊）西南隅胡祆祠（注：武德四年所立，西域胡天神，佛经所谓摩醯首罗也）。”[②] 唐杜佑《通典》卷四十《职官》二十二所记：“祆者，西域国天神，佛经所谓摩醯首罗也。”[③] 宋董逌《广川画跋》卷四《书常彦辅祆神像》的记载：“祆祠，世所以奉梵相也。其相希异，即经所谓摩醯首罗。”[④] 宋姚宽《西溪丛语》卷上“山谷《题牧护歌后》”条：“予长兄伯声，常考火祆字，其画从天，胡神也，音醯坚切，教法佛经所谓摩醯首罗也。”[⑤] 学界研究已经证明，唐宋时期内地祆庙所供奉的祆神只是形同摩醯首罗，而并不就是大自在天，古人并没有混淆祆神与摩醯首罗的区别。学界将两者混同的原因，笔者已有讨论，不赘。[⑥] 而综合前文所述，更加印证这位以摩醯首罗面貌出现的祆神就是风神乌悉帕卡。从另一个角度来看，贵霜钱币和粟特壁画上所见的湿婆式神像，除铭刻头衔乌悉和乌悉帕卡与琐罗亚斯德教伐由有关外，并无详细的文字记载来证明他们就是祆教风神，而唐宋文献却明确记载了时人观念中就是把他们当作祆神祭拜的，这或可当作汉文史料的独特价值吧。当然了，内地摩醯首罗式祆神流行不仅仅是粟特本土传统的延续，其实早在贵霜时代祆教徒借鉴印度风格创作风神形象时就开始了。

---

① 中国社会科学院历史研究所、英国国家图书馆等编：《英藏敦煌文献》第 4 卷，四川人民出版社 1991 年版，第 230 页。

② ［日］平冈武夫编：《唐代的长安和洛阳（资料）》，上海古籍出版社 1989 年版，第 185 页。（唐）韦述撰，辛德勇辑校：《两京新记辑校》，三秦出版社 2006 年版，第 34 页。

③ （唐）杜佑撰，王文锦等点校：《通典》卷四〇《职官典》，中华书局 1988 年版，第 1102 页。

④ （宋）董逌撰，陈引驰整理，徐中玉审阅：《广川画跋》卷四，《传世藏书·集库·文艺论评》3，海南国际新闻出版中心 1996 年版，第 2900—2901 页。

⑤ （宋）姚宽撰，孔凡礼点校：《西溪丛语》，中华书局 1993 年版，第 41 页。

⑥ 张小贵：《中古华化祆教考述》，文物出版社 2010 年版，第 77—98 页。

五 结语

从乌悉频频出现在贵霜钱币上来看，他显然是巴克特里亚最重要的神灵之一，确切地来说，他不单是融合了印度湿婆和伊朗伐由的合体神灵，而且是披着湿婆外衣的琐罗亚斯德教风神。在贵霜人征服的土地上，湿婆的信仰根深蒂固、影响深远。[①] 正是因为如此，原本并无具体形象的伊朗风神伐由传到该地后，借鉴了他的形象，变成了贵霜祆教风神乌悉。在贵霜帝国的伊朗人宗教世界观中，乌悉的地位显

图 1 贵霜钱币所见风神[②]

① G. Fusman, "Une effigie en laiton de Śiva au Gandhara", *Journal Asiatique*, Vol. 279, 1991, pp. 137 - 174.

② M. Shenkar, *Intangible Spirits and Graven Images: The Iconography of Deities in the Pre-Islamic Iranian World*, Leiden. Boston: E. J. Brill, 2014, pp. 333 - 334, 389.

图 2　贵霜—萨珊钱币所见风神①

然比“另一位贵霜风神”更高而且更重要。② 他可能被认为是一位强大的神，是生与死的主宰，因此被认为与湿婆息息相关。萨珊人征服巴克特里亚地区后，对乌悉形象进行了一系列改变，使他更接近了伐由的“琐罗亚斯德教”特征，被巴克特里亚语和中古波斯语称为“崇高的神”。他有火焰头光和长矛，并授予国王王权或王冠。在所有这些贵霜和贵霜—萨珊的风神形象中，可能只有三头乌悉的偶像类型在粟特继续存在，被称为乌悉帕卡。在粟特万神殿中，他比琐罗亚斯德文献中所记载的伐由地位更重要了。他的性格无疑包括了突出的好战特征，因为被描述为与恶魔交战的骑手，而且他可能在协助正义者的灵魂上天堂方面也发挥了重要作用。也正因为如此，传到中土的乌悉帕卡是以三尊神之一的形象出现。因此在回顾唐宋文献所记“祆神，佛经所谓摩醯首罗也”之时，就不必再纠结于摩醯首罗是否为祆神，而应着眼于祆教与印度教、佛教之间互有影响的文化景观了。

---

① M. Shenkar, *Intangible Spirits and Graven Images: The Iconography of Deities in the Pre-Islamic Iranian World*, p. 337.

② K. Tanabe, “OHþO: Another Kushan Wind God”, *Silk Road Art and Archaeology*, Vol. 2, 1991/1992, pp. 51 – 73.

图3　粟特片治肯特22－1遗址壁画所见风神①

① M. Shenkar, *Intangible Spirits and Graven Images: The Iconography of Deities in the Pre-Islamic Iranian World*, pp. 256－257.

穆格山粟特文婚约译注

一 文书研究概述

自1932年始，在今撒马尔干以东约120公里的穆格山，相继出土了一批文书，其中包含92件粟特文文书，另有3件汉文、1件阿拉伯文与1件鲁尼文文书。其中编号Nov. 3者为婚约，是迄今为止发现的篇幅最长的粟特文法律文书，另有编号Nov. 4者为婚约所附保证书。这两件文书是1934年由当地党委书记普娄提（Puloti）上交列宁格勒（现圣彼得堡）的，现藏俄罗斯科学院东方学研究所写本部。根据文书所示，婚约订立于康国国王突昏十年（公元711年），乃写于撒马尔干。文书共90行，一式两份，现存为女方持有的副本。新郎为突厥化贵族乌特特勤（'wttkyn），新娘是笯赤建国王监护的女子查托（ctth），婚约缔结于“律堂”，有五名证婚人，文中规定了夫妻双方的权利和义务，非常详细，“是古伊朗文明最重要的文献之一”①。早在1934年，弗莱曼等人就撰文介绍了穆格山文书的发现经过及概况。② 日本学界也很早注意到

① W. B. Henning, “A Sogdian god”, *Bulletin of the School of Oriental and African Studies* (*BSOAS*), Vol. 28. 2, 1965, pp. 248; *W. B. Henning Selected Papers*, Vol. 2, Leiden: E. J. Brill, 1977, p. 623.

② А. А. Фрейман, “Опись рукописных документов, извлеченных из развалин здания на горе Муг в Захматабадском районе Таджикской ССР около селения Хайрабд и собранных Таджикистанской базой Академии наук СССР”, *Согдийский сборник*, Л., 1934, ctp. 33–51. 另参阅Grégoire Frumkin, *Archaeology in Soviet Central Asia*, Leiden · Köln: E. J. Brill, 1970, p. 71。

穆格山城堡遗址发掘及文书的发现。[①] 而就这两份婚约及保证书，苏联粟特语专家里夫什茨（Livshits，1923—2017）1960年首先发表了释读成果。[②] 1962年，里夫什茨又对文书进行了详细的注释和研究。[③] 同年，剑桥大学的伊朗学家格斯维彻（Il. Gershevitch，1914—2001）发表长文，对文书的若干语言学问题进行了深入的讨论。[④] 1963年，苏联学者将文书影印刊行。[⑤] 1965年，著名伊朗学家亨宁（W. B. Henning，1908—1967）撰文，盛赞了里夫什茨的解读工作，并利用婚约对粟特地区的密特拉信仰进行了考察。[⑥] 1988年，吉田丰和森安孝夫公布了新发现的粟特文女奴买卖文书的解读成果，文书的书写格式与穆格山的 Nov. 4 文书颇多相类之处。[⑦] 2000年英国著名伊朗学家辛威廉（Sims-Williams）释读出版了1991年发现的阿富汗北部巴克特里亚文书，其中最古老的一份即婚约，内中不乏可与粟特文婚约比较研究之处。[⑧] 2006年，时在芝加哥大学的雅库波维奇（Yakubovich）重新对婚约进行了英译与注释，并对有争议的语言学问题多有讨论。其文重点在于对文书结构进行考察，借以发现粟特司法传统中所受到的外来

① 岩佐精一郎：《唐代ソグド城塞の發掘と出土文書》，《東洋學報》第22卷第3號，1935年，第451—461頁；中译本《唐代粟特城塞之发掘及其出土文书》，见万斯年编译《唐代文献丛考》，上海开明书店1947年版，第106—120页。

② В. А. Лившиц, "Согдийские брачный контракт начала VIII века н. э.", *Советская этнография*, Москва, 1960, No. 5, ctp. 76 – 91.

③ В. А. Лившиц, *Юридические документы и письмаз*, Москва, 1962, стр. 17 – 45.

④ Ilya Gershevitch, "The Sogdian word for 'advice', and some MuY documents", *Central Asian Journal*, Vol. 7, 1962, pp. 77 – 95.

⑤ Mikhail Bogoliubov et al., *Sogdijskije documenty s gory Mug. Fotoal'bom*, Corpus Inscriptionum Iranicarum, Vol. 2 part 2, Moscow, 1963.

⑥ W. B. Henning, "A Sogdian god", *BSOAS*, pp. 242 – 254; *W. B. Henning Selected Papers*, Vol. 2, pp. 617 – 629.

⑦ 吉田豊、森安孝夫：《麹氏高昌国時代ソグド　文女奴隷壳買文書》，《内陸アジア言語の研究》，1988，第1—50頁。

⑧ N. Sims-Williams, *Bactrian Documents from Northern Afghanistan I: Legal and Economic Documents*, Oxford, 2000. 文书图版、转写及中译本参考［英］尼古拉斯·辛姆斯－威廉姆斯《阿富汗北部的巴克特里亚文献》上册，李鸣飞、李艳玲译，兰州大学出版社2014年版，第1、30—31、74—76、217—219页。

影响。[①] 而在这之前，雅库波维奇已对穆格山文书中的 1. I 号文书重新整理与研究。[②] 2008 年里夫什茨出版《中亚和谢米列契的粟特铭文》，开篇即收入这份婚约，重新对文书进行了译释与研究，并附文书照片。[③] 2015 年其著英文版出版，纳入辛威廉主编的《伊朗碑铭丛刊》（*Corpus Inscritionum Iranicarum*），修订了俄文版的一些错误，提供了更为权威可靠的译本。[④]

以上学者的研究着重于粟特文的转写、转读及相关语言学问题的讨论，也有一些学者利用文书进行历史学考察。重要者如葛乐耐（Frantz Grenet）与魏义天（Étienne de la Vaissière）对片治肯特在阿拉伯征服之前最后几年政治史的考察。[⑤] 德国学者德金（Desmond Durkin-Meisterernst）在考察中古时期移居的粟特女性时，也讨论了婚约的部分内容。[⑥] 我国学者早就注意到粟特文文献的研究成果。[⑦] 20 世纪 80 年代初，马小鹤先生就利用穆格山文书讨论了片治肯特城主迪瓦什梯奇的生平及 8 世纪初期阿拉伯人在中亚的扩张。不过，并未涉及婚约及保证书的内容。[⑧] 以笔者所见，对婚约进行专门讨论者乃

---

① Ilya Yakubovich, "Marriage Sogdian Style", in *Iranistik in Europa—Gestern, Heute, Morgen*, Herausgegeben von Heiner Eichner, Bert G. Fragner, Velizar Sadovski und Rüdiger Schmitt, Wien: Verlag der Österreichischen Akademie der Wissenschaften, 2006, pp. 307 – 359.

② Ilya Yakubovich, "Mugh 1. I. Revisited", *Studia Iranica*, Vol. 31, 2002, pp. 231 – 253.

③ В. А. Лившиц, *Согдийскаяэпиграфика средней азии и семиречья*, Санкт-Петербург, 2008, стр. 18 – 48.

④ V. A. Livshits, *Sogdian Epigraphy of Central Asia and Semirech'e*, translated from the Russian by Tom Stableford, ed. by Nicholas Sims-Williams, School of Oriental and African Studies, London, 2015, pp. 17 – 37.

⑤ Frantz Grenet & Étienne de la Vaissière, "The last days of Panjikent", *Silk Road Art and Archaeology*, Vol. 8, Journal of the Institute of Silk Road Studies, Kamakura, 2002, pp. 155 – 196.

⑥ Desmond Durkin-Meisterernst, "Sogdian Women in the Diaspora", 中译本见［德］德金《侨居地的粟特女性》，胡晓丹译，荣新江校，载荣新江、罗丰主编《粟特人在中国：考古发现与出土文献的新印证》（上册），科学出版社 2016 年版，第 81—95 页。

⑦ 万斯年早在 1947 年就编辑出版了上引日本学者岩佐精一郎的相关成果。另参阅黄振华《粟特文及其文献》，《中国史研究动态》1981 年第 9 期。

⑧ 马小鹤：《米国钵息德城考》，《中亚学刊》第 2 辑，中华书局 1987 年版，第 65—75 页，此据其著《摩尼教与古代西域史研究》，中国人民大学出版社 2008 年版，第 339—352 页；《公元八世纪初的粟特——若干穆格山文书的研究》，《摩尼教与古代西域史研究》，第 367—408 页。

20世纪90年代初，蔡鸿生先生利用婚约的资料，考察了唐代九姓胡家庭中的夫妻关系和婚姻习俗。①

本文以里夫什茨2015年转写本为基础，参考雅库波维奇2006年的整理本，将雅本所见与里本相异之处以脚注标出，俾便学者进一步研究参考。进而在两位学者翻译研究基础上，试对文书进行汉译，并参考学界已有研究成果，对其中若干问题进行注释。不足之处，敬请方家指正。

二　文书转写

Nov. 3 Text

Recto

1. trxwn MLK ’10 srδ ”z m’xy msβwγycy myδ ’sm’n
2. rwc KZNH pr’yp’ ZNH xypδ ’γrywyh wδwh
3. ’wttkyn ky ZY ZK pyšn’m’k nyδnh② MN nwyktc
4. xwβw cyr MN wnx’n’kk BRY ’ywh zynβr’nch③ ynch
5. wδwh ky ZY KZNH n’mt δγwtγwnch ky ZY šy ZK
6. py-šn’m’k ctth ZKwh wy’ws δγwth rtšw pry④
7. βxš’ ZNH cyr ’mh zynβr’nch⑤ xwty pr swzwn
8. pδkh ZY pr KZNH y-w’r ZY δ’r’t ZNH⑥ ’wttkyn ’mh

① 蔡鸿生：《唐代九姓胡礼俗丛考》，原刊《文史》1992年第2辑，第109—125页，收入所著《唐代九姓胡与突厥文化》，中华书局1998年版，第18—46页；《蔡鸿生史学文编》，广东人民出版社2014年版，第19—25页；此据其著《中外交流史事考述》，大象出版社2007年版，第27—50页。

② nyδ’nH。卢湃沙（P. Lurje）认为婚约中字母n和z的写法一致，应写作*zyδnh*，意思来自粟特语*zyδn*，意为“致敬”，见P. Lurje, *Personal Names in Sogdian texts*, Wien: Verlag der Österreichischen Akademie der Wissenschaften, 2010, pp. 474－475。不过里夫什茨否定了这一解释。

③ zy-nβr’ncH

④ pty-

⑤ zy-nβr’ncH

⑥ 里本无，据雅本补。

9. ctth wδwh pryh ''pryh 'M xwrt 'M nγwδn'
10. 'M zywr 'M ptβy' 'M pryt'tyh ZNH xypδ x'n'kh
11. p'txš'wnh wδwh 'nγwncyδ 'YKZY ZK ''z-t'k mrty
12. ZKwh ''ztch y-nch wδwh δ'rt rtnms δ'r't ZNH
13. ctth 'mw 'wttkyn wy-rw pryw ''pryw rtšn šyr
14. ''styh ptsynty γw't ZKwh prm'nh pr wδyh pδkh
15. ptγwš't 'nγwncyδw① 'YKZY② ZKh ''ztch ynch ZKw
16. ''zt'kw mrtyw wy-rw δ'rt rtnpy-štkδ 'wttkyn pr
17. ctth L' wγty 'ny wδwh kwn'ty ZY 'sp'sy-kh ZY
18. w'γwnch y-nch kw 'γrywh δ'r'ty ky ZY ZNH cttyh
19. xwty L' ry-z't rty ZK wy-r' 'wttkyn ZNH wδyh
20. cttyh xwty 20 + 10 δrxmyh dy-n'rk'h③ šyrh kr'nh
21. 'pšw 'prtk β'ty ZY twy-'z'ty rty tyδ wyδ y-nch L'
22. wδwh L' 'sp'sy-kh δ'r'ty p'r ZY④ šn w'c'ty rtnpy⑤
23. štkδ 'wttkyn w'n'kw m'n β'ty ZY 'mh ctth wδwh
24. L' δ'r'tk'm p'rZY šn w'c'tk'm rtšn 'M xwrt'k⑥ 'M
25. ''ytk 'M βyrtcyh βrmh pw 'nsp'nh⑦ γwy-ckh⑧ w'c⑨
26. 't rty 'nyh 'nsp'nh⑩ 'prtk L' β'ty L' twy-'z'ty

Verso

1. rty cywyδ pyštrw w'n'kh y-nch wδwh kwn'ty ZY

---

① 'nγwncy-δw
② 'Y-KZY
③ δyn'kknH
④ p'rZY
⑤ rtnpy-
⑥ 里本 2008 作 xwrt
⑦ ''sp'nH
⑧ xwy-ckH
⑨ w'c-
⑩ ''sp'nH

2. šy xwty ry-z'ty 'krty rtnms kδ ZNH cttyh ZNH

3. m'ny w'n'kw β'ty ZY ‘M 'wttkyn pr'yw wδwh

4. L' myn'tk'm[1] p'rZY šc xy-'tk'm rtšn pr'yc[2]

5. 't ZKw L' 'βš'yntw nγwδnw ZY ZKw zywr[3] wyδ ''δcw

6. 'cw ZY šy MN 'wttkyn βyrt'kw y-'t rty ZKw xypδ

7. 'stw ‘M z'mn'k ''s't rty 'nyh 'nsp'nh[4] 'prtch

8. L' β'ty L' twy-'z'ty rty cy-wyδ py-štrw 'wn'kw

9. mrty wy-rw kwn'ty ky ZY šy xwty ryz'ty[5] rtkδ 'wtt[6]

10. kyn γw'nh ZY γnt'kw kwn'ty rtšw xwty βr'ty < ZY >[7] twy[8]

11. 'z'ty rtnkδ ''δ'k βntk ZY np'k ZY wn''k' ZY xypδ

12. n'y'ty[9] rty ZNH ctth[10] ‘M 'krtcyh ''z-wny pw 'nsp'nh[11]

13. xwy-ckh β'ty rtnkδ ZNH γw'nh ZY γnt'kw kwn'ty rtšw

14. xwty βr'ty ZY twy-'z'ty rtkδ ''δ'k δ'yh ZY np'kh

15. ZY wn''kh ZY xypδh n'y'ty[12] rty 'wttkyn ‘M 'krtcy

16. ''z-wny pw 'nsp'nh[13] xwy-ck' β'ty KZNH ZY ZK 'ny MN 'ny'

17. γw'nyh L' βr'ty L' twy-'z'ty rty 'krty ZNH wδkrn'k

18. βwnty-n'k 'st'ny pt'yc ZKn xwy-št wxwšwk'n

---

① my-n'tk'm

② pr'y-c-

③ Zy-wr

④ ''sp'nH

⑤ ry-z'ty

⑥ 'wtt-

⑦ < ZY >，里本 2008，p. 29 n. 15.

⑧ twy-

⑨ nzy'ty

⑩ ctt

⑪ ''sp'nH

⑫ nzy'ty

⑬ ''sp'nH

19. ZKn βrxm'n BRY rty 'wδ m't sk'tc ZK šy-šc① BRY

20. ZY cxr'yn ZK r'mc BRY ZY š'w ZK m'x'kk BRY rty

21. np'xšty r'mtyš ZKn 'xwšprn BRY

(Postscript in the same hand in the opposite direction)

1. 'wttkyn②

2. ctyh③

3. wδ(k)rn'k④

Nov. 4 Text.

Recto

1. trxwn MLK '10 srδ "z m'xy msβwγyc

2. myδ 'sm'n rwc MN 'wttkyn ky ZY ZK

3. pyšn'm'k ny-δnh MN γyšyγ⑤ BRY kw

4. nwyktcw xwβw cyr kw wnx'n'kk BRY ZY

5. šy kw BRYw ZY kw pδw s'r rtβγ 'zw c'β'k

6. δγwtγwnch ky ZY ZK pyšn'm'k ctth ZKwh⑥

7. wy-'ws δγwth wδwh pr'y-pw rty pts'r

8. tw' cyr w'n'kw mnz'nw ZY pcy-γ'zw 'PZY MN nwr

9. myδ 'wts'r kw "y-kwnw prm kw prm ZNH ctth

10. δ'm'k pr'yw wδwh myn'tk'm⑦ rtβγ ZKn βγy

11. ZY ZKn myδr' nβ'nty L' pr'yδ'nk'm L' np'kh

12. L' wn"kh L' "pty kwn'mk'm rtšw ms ky

---

① šyšc

② wttkyn

③ ctty

④ wδkrn"k

⑤ xyšyx

⑥ ZKw

⑦ my-n'tk'm

13. c'm'k ZY MN s'n'n kyr'n[1] s'r "s't ZY pcx[2]

14. wny't[3] rtšw 'zw y-wn pw γyδrph ZY pw ry-βyh

15. xwy-ckh w'c'nk'm rtms 'cw 'm'y cttyh δ'm[4]

16. 'k (pr'yw)[5] L' nm't m't kt'r ZY šw 'zw w'c'nk'm

17. (rtš)w[6] kw (t)'β'k[7] cyr ZY kw BRYw ZY kw pδw s'r y"t

18. ZY pw γyδrph ZY pw ryph ptwyδ'nk'm ZY δβr'mk'[8]

19. m rtšw kδ L' δβr'n L' y-"t ptwyδ'n rtty

20. 100 δrxmyh δyn'rk'h[9] n'krtync(h)[10] (n)'krtynch[11]

21. (p)tsynch[12] šyrh kr'nh 'prtk β'mk'm ZY δβr'm[13]

22. k'm ZY twy-'z'm k'm rtšw kw prm L' twy-'z'n rtšw

Verso

1. 10 + 10 2 sw pr wrtw δ'r'm k'm rty w's[14]

2. ty 'wttkyn ʻM BRY ʻM pδ ZKn cyr

3. xwty ZY šy ZKn BRY ZY ZKn pδy pr'[15]

4. ymyδ yw'r ZY pr'ymyδ 100 δrxmy

---

[1] ky-r'n

[2] pcx-

[3] w'y't

[4] δ'm-

[5] pr'yw

[6] rtšw

[7] t'β'k

[8] δβr'mk'-

[9] δy-n'kknH

[10] n'krtyncH

[11] n'krtyncH

[12] ptsyncH

[13] δβr'm-

[14] w's-

[15] pr'-

5. ’prtk zyp’k① ky ZY ZK py-šn’m’k②

6. nβwδ’k ZKw βwrz BRY rty cyr ‘M pδ

7. k’m’k β’ty ckn’c ZY ’myδ ynch③ pw

8. ryph④ rty ’myδ δrxmh ‘M wrt xwy-’z⑤

9. ’tk’m rty ZNH n’m’k wyspy n’βy prm-⑥

10. ’n ZY šw’m’k rty ’krty ZNH βwnty-n’k

11. ’st’ny pt’y-c ZKn xwyšt wxwšwk’n ZKn

12. βrxm’n BRY rty ’wδ m’t sk’tc ZK šy-šc

13. BRY ZY ck’wš’k ZK n’nc BRY ZY cxr’yn

14. ZK r’mc BRY ZY⑦ np’xšty r’mtyš ZKn

15. ’xwšprn BRY pr ’wttkyn prm’nh ZY p(r)ywyδ⑧

16. ZK ”p’rs

(Postscript in the same hand in the opposite direction)

1. cttyh

2. pwstk

三　汉译与注释

Nov. 3

正面

(1－6)在国王突昏(Tarxūn)⑨［在位］⑩第十年，马斯博基赤

① nyp’k

② pyšn’m’k

③ ync

④ ryp

⑤ xwy-’z-

⑥ prm

⑦ rty

⑧ prywyδ

⑨ 撒马尔干国王突昏（Tarxūn），其在位时间可能始于公元700年，阿拉伯文、波斯文史料记为Tarkhūn，汉文史料记为突昏。

⑩ 方括号为据文意推补，圆括号为正常括注。

（Masβōγīč）月阿斯曼（Asmān）日，[①] 乌特特勤（Ot-tegin），他的常用名是尼丹（Niδan），[②] 从赤耳（Čēr）那里娶了一位妻子，赤耳是笯赤建（Nawēkat）[③] 的国王，是万哈拿克（Wanxānāk）[④] 的儿子，［也就是说］他的妻子受［赤耳］监护，她被称为多谷特谷娜赤（Dhγutγōnč），[⑤] 她的常用名是查托（Čat），[⑥] 她是维乌斯（Wiyūs）的女儿。[⑦]

（6－12）遵从传统法律，[⑧] 赤耳将［他的］监护权转予新郎，要

---

① 马斯博基赤（Masβōγīč）月为粟特历第10月，阿斯曼（Asmān）日为粟特历每月第27日，见 W. B. Henning，“Zum soghdischen Kalender”，*Orientalia*，1939，pp. 94－95；*W. B. Henning Selected Papers*，Vol. 1，pp. 636－637。这一日期，里夫什茨早年比定为710年3月25日，星期二。但鉴于中古粟特地区709—711年的年首是6月5日，所以里夫什茨后来将婚约签订日期比定为711年4月27日，星期二。根据阿拉伯文献记载，康国国王突昏因为屈服于阿拉伯征服者屈底波（Qutaiba b. Muslim）并向其纳贡，于710年年底或711年年初被粟特贵族废黜，不久即死去。传其自杀，或被另一位粟特国王乌勒伽（Ghūrak）处死。见 V. A. Livshits，*Sogdian Epigraphy of Central Asia and Semirech'e*，pp. 17，22。

② 乌特特勤（Ot-tegin）是典型的突厥化名称，意为“火王子”，为尊称，可能与古突厥人的拜火仪式有关，见 Ilya Yakubovich，“Marriage Sogdian Style”，pp. 315－316。不过他的常用名是尼丹（Niδan），这是一个伊朗名。

③ 笯赤建（Nawēkat）位于楚河右岸，谢米列契的一个粟特小城，意为“新城”。该城是著名的贸易中心，位于突骑师汗国（Türgesh Khanate，699—766年）首都碎叶（Suyab）以东约12英里。

④ 万哈拿克（*Wanxānāk*），其转写形式 wnx'n'kk，来源于粟特语 wšγnyy、wxšγn，摩尼教术语 wnx'n，意为 Vərəθraγna 之日，即星期二，见 Ilya Gershevitch，*A Grammar of Manichean Sogdian*，Oxford：Blackwell，1954，§345，Ilya Yakubovich，“Marriage Sogdian Style”，p. 317. 通常会给当日出生的小孩起这样的名字，见 V. A. Livshits，*Sogdian Epigraphy of Central Asia and Semirech'e*，p. 29。

⑤ 多谷特谷娜赤（Dhγutγōnč）意为“像女儿一样”，应是她的监护人赤耳对她的称呼。

⑥ 新娘的常用名查托（Čat），更可能是一个突厥名。她的身份是 zynβr'nch ynch，意为“一位被监护的女性”，表明她被当地国王监护，而原本的地位则不得而知。

⑦ 维乌斯（Wiyūs），新娘父亲的名字，字面意思为“破晓”。见 W. B. Henning，*Ein manichäisches Bet-und Beichtbuch*，Berlin，1937，p. 72；*W. B. Henning Selected Papers*，Vol. 1，p. 486. Ilya Gershevitch，*A Grammar of Manichean Sogdian*，§217。其作为粟特男名，与 Cappadocia 国王 Ariarathes 的兄弟名字相似，参考亚美尼亚语 Aruseak，意为“启明星，Aurora”。参阅 V. A. Livshits，*Sogdian Epigraphy of Central Asia and Semirech'e*，p. 30。或以为这一名字可能反映了出生的时间，见 P. Lurje，*Personal Names in Sogdian texts*，p. 424。

⑧ 传统法律。德国著名突厥学家茨默（P. Zieme）称这份文书可能与一种特定的法律，即突厥口头律法有关。德金也认为由于文书中的双方都是突厥人名，尽管用粟特语书写，这份契约反映的可能确实不是粟特律法，而是突厥律法。见 Desmond Durkin-Meisterernst，“Sogdian Women in the Diaspora”，中译本见［德］德金《侨居地的粟特女性》，胡晓丹译、荣新江校，第86、94页。不过考虑到新郎的常用名是伊朗名，新娘的常用名虽是突厥名，但其本名应该也是伊朗名，而且契约和古代阿拉美、古波斯法律颇多相似之处，所以不易将文书定为突厥法。

求乌特特勤要对他的妻子查托相敬如宾，［为她提供］食物、衣物和饰品，尊敬爱护她，如一位夫人在他自己家里掌握权力，① 这是一位绅士对待自己的妻子，当其为贵妇的方式。②

（12－16）查托必须待乌特特勤为自己至敬至爱的丈夫，她必须总是遵从于他的福祉利益（well-being），循规蹈矩，此乃一位贵妇待她丈夫如绅士之道。

（16－22）然而，如果乌特特勤没有与查托离婚，而娶了另外一位女子为妻或妾，该女子并不能令查托满意，则乌特特勤作为丈夫，应负责任，支付给妻子查托30上好的标准伊朗银币［类型］③ 的迪拉姆（dirhams），而且不能纳前面提及的女子为妻或妾，则应该将她休了。④

（22－背面2）但是如果乌特特勤不再将查托当作妻子，而是与其离婚，他将补偿给她［她］应得的和继承的财产，［以及］收到的礼物，没有赔偿。［他］［也］不必负责，不必给她任何补偿，之后他可以另娶令他欢怡的女子。

背面

（2－9）若是查托不愿和乌特特勤待在一起，而是离开他，她将

---

① ZNH xypδ x'n'kh p'txš'wnh wδwh，意思是"女子在丈夫家拥有权力"，相似的表述亦见于巴克特里亚文书和帕拉维文文书，但不见于希腊文献，似乎表明了粟特地区女子在家庭中的地位。女子处于丈夫的监护之下，成为家庭名义上的"女主人"，这种婚姻形式是伊朗和中亚常见的婚姻形态。参阅 Ilya Yakubovich，"Marriage Sogdian Style"，pp. 336－337。

② 尽管新郎的名字是一个突厥名，新娘的常用名也带有典型的突厥化因素，里夫什茨认为新郎和新娘之间是典型的粟特贵族间的婚姻，"要求乌特特勤要对他的妻子查托相敬如宾，［为她提供］食物、衣物和饰品，尊敬爱护她，如一位夫人在他自己家里掌握权力，这是一位绅士对待自己的妻子，当其为贵妇的方式"（6—12 行）。见 V. A. Livshits，*Sogdian Epigraphy of Central Asia and Semirech'e*，p. 22。

③ 里夫什茨读作 dy-n'rk'h，意为"一第纳尔（dinar）的"。雅库波维奇读作 δyn'kknh，意为"Dēn 类型的迪拉姆（dirhams）"。其词根 δyn（Dēn）是琐罗亚斯德教的中古波斯语称谓，词缀'kkn（－akān）可释为"某类型的，像……一样"，如 qysrq'n（kēsarakān），意为"凯撒类型的钱币"，应为刻有罗马国王头像的拜占庭币，参阅 B. Gharib，*Sogdian Dictionary*，Tehran：Farhangan，1995，#5122。所谓"Dēn 类型的迪拉姆（dirhams）"应指萨珊伊朗和中亚常见的绘有琐罗亚斯德教圣火坛图像的钱币。见 Ilya Yakubovich，"Marriage Sogdian Style"，p. 319。

④ 此句表明在被阿拉伯征服前，粟特地区存在过多妻制，而且起码有三种结合形式，即正室（嫡配）、偏房和姘居。参阅蔡鸿生《唐代九姓胡礼俗丛考》，载其著《中外交流史事考述》，第 31 页。

归还给他完好的衣物细软，所有这些都是查托从乌特特勤那里接受的，但是她将获得自己应得的部分作为保障，而不必承担任何其他的补偿，此后他将续娶他所中意的女子为妻。

(9－11) 如果乌特特勤行为错误，[他] 将接受惩罚，为自己的行为补偿。

(11－13) 如果他变为某人的奴隶、人质、战俘或罪犯，则抚养子嗣的查托将变为自由身，而不必承担任何赔偿。[①]

(13－14) 如果女方行为错误，[她] 将接受惩罚，为自己的行为偿还。

(14－17) 如果女方变为某人的奴隶、人质、战俘或罪犯，则抚养子嗣的乌特特勤将变为自由身，而不必承担任何赔偿。以至于一个人不必为另一个人接受惩罚、承担赔偿。

(17－19) 这一婚约在律堂缔结，[②] 在巴胡曼 (Bharxumān)[③] 之子长者[④]胡书坎 (Uxušukān) 面前。

(19－20) 在场见证者有矢失赤 (Šēšč) 之子斯卡赤 (Skatč)、拉姆赤 (Rāmč) 之子查赫伦 (Čaxrēn) 和马哈克 (Māxak) 之子沙乌 (Šāw)。

---

① 文书中至少包括奴隶 (βntk)、债务奴隶或人质 (np'k)、战俘 (wn''k') 和罪犯 (xypδ) 四类人，是研究中古粟特社会经济的重要史料。参阅 V. A. Livshits, *Sogdian Epigraphy of Central Asia and Semirech' e*, p. 22。

② βwnty-n'k 'st'ny 意即 "律堂"。疑即《隋书》卷八三《康国传》所记置胡律、进行决罚的祆祠："有胡律，置于祆祠，将决罚，则取而断之。重罪者族，次重者死，贼盗截其足。" 对此蔡鸿生先生有专门研究，参阅其著《唐代九姓胡与突厥文化》，第 8—10 页。

③ 巴胡曼 (βrxm'n) 是专有名词，字面意思是 "快乐思想的拥有者"。葛乐耐将其比定为 7 世纪中叶的撒马尔干国王 βrxwm'n，若这一比定成立，有助于说明婚约乃书写于撒马尔干。见 Ilya Yakubovich, "Marriage Sogdian Style", p. 323。

④ xwy-št 意为 "主要的"，或者市政机关的某位长官，或宗教经师、祭司。在佛教粟特文文献中，*xwyšt(')k* 意为 "主要的、年长者，导师，教师"；在佛经中，*xwyštk* 指某种宗教职衔。在基督教粟特文文献中 *xwšty* 意为 "教师"，摩尼教粟特文文献中 *xwštyy* 亦是此意。该词词源为阿维斯陀语 huuōišta－，意为 "高级的，首要的"，见 Chr. Bartholomae, *Altiranisches Wörterbuch*, Strassburg: Verlag von Karl J. Trübner, 1904, no. 1856。穆格山商业文献中，*xwyštk* 明显指某地的管理者。参阅 V. A. Livshits, *Sogdian Epigraphy of Central Asia and Semirech'e*, p. 34。

（20－21）［它由］胡失芬（Axušfarn）[①] 之子拉姆替失（Rāmtiš）[②] 书写。

署名

（1－3）乌特特勤与查托的婚约[③]

Nov. 4

正面

（1－5）在国王突昏［在位］第十年，马斯博基赤月阿斯曼日，乌特特勤，他的常用名是尼丹，维失奇（Qīšīq）之子，到赤耳，万哈拿克的儿子，筱赤建的国王，到他的儿子和家庭。[④]

（5－7）阁下，鄙人从您那里娶了多谷特谷娜赤作为妻子，她的常用名是查托，她是维乌斯的女儿。

---

① 胡失芬（Axušfarn）为常见的粟特人名，意为“拥有阿姆河的荣光”。见 Ilya Yakubovich, “Marriage Sogdian Style”, p. 323。词尾带 farn 的名字是穆格山文书中通行的粟特男名，其意为“荣幸、运气”，见 W. B. Henning, *Sogdica*, London, 1940, p. 6; *W. B. Henning Selected Papers*, Vol. 2, p. 6。经过与唐代译例进行比勘，这一词尾就是汉文的“芬”。唐代文献和出土文书中多含有这类胡名，如石演芬（《新唐书》卷 193）、石宁芬（《唐石崇俊墓志》）、米继芬（《唐米继芬墓志》）、石失芬、安胡数芬、康羯师忿、何伏帝忿、石勃帝芬（敦煌《差科簿》）、曹莫盆（《吐鲁番出土文书》七，第 475 页）。有关讨论详参蔡鸿生《唐代九姓胡礼俗丛考》，载其著《中外交流史事考述》，第 47—48 页。

② 从婚约的书法来看，抄写者是经受过良好训练的职业抄写员，里夫什茨认为拉姆替失（Rāmtiš）是 8 世纪初撒马尔干地区最出色的抄写员之一。见 V. A. Livshits, *Sogdian Epigraphy of Central Asia and Semirech'e*, p. 24。

③ 文件最后署名“Ot-tegin 与 Čat 的婚约”，笔迹与正文一致，然而方向与正文相反。显然乃是文件被卷好放入管中并封上黏土封印后加上去的。类似署名的方式亦见于阿拉美法律文书，参阅 R. Yaron, “The Schema of the Aramaic Legal Documents”, *Journal of Semitic Studies*, Vol. 2. 1, 1957, p. 54; V. A. Livshits, *Sogdian Epigraphy of Central Asia and Semirech'e*, p. 35。

④ 儿子们及其家庭的法律责任，亦见于萨珊法典：“财产按世袭分配，父亲的债务由儿子的家庭承担，在属于父亲的财产范围内。”见 Maria Macuch, *Rechtskasuistik und Gerichtspraxis zu Beginn des siebenten Jahrhunderts in Iran: Die Rechtssamlung des Farrohmard i Wahrāmān*, Wiesbaden: Harrassowitz Verlag, 1993, pp. 140, 143, 149; A. Perikhanian, *The Book of a Thousand Judgements (A Sasanian Law-Book)*, translated from Russian by Nina Garsoïan, Costa Mesa, California and New York: Mazda Publishers in association with Bibliotheca Persica, (Persian Heritage Series 39), 1997, pp. 58－59。

(7－12) 然后对于您赤耳，我以上神密特拉（Mithra）的名义起誓，[①] 我承诺并承担责任，自此以后永生永世，只要查托和我在一起，作为我的妻子，我不会出卖她，把她作为人质，把她作为礼物，或者将她置于［他人］保护之下。

(12－15) 如果有人，从我这里或从敌人那里掳走她、拘禁她，我将迅速解救她，以免她受损伤或伤害。

(15－18) 如果查托不同意和我在一起了，或者如果我要与她离婚了，我将她送还给您赤耳，送给您的儿子们和家庭，完好无缺，没有任何损伤。

(18－22) 如果我没有将她完好无损地送回，我将承担责任，赔偿您 100 个标准的、上好的、纯的伊朗标准银币类型的迪拉姆。

(22－背面 1) 直到我赔偿时，我将欠您 20% 的罚息，(也需要一并偿付)。

背面

(1－9) 乌特特勤和他的儿子们与家庭，指定赤耳及其儿子们和家庭，指定尼帕克（Nipāk），他的常用名是尼波达克（Niβōδak），布尔兹（Bhurz）之子，［他们将］为这些条件和这 100 迪拉姆负责。如果他愿意，赤耳及其家庭可以从他那里要求这位妇女毫发无伤，或者要求这些连带着利息的迪拉姆。

(9－10) 这一文件对于所有人均有效，具有权威性。

---

① 此处新郎向密特拉神宣誓，以保证该项“契约”的合法性，显明粟特地区的密特拉神具有维护契约的职能。根据学者们的研究，古伊朗社会的密特拉即为契约之神，维持天则，其所掌管的契约领域甚广，分为不同的级别，小到人与人之间的关系，大到国家间和人与神灵间的契约关系。他必须保证契约执行，维持社会正常秩序，一旦遭到破坏，他将会严惩那些违约者，当然也会奖赏遵纪守法之人。作为契约之神的密特拉赏罚分明，确保契约、誓言的执行，维持社会的稳定。而粟特婚约所示，密特拉是婚姻契约的守护神，保证双方遵循自己的誓言，说明这一职能与古伊朗密特拉的传统职能存在继承关系。而在当今伊朗社会的婚礼上，新郎和新娘各自尚会选择密特拉作为其保护者。Wolfgang Lentz, “The ‘Social Functions’ of the Old Iranian Mithra”, in Mary Boyce and Ilya Gershevitch eds., *W. B. Henning Memorial Volume*, London: Lund Humphries Publishers Limited, 1970, pp. 45－55; Mary Boyce, “On Mithra’s Part in Zoroastrianism”, *BSOAS*, 1969, Vol. 32. 1, p. 29.

(10－12)［它被］在律堂签订，在巴胡曼之子，长者胡书坎面前。

(12－14) 在场见证者有矢失赤之子斯卡赤、娜娜赤（Nānč）[①]之子查库沙克（Čakušak）[②] 和拉姆赤之子查赫伦。

(14－16)［它由］胡失芬之子拉姆替失起草，受乌特特勤之命和［他的］授权。[③]

署名

---

① 娜娜赤（Nānč），意为“属于娜娜女神的”。1907 年，斯坦因在敦煌附近长城烽燧遗址发现的粟特文古信札即有含娜娜女神因素的人名，如第二号信札的发信人 Nanai-Vandak，意为“娜娜女神之仆”（见 W. B. Henning, “The Date of the Sogdian Ancient Letters”, pp. 602－605）；镌刻于今天中巴高速公路巴基斯坦一侧的粟特人名中，也以带“Nanai”神名者居多。N. Sims-Williams, “Mithra the Baga”, P. Bernard and F. Grenet eds., *Histoire et cultes de l'Asie central préislamique*, Paris: Éditions du Centre National et la Recherche Scientifique, 1991, p. 177; “The Sogdian Inscriptions of the Upper Indus: a preliminary report”, K. Jettmar ed., *Antiques of Northern Pakistan. Reports and Studies, 1: Rock inscriptions in the Indus Valley*, Mainz: Verlag Philipp von Zabern, 1989, p. 135. 汉文史料中也多见含有娜娜女神的粟特人名，如《周书》卷五〇《突厥传》记的“大统十一年（545），太祖遣酒泉胡安诺槃陀使焉”中的“安诺槃陀”，吐鲁番出土文书中的“（曹）那宁（潘）”“（安）那宁（畔）”“（康）那宁（材）”“（康）那你（延）”等，均为“Nanai”女神名字的不同对译。见蔡鸿生《唐代九姓胡礼俗丛考》，载其著《中外交流史事考述》，第 48—49 页；荣新江《祆教初传中国年代考》，原刊《国学研究》第 3 卷，1995 年，此据其著《中古中国与外来文明》（修订版），生活·读书·新知三联书店 2014 年版，第 257—261 页。

② 查库沙克（Čakušak），字面意思为锤子，是以婴儿鼻子的形状，或以父亲在孩子出生后首先看到的孩子身体部位命名。

③ 两件文书的人名具名格式均是按“某某是某某之子”的格式，新郎、新娘、证人和婚约书写人等均在本名之前冠上父名，表明粟特法律文书非常重视当事人的父系血统。玄奘在《大唐西域记》的序论中，论及“胡俗”：“黑岭已来，莫非胡俗。虽戎人同贯，而族类群分，画界封疆，大率土著。建城郭，务殖田畜，性重财贿，俗轻仁义。嫁娶无礼，尊卑无次，妇言是用，男位居下。”（唐）玄奘、辩机原著，季羡林等校注：《大唐西域记校注》，中华书局 2000 年版，第 45 页。这段记述表明，胡人家庭内部的夫妻关系是“妇言是用，男位居下”。根据传世汉籍记载，这种“先母而后父”的胡人礼仪源远流长。如早在汉代，自大宛以西至安息的西胡族类，都是“俗贵女子，女子所言而丈夫乃决正”。（汉）司马迁撰《史记》卷一二三《大宛列传》，中华书局 1959 年标点本，第 3174 页。蔡鸿生先生据以指出“妇言是用”和“先母后父”的现象，说明九姓胡家庭在唐代还保留着母权制的遗迹。但从本质上看，它却是以男系为主宰的父权制家庭。载其著《中外交流史事考述》，第 27—32 页。婚约有多人在场见证，是为表明契约的严肃性，乃受阿契美尼时期巴比伦和阿拉美传统影响，也与后来的希腊、巴克特里亚及中古波斯文的婚约相似。分别参阅 Ilya Yakubovich, “Marriage Sogdian Style”, pp. 332－335; Sims-Williams, *Bactrian Documents from Northern Afghanistan I: Legal and Economic Documents*, pp. 32－35; A. Perikhanian, *The Book of a Thousand Judgements (A Sasanian Law-Book)*, pp. 56－67, 74－85, 100－102; D. N. MacKenzie, “The model marriage contract in Pahlavi”, *K. R. Cama Oriental Institute Golden Jubilee Volume*, Bombay, 1969, pp. 103－111。

（1 –2）查托的文件①

图 1　Nov. 3 正面②

① Nov. 4 文书最后署名 cttyh pwstk，意为“查托的文件”，表明这份文件为妻子保存。一般认为妻子为片治肯特的一位居民，和迪瓦什梯奇一起被困在穆格山的城堡里，后被迫投降了苏莱曼（Sulaiman b. Abī'l-Sarī）领导的阿拉伯军队。婚约一定保证她的权利很多年了，因此在如此恶劣的环境下，她还保有这份文书。见 V. A. Livshits, *Sogdian Epigraphy of Central Asia and Semirech'e*, p. 24。

② В. А. Лившиц, *Согдийскаяэпиграфика средней азии и семиречья*, Санкт-Петербург, 2008, стр. 19.

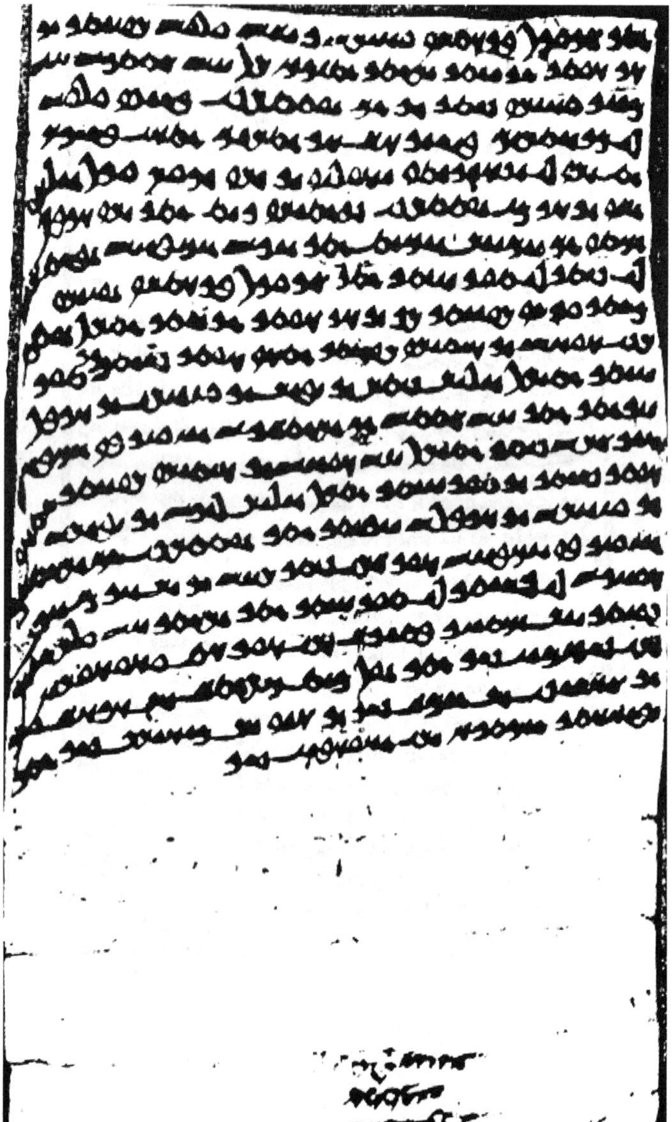

图 2　Nov. 3 背面①

① В. А. Лившиц, *Согдийскаяэпиграфика средней азии и семиречья*, стр. 20.

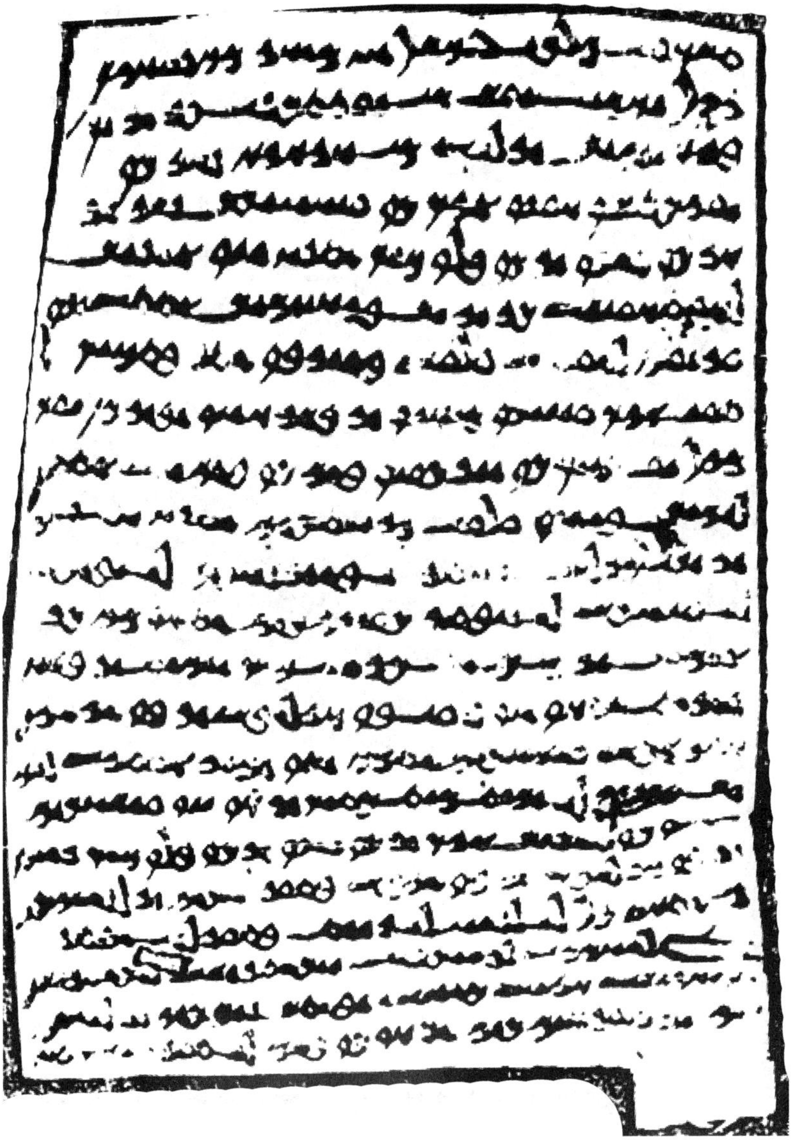

图 3　Nov. 4 正面①

① В. А. Лившиц, *Согдийскаяэпиграфика средней азии и семиречья*, стр. 21.

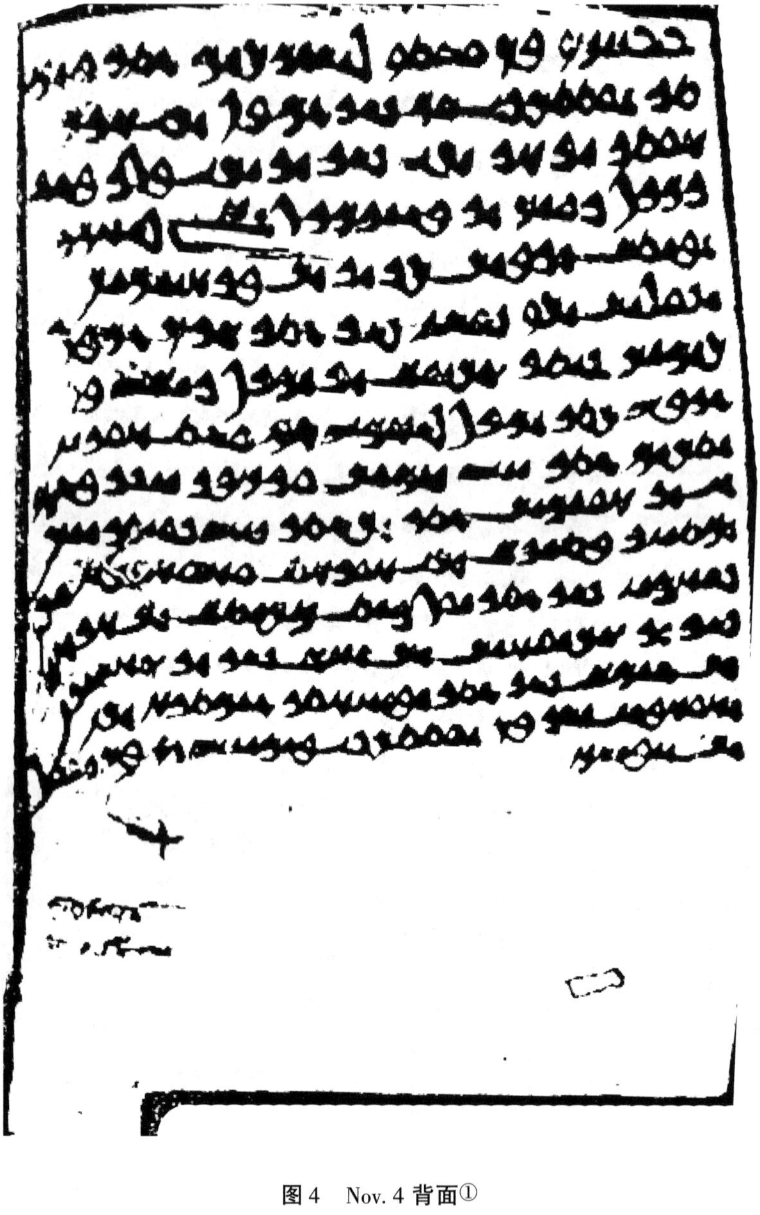

图4　Nov. 4 背面①

① В. А. Лившиц, *Согдийскаяэпиграфика средней азии и семиречья*, стр. 22.

中古粟特女性的法律地位考论

有关中古时期粟特地区的婚姻习俗，玄奘在《大唐西域记》的序论中有详细记载："黑岭已来，莫非胡俗。虽戎人同贯，而族类群分，画界封疆，大率土著。建城郭，务殖田畜，性重财贿，俗轻仁义。嫁娶无礼，尊卑无次，妇言是用，男位居下。"①《安禄山事迹》也记载了这种"先母而后父"的胡人礼仪："时贵妃太真宠冠六宫，禄山遂请为养儿。每对见，先拜太真，玄宗问之，奏曰：'蕃人先母后父耳。'玄宗大悦。"② 根据研究，胡人家庭内部这种"妇言是用，男位居下"的夫妻关系至迟可追溯至汉代，自大宛以西至安息的西胡族类多"俗贵女子，女子所言而丈夫乃决正"③。自 1932 年始，在今撒马尔干以东约一百二十公里的穆格山，相继出土了一批文书，其中编号 Nov. 3 者为婚约，是迄今为止发现的篇幅最长的粟特文法律文书，另有编号 Nov. 4 者为婚约所附保证书。婚约的具名格式按"某某是某某之子"的格式，婚约中新郎、新娘、证人和婚约书写人也均在本名之前冠上父名，表明粟特法律文书非常重视当事人的父系血统，与汉文献所记"妇言是用"和"先母后父"的母权制特征颇有出入。那么女性在中古粟特家庭关系中的地位究竟如何？本文拟在前人研究基础

---

① （唐）玄奘、辩机原著，季羡林等校注：《大唐西域记校注》，中华书局 2000 年版，第 45 页。

② （唐）姚汝能撰，曾贻芬点校：《安禄山事迹》（《开元天宝遗事·安禄山事迹》）卷上，中华书局 2006 年版，第 76 页。

③ （汉）司马迁撰：《史记》卷一二三，中华书局 1959 年标点本，第 3174 页。

上，对这一问题试作讨论，以就教方家。

一　粟特婚俗的古伊朗因素

粟特文婚约在述及夫妻双方缔结婚约后，新娘的监护权会发生转换，其法律依据是一种“传统法律”：

> Nov. 3 正面第 6—7 行
>
> 遵从传统法律，赤耳将［他的］监护权转予新郎……①

著名突厥学家茨默（P. Zieme）称这份婚约可能与一种特定的法律，即突厥口头律法有关。伊朗学家德金（Desmond Durkin-Meisterernst）认为由于婚约所记夫妻双方是用粟特文书写的突厥人名，反映的应不是粟特律法，而是突厥法。其中第七行 swzwn 一词意思比较费解，里夫什茨（V. A. Livshits）认为可能是粟特语的突厥语借词“口头的”，字面意思是“他的言辞”。茨默进一步指出，这个词即突厥语 sözüŋ，在突厥法律文献中常见，söz 为古突厥语中的工具格，意为“言辞、命令”（如 sözüm，我的言辞；sözümüz，我们的言辞）。雅库波维奇（Ilya Yakubovich）认为，这个短语可以和巴克特里亚婚约中所记的“陆上已确立的法律”比较。因此粟特文婚约所见的习惯法，意为口头传承的法律。②

根据婚约记载，新郎的名字是乌特特勤（Ot-tegin），是典型的突厥化名字，意为“火王子”，为尊称，可能与古突厥人的拜火仪式有关。不

① 有关穆格山粟特文婚约的译文，据张小贵、庞晓林《穆格山粟特文婚约译注》，载包伟民、刘后滨主编《唐宋历史评论》第 3 辑，社会科学文献出版社 2017 年版，第 107—125 页。下同。

② V. A. Livshits, *Sogdian Epigraphy of Central Asia and Semirech'e*, translated from the Russian by Tom Stableford, ed. by Nicholas Sims-Williams, London: School of Oriental and African Studies, 2015, p. 30. Ilya Yakubovich, "Marriage Sogdian Style", in *Iranistik in Europa—Gestern, Heute, Morgen*, Herausgegeben von Heiner Eichner, Bert G. Fragner, Velizar Sadovski und Rüdiger Schmitt, Wien: Verlag der Österreichischen Akademie der Wissenschaften, 2006, p. 318.

过他的常用名是尼丹（Niδan），这是一个伊朗名。而新娘的名字叫多谷特谷娜赤（Dhγutγōnč），她的常用名是查托（Čat），她是维乌斯（Wiyūs）的女儿。查托更可能是一个突厥名。她的身份是 zynβr'nch ynch，意为“一位被监护的女性”，表明她被当地国王监护，而原本的地位则不得而知。尽管新郎的名字是一个突厥名，新娘的常用名也带有典型的突厥化因素，里夫什茨认为婚约所反映的这对新郎和新娘之间的婚姻关系是典型的粟特贵族间的婚姻，“要求乌特特勤要对他的妻子查托相敬如宾，[为她提供] 食物、衣物和饰品，尊敬爱护她，如一位夫人在他自己家里掌握权力，这是一位绅士对待自己的妻子，当其为贵妇的方式”[①]。不过考虑到新郎的常用名是伊朗名，新娘的常用名虽是突厥名，但其本名应该也是伊朗名，而且契约和古代阿拉美、古波斯法律颇多相似之处，所以不能轻易将文书所反映的法律内容定为突厥法。[②]

婚约出现的其他人名中，具有明显伊朗语特色的尚有两个。一个是起草人拉姆替失的父亲胡失芬（Nov. 4 背面 14—16 行），一个是在场见证者查库沙克（Čakušak）之父娜娜赤（Nānč）（Nov. 4 背面 12—14 行）。胡失芬（Axušfarn）为常见的粟特人名，意为“拥有阿姆河的荣光”[③]。词尾带 farn 的名字是穆格山文书中通行的粟特男名，其意为“荣幸、运气”[④]，经过与唐代译例进行比勘，这一词尾就是汉文的“芬”。唐代文献和出土文书中多含有这类胡名，如石演芬（《新唐书》卷 193）、石宁芬（《唐石崇俊墓志》）、米继芬（《唐米继芬墓志》）、石失芬、安胡数芬、康羯师忿、何伏帝忿、石勃帝芬（敦煌《差科簿》）、曹莫盆（《吐鲁番出土文书》七，页 475）。[⑤] 娜

---

① V. A. Livshits, *Sogdian Epigraphy of Central Asia and Semirech'e*, p. 22.

② Desmond Durkin-Meisterernst, “Sogdian Women in the Diaspora”, 中译本 [德] 德金《侨居地的粟特女性》，胡晓丹译，荣新江校，载荣新江、罗丰主编《粟特人在中国：考古发现与出土文献的新印证》（上册），科学出版社 2016 年版，第 86、94 页。

③ Ilya Yakubovich, “Marriage Sogdian Style”, p. 323.

④ W. B. Henning, *Sogdica*, London, 1940, p. 6; *W. B. Henning Selected Papers*, Vol. 2, Leiden: E. J. Brill, 1977, p. 6.

⑤ 蔡鸿生：《唐代九姓胡礼俗丛考》，原刊《文史》1992 年第 2 辑，第 109—125 页；此据其著《中外交流史事考述》，大象出版社 2007 年版，第 47—48 页。

娜赤（Nānč），意为“属于娜娜女神的”。1907年，斯坦因在敦煌附近长城烽燧遗址发现的粟特文古信札，即有含娜娜女神因素的人名，如第二号信札的发信人Nanai-Vandak，意为“娜娜女神之仆”①；镌刻于今天中巴高速公路巴基斯坦一侧的粟特人名中，也以带“Nanai”神名者居多。② 汉文史料中也多见含有娜娜女神的粟特人名，如《周书》卷五〇《突厥传》记的“大统十一年（545），太祖遣酒泉胡安诺槃陀使焉”中的“安诺槃陀”，吐鲁番出土文书中的“（曹）那宁（潘）”“（安）那宁（畔）”“（康）那宁（材）”“（康）那你（延）”等，均为“Nanai”女神名字的不同对译。③

婚约最后署名“Ot-tegin与Čat的婚约”（乌特特勤与查托的婚约），笔迹与正文一致，然而方向与正文相反。显然是文件被卷好放入管中并封上黏土封印后加上去的。类似署名的方式亦见于阿拉美法律文书。④ 婚约有多人在场见证，是为表明契约的严肃性，乃受阿契美尼时期巴比伦和阿拉美传统影响，也与后来的希腊、巴克特里亚及中古波斯文的婚约相似。⑤ Nov. 3背面17行记载，这一婚约在律堂缔结，“律堂”的

---

① W. B. Henning, “The Date of the Sogdian Ancient Letters”, *BSOAS*, Vol. 12, 1948, pp. 602－605.

② N. Sims-Williams, “Mithra the Baga”, P. Bernard and F. Grenet eds., *Histoire et cultes de l'Asie central préislamique*, Pariss: Éditions du Centre National et la Recherche Scientifique, 1991, p. 177; “The Sogdian Inscriptions of the Upper Indus: a preliminary report”, K. Jettmar ed., *Antiques of Northern Pakistan. Reports and Studies, 1: Rock inscriptions in the Indus Valley*, Mainz: Verlag Philipp von Zabern, 1989, p. 135.

③ 蔡鸿生：《唐代九姓胡礼俗丛考》，载其著《中外交流史事考述》，第48—49页；荣新江：《祆教初传中国年代考》，原刊《国学研究》第3卷，1995年，此据其著《中古中国与外来文明》（修订版），生活·读书·新知三联书店2014年版，第257—261页。

④ R. Yaron, “The Schema of the Aramaic Legal Documents”, *Journal of Semitic Studies*, Vol. 2. 1, 1957, p. 54; V. A. Livshits, *Sogdian Epigraphy of Central Asia and Semirech'e*, p. 35.

⑤ Ilya Yakubovich, “Marriage Sogdian Style”, pp. 332－335; N. Sims-Williams, *Bactrian Documents from Northern Afghanistan I: Legal and Economic Documents*, Oxford: Oxford University Presshg, 2000, pp. 32－35; A. Perikhanian, *The Book of a Thousand Judgements* (*A Sasanian Law-Book*), translated from Russian by Nina Garsoïan, Costa Mesa, California and New York: Mazda Publishers in association with Bibliotheca Persica, (Persian Heritage Series 39), 1997, pp. 56－67, 74－85, 100－102; D. N. MacKenzie, “The model marriage contract in Pahlavi”, *K. R. Cama Oriental Institute Golden Jubilee Volume*, Bombay: K. R. Cama Oriental Institute, 1969, pp. 103－111.

粟特文写法为 βwnty-n'k 'st'ny，疑即《隋书》卷八三《康国传》所记置胡律、进行判决的祆祠："有胡律，置于祆祠，将决罚，则取而断之。重罪者族，次重者死，贼盗截其足。"① 若婚约所记的"律堂"就是汉文献中的"祆祠"的话，正符合古伊朗社会政教合一的传统。在萨珊伊朗社会，至迟从瓦赫兰一世（Wahram Ⅰ，公元 273—276 年在位）开始，法官从琐罗亚斯德教祭司阶层中选出。② 此后长时期内，宗教首领都承担着世俗社会法律审判的职责。

当然，上文讨论的粟特人名所见伊朗文化因素，并不足以证明婚约的法律属性。不过婚姻双方为保证婚约的效力，乃以密特拉神的名义起誓，这种神人共鉴的方式具有浓厚的古伊朗文化特征，则是确凿无疑的。

> Nov. 4 正面
>
> （5—7）我的上帝，我从您那里娶了多谷特谷娜赤作为妻子，她的常用名是查托，她是维乌斯的女儿。
>
> （7—12）然后对于赤耳陛下，我以上神密特拉（Mithra）的名义起誓，我承诺并承担责任，自此以后永生永世，只要查托和我在一起，作为我的妻子，我不会出卖她，把她作为人质，把她作为礼物，或者将她置于［他人］保护之下。

此处新郎向密特拉神宣誓，以保证该项"契约"的合法性，显明粟特地区的密特拉神具有维护契约的职能。根据学者们的研究，古伊朗社会的密特拉即为契约之神，维持天则，其所掌管的契约领域甚广，分为不同的级别，小到人与人之间的关系，大到国家间和人与神灵间的契约关系。他必须保证契约执行，维持社会正常秩序，社会秩序一旦遭到破坏，他将会严惩那些违约者，当然也会奖赏遵纪守法之人。

---

① 蔡鸿生：《唐代九姓胡与突厥文化》，中华书局 1998 年版，第 8—10 页。

② T. Daryaee, *Sasanian Persia. The Rise and Fall of an Empire*, London New York：I. B. Tauris, 2010, p. 76.

作为契约之神的密特拉赏罚分明，确保契约、誓言的执行，维持社会的稳定。而粟特婚约所示，密特拉是婚姻契约的守护神，保证双方遵循自己的誓言，说明这一职能与古伊朗密特拉的传统职能存在继承关系。而在当今伊朗社会的婚礼上，新郎和新娘各自尚会选择密特拉作为其保护者。①

综上所论，穆格山粟特文婚约反映了典型的古伊朗法律文化特征，因而萨珊波斯法律文献的相关记载，有助于理解婚约中的疑难隐晦之处。

二 粟特女性的监护权

婚约 Nov. 3 正面第（1—6）行记载，新娘在未出嫁前，乃受篯赤建（Nawēkat）的国王赤耳监护：

> 在国王突昏（Tarxūn）[在位]第十年，马斯博基赤（Masβōγīč）月阿斯曼（Asmān）日，乌特特勤，他的常用名是尼丹，从赤耳那里娶了一位妻子，赤耳是篯赤建的国王，是万哈拿克（Wanxānāk）的儿子，[也就是说]他的妻子受[赤耳]监护，她被称为多谷特谷娜赤，她的常用名是查托，她是维乌斯的女儿。

正如前文指出的，新娘出嫁之后，“遵从传统法律，赤耳将[他的]监护权转予新郎”（Nov. 3 正面第 6 行），她并未成为完全自由人，而是转而受其丈夫监护。此处“监护”的含义为何，颇令人费解。萨珊波斯法律文献关于新娘法律地位的规定，或有助于理解粟特女性被“监护”的文化内涵。

① Wolfgang Lentz, “The ‘Social Functions’ of the Old Iranian Mithra”, in Mary Boyce and Ilya Gershevitch eds., *W. B. Henning Memorial Volume*, London: Lund Humphries Publishers Limited, 1970, pp. 45 – 55. Mary Boyce, “On Mithra’s Part in Zoroastrianism”, *BSOAS*, 1969, Vol. 32. 1, p. 29.

在古伊朗社会，女性原则上并不是完全的法人，即便她们同意结婚并从新郎处获得财产保障，甚至被认可成为婚约双方当事人的一方，她们自身也并没有完全的法律行为能力，无法自行签订婚约。她们的法律地位如同未成年人，需要一位监护人（sālār）或者一位代理人（Jādag-gōw）来代为处理法律事务。在结婚前这一监护人往往是自己的父亲，而婚后则是丈夫。[①] 这一点与粟特婚约中规定女性无论婚前婚后都受人监护的情况类似。萨珊波斯时期“法律主体”的界定，取决于个人的出身、社会等级、宗教信仰、公民身份、性别与年龄等，个人的法律身份可划分为身为自由民的男子与女子或奴隶、伊朗公民与万王之王（Ērānšahr）的臣民或外国人、琐罗亚斯德教徒或异教徒、贵族或平民等。只有身为自由民的、臣服于万王之王的伊朗公民，且信仰琐罗亚斯德教，出身贵族家庭的成年男子才被认为具有完全的法律行为能力（tuwānīgīh）。其他人并非完全没有权利，只是他们的权利可能仅限于某些领域。[②] 萨珊波斯时期个人的法律地位取决于他的出身，这往往是由父母的身份决定的，法律地位又决定着个人合法权利和义务，只有在极少数情况下才能改变。[③] 由于女性一直受到父亲或丈夫监护，权利受限，仅在某些特殊情况下，她们才有权处置自己的财产。[④] 如夫妻双方正式成婚后，丈夫会将全部财产收入的一半交由妻子处置，并订立契约。需注意的是，萨珊波斯的财产法明确界定了财产本金以及盈利收入，妻子所获得的仅是盈利收入的一

---

① Maria Macuch, “The Pahlavi Model Marriage Contract in the Light of Sasanian Family Law”, in *Iranian Languages and Texts from Iran and Turan. Ronald E, Emmerick Memorial Volume*, ed. M. Macuch, M. Maggi, W. Sundermann, Iranica 13, Wiesbaden: Harrassowitz Verlag, 2007, p. 201.

② Maria Macuch, “Legal Constructions of Identity in the Sasanian Period”, in Carlo G. Cereti ed., *Iranian Identity in the Course of History* (Orientalia Romana 9), Roma: Istituto Italiano per l'Africa e l'Oriente, 2010, p. 194.

③ Maria Macuch, “Judicial and Legal System. iii Sasanian Legal System”, in *Encyclopaedia Iranica*, Vol. 15, 2009, p. 183.

④ A. Perikhanian, *The Book of a Thousand Judgements* (*A Sasanian Law-Book*), p. 95, no. 33. 1 – 3.

半，财产本金仍归丈夫或其家族所有。[1] 粟特文婚约所反映出的婚姻关系与萨珊波斯时期最常见、最典型的婚姻类型即“完全权利婚姻”(pādixšāy marriage) 相似，这种婚姻关系所组成的家庭可谓萨珊波斯社会最基层的社会单位，其最简单的形式包括丈夫即家长，以及由丈夫监护的妻子。“完全权利婚姻”通常是由新娘和新郎的家庭协商安排，新郎需要向新娘的父亲或监护人请求，将新娘的监护权转移到新郎家庭中。如帕拉维文婚约记载：

> 新娘以这种方式受新郎父亲监护，新娘再无法以它种婚姻形式或女儿的形式为其他人完成中间继承或替代继承。[2]

只有父亲或监护人同意，并签订婚姻契约，才算正式缔结了婚姻。婚后，妻子受丈夫“监护”，必须服从丈夫。[3] 这一点和粟特文婚约所透露的信息一致。

根据粟特文婚约记载，成婚之后，妻子在受丈夫监护的同时，丈夫也应当履行自己对妻子的义务，如婚约 Nov. 3（正面第 6—12 行）记载：

> 遵从传统法律，赤耳将［他的］监护权转予新郎，要求乌特特勤要对他的妻子查托相敬如宾，［为她提供］食物、衣物和饰品，尊敬爱护她，如一位夫人在他自己家里掌握权力，这是一位绅士对待自己的妻子，当其为贵妇的方式。

---

① Maria Macuch, “The Pahlavi Model Marriage Contract in the Light of Sasanian Family Law”, p. 191.

② Maria Macuch, “Zoroastrian Principles and the Structure of Kinship in Sasanian Iran”, in C. G. Cereti, M. Maggi and E. Provasi eds., *Religious Themes and Texts of Pre-Islamic Iran and Central Asia: Studies in Honour of Professor Gherardo Gnoli on the Occasion of his 65th Birthday on 6th December* 2002, Wiesbaden: Dr. Ludwig Reichert Verlag, 2003, p. 240.

③ Maria Macuch, “The Pahlavi Model Marriage Contract in the Light of Sasanian Family Law”, p. 193.

里夫什茨认为此处新郎和新娘之间是典型的粟特贵族间的婚姻,[①] 其中 "ZNH xypδ x'n'kh p'txš'wnh wδwh" 一句，意思是 "女子在丈夫家拥有权力"，相似的表述亦见于巴克特里亚文书和帕拉维文文书，但不见于希腊文献，表明了粟特地区女子在家庭中的地位。女子处于丈夫的监护之下，成为家庭名义上的 "女主人"，这种婚姻形式是伊朗和中亚常见的婚姻形态。[②] "女子在丈夫家拥有权力" 的表述与帕拉维文《宗教判决书》(Dādestān ī dēnīg) 中所记 "妻子成为家中的女主人"[③] 的表述相一致。萨珊波斯法律文献有关 "完全权利婚姻" 中妻子权利的规定，可与粟特文婚约的有关内容相互证：[④]

(1) 妻子成为家中的女主人 (kadag-bānūg)；

(2) 她的孩子都是丈夫的合法子女[⑤]；

(3) 丈夫有义务给予她和孩子 (们) 抚养费，以满足妻儿日常基本开销[⑥]。丈夫可赠送贵重物品给妻子，但不能减少维持妻子日常生活所需的抚养费；

(4) 妻子和孩子们有权在丈夫去世时继承 "全部财产" (abarmānd)。

然而，因为婚后的女子受丈夫 "监护"，所以她在享有婚姻权利的同时，也必须遵守相应的义务：第一，如果女子与原生家族外的男子缔结 "完全权利婚姻"，则妻子的监护权从原生家庭转移到其丈夫家庭中。妻子受到丈夫监护 (sālārīh, "manus")，有义务忠于丈夫。受监

---

① V. A. Livshits, *Sogdian Epigraphy of Central Asia and Semirech'e*, p. 22.

② Ilya Yakubovich, "Marriage Sogdian Style", pp. 336 – 337.

③ Maria Macuch, "Zoroastrian Principles and the Structure of Kinship in Sasanian Iran", p. 241.

④ M. Macuch, *Das sasanidische Rechtsbuch* "*Mātakdān i bazār Dātistā*" (*Teil II*), Wiesbaden: Dr. Ludwig Reichert Verlag (AKM XLV, 1), 1981, p. 73ff, no. 4.

⑤ M. Macuch, *Das sasanidische Rechtsbuch* "*Mātakdān i bazār Dātistā*" (*Teil II*), pp. 96 – 99.

⑥ A. Perikhanian, *The Book of a Thousand Judgements* (*A Sasanian Law-Book*), p. 257, no. 7. 8 – 11.

护人若不忠于监护人则犯了严重的罪过，称为 atarsagāyīh。萨珊帝国开国君主阿达希尔一世就曾颁布命令，禁止妻子不忠于丈夫。[①] 当丈夫认为妻子不忠时，可向法院提出控诉。若妻子能自证清白，可在法庭上举证并反驳。若她不能成功自辩，法院会出具一份证明她不忠的裁决书。[②] 丈夫若拿到这份法院出具的裁决书，就可以在遗嘱中取消妻子的继承权。丈夫剥夺妻子的继承权时，必须使用适当的法律术语，否则遗嘱无效。若剥夺继承权的遗嘱生效，妻子及所有子女的继承权都会被剥夺。[③] 丈夫去世后，妻子的监护权转移到她成年儿子手中，他有权决定其母亲是否再婚。如果家中无成年儿子，则委托一名男性近亲作为家庭监护人，通常遗孀会与这名男子结婚。等到她的儿子成年后，必须得到他的许可，才能继续这段婚姻。[④] 第二，“完全权利婚姻”中妻子最重要的义务是为丈夫生儿育女。如果妻子不孕，丈夫可以申请离婚。根据萨珊波斯的家庭法，为适应当时社会父系继承的传统，只有男性能完全代替家长成为他的继承人，承担家庭的所有责任。因此每位家长有责任在世时生育儿子，以便去世时不至于“无名”。一旦丈夫去世时没有儿子，则妻子需要成为他的“中间继承人”，与其他男子（亲戚或其他公民）结成另外一种婚姻形式“辅助婚”（čagar），为原配丈夫生下可成为直接继承人的法定儿子。在“辅助婚”中，妻子仍然是原配死去丈夫的法定配偶，她与二婚丈夫婚配而生的子嗣不是这位父亲的法定后代，而是母亲死去丈夫的法定继承人。[⑤] 担任中间继承人的义务会写进缔结“完全权利婚姻”的婚

---

① Mary Boyce transl., *The Letter of Tansar*, Rome: Istituto Italiano per il Medio ed Estremo Oriente, 1968, p. 40.

② A. Perikhanian, “Iranian society and law”, in *Cambridge History of Iran*, Vol. 3. 2, Cambridge: Cambridge University Press, 1983, p. 648.

③ Maria Macuch, “The Pahlavi Model Marriage Contract in the Light of Sasanian Family Law”, p. 196.

④ A. Perikhanian, *The Book of a Thousand Judgements* (*A Sasanian Law-Book*), p. 79, no. 26. 3 – 5.

⑤ M. Macuch, *Das sasanidische Rechtsbuch* “*Mātakdān i bazār Dātistā*” (*Teil II*), pp. 100 – 113.

契中。若无子嗣的家长去世时没有妻子，则由他的女儿或者姐妹（如果有的话）担任“中间继承人”，与其他男子缔结“辅助婚”，为死去的家长诞下法定继承人。由此亦可见萨珊波斯家庭关系中强调父系的特征，也体现了丈夫对妻子的“监护”权。①

虽然“完全权利婚姻”均由作为监护人的父亲或兄弟安排，但仍需要征得女性的同意。② 监护人不能强迫违背她的意愿，这是保护女子的重要规则。如果婚约是在她未成年时订立的，她有权在成年时取消婚姻。在这种情况下，婚约必须被取消，女子不得遭受任何损失。这至少是法律规定的，但并不确定实际生活中是否严格执行。③ 如果丈夫去世，且没有留下儿子或其他兄弟，妻子可决定女儿的婚姻。④ 另外，女性如果与家中血亲缔结“完全权利婚姻”，她就会比家中其他女子享有更多权利。⑤ 如前文所述，“完全权利婚姻”的妻子在不同类型妻子中地位最高，她作为丈夫的“中间代理人”，通过“辅助婚”为（无子嗣的）原配丈夫生育法律意义上的继承人，承担了“自然代理人”的角色，便可以继承丈夫财产中专为“代理继承”而准备的那部分。当然她继承的不是财产所有权，而是使用权，也就是说她可以使用财产的收益或利润来满足生活所需。⑥

---

① Maria Macuch, “Incestuous Marriage in the Context of Sasanian Family Law”, Maria Macuch, Dieter Weber and Desmond Durkin-Meisterernst eds., *Ancient and Middle Iranian Studies. Proceedings of the 6th European Conference of Iranian Studies, held in Vienna, 18 – 22 September 2007*, Wiesbaden: Harrassowitz Verlag, 2010, pp. 142 – 143.

② M. Shaki, “The Sasanian Matrimonial Relations”, in *Archív Orientální*, 1971, Vol. 39, pp. 322 – 345.

③ Janos Jany, *Legal Traditions in Asia: History, Concepts and Laws*, Cham: Springer Nature Switzerland, 2020, p. 98.

④ M. E. Namin, “Legal Status of Women in the Sassanid's Era (224 – 651 AD)”, in *Cogent Arts & Humanities*, 2018, Vol. 5, pp. 3 – 4.

⑤ Katarzyn Maksymiuk, “Marriage and Divorce Law in Pre-Islamic Persia: Legal Status of the Sassanid' Woman (224 – 651 AD)”, in *Cogent Arts & Humanities*, 2019, Vol. 6, p. 4.

⑥ Maria Macuch, “Zoroastrian Principles and the Structure of Kinship in Sasanian Iran”, p. 239.

三 解除婚约对女性的影响

婚约除了规定丈夫与妻子之间监护与被监护，以及在此框架下的权利义务之外，对于夫妻关系尚有其他规定。根据婚约的规定，丈夫可以另娶，前提是征得原配夫人的同意，如 Nov. 3（正面第 16—22 行）记载：

> 然而，如果乌特特勤没有与查托离婚，而娶了另外一位女子为妻或妾，该女子并不能令查托满意，则乌特特勤作为丈夫，应负责任，支付给妻子查托 30 上好的标准伊朗银币［类型］的迪拉姆（dirhams），而且不能纳前面提及的女子为妻或妾，则应该将她休了。

此句表明在阿拉伯征服前，粟特地区存在过多妻制，而且起码有三种结合形式，即正室（嫡配）、偏房和姘居。[①] 如果丈夫和妻子离婚，夫妻双方各自享有什么权益，婚约有明确的规定：

> （Nov. 3 正面第 22—背面第 2 行）但是如果乌特特勤不再将查托当作妻子，而是与其离婚，他将补偿给她［她］应得的和继承的财产，［以及］收到的礼物，没有赔偿。［他］［也］不必负责，不必给她任何补偿，之后他可以另娶令他欢怡的女子。
>
> （背面第 2—9 行）若是查托不愿和乌特特勤待在一起，而是离开他，她将归还给他完好的衣物细软，所有这些都是查托从乌特特勤那里接受的，但是她将获得自己应得的部分作为保障，而不必承担任何其他的补偿，此后他将续娶他所中意的女子为妻。

---

① 蔡鸿生：《唐代九姓胡礼俗丛考》，载《中外交流史事考述》，第 31 页。

这说明若丈夫主动提出离婚，则需补偿妻子；若妻子提出离婚，则需归还丈夫给予的某些财物，同时应获得部分生活保障。当然更细节的内容，如是否要区分过错方等问题，并不被人所知。仅从婚约的文字记载来看，解除婚约时男方占主导地位，但对女方也有一定的物质保障。

萨珊波斯婚姻关系的解除同样有助于我们理解粟特文婚约的内容。根据萨珊波斯的法律文献，离婚只能由丈夫提出，但需要妻子接受。如果没有询问妻子的意见或妻子不同意，离婚无效。为了具有法律效力，离婚时双方需要签订一份文件（hisht-nāmag），将丈夫的部分财产作为离婚后的赡养费移交给妻子，① 这一点和粟特文婚约所记“妻子离婚后，就会获得应得的部分”相一致。并指定一位不受前夫约束的人作为女子的监护人。② 当然解除婚姻关系时，过错方应承担什么责任，粟特婚约也有明确的规定，如 Nov. 3 背面第 9—11 行记载，“如果乌特特勤行为错误，［他］将接受惩罚，为自己的行为补偿”。Nov. 3 背面第 13—14 行记载：“如果女方行为错误，［她］将接受惩罚，为自己的行为偿还。”而萨珊波斯法律规定，在以下四种特例中，丈夫可不经妻子同意要求离婚，可视为女方犯了过错行为：（1）妻子与其他男性发生性关系（无丈夫许可）；（2）对丈夫隐瞒了她来月经（琐罗亚斯德教禁止在月经不洁期间发生性行为③）；（3）妻子不孕；（4）行巫术。④ 总的来说，法律对女性的保障是不够的，根据萨珊波斯法律规定，妻子必须忠于丈夫。如前文述及，一旦丈夫以不忠为由将妻子告上法庭，法庭也由此进行了判决，丈夫便可凭这

---

① Maria Macuch, “The Pahlavi Model Marriage Contract in the Light of Sasanian Family Law”, pp. 183 – 204.

② A. Perikhanian, *The Book of a Thousand Judgements* (*A Sasanian Law-Book*), p. 205, no. 87. 7 – 10.

③ S. Secunda, “Relieving monthly sexual needs: On Pahlavi daštān-māh wizārdan”, in *DABIR*, 2005, Vol. 1, pp. 28 – 31.

④ Katarzyn Maksymiuk, “Marriage and Divorce Law in Pre-Islamic Persia: Legal Status of the Sassanid’ Woman (224 – 651 AD)”, p. 6.

份判决文件申请离婚或剥夺妻子在丈夫去世后继承遗产的权利，且妻子所生育孩子的继承权也被一并剥夺。从这一点来看，粟特文婚约虽然记载模糊，却赋予了女性可以主动离婚的权利，不知是否与新娘为粟特贵族有关？

离婚的妻子最严重的损失是失去了继承权，萨珊波斯律法强调有监护权才有继承权。死者生前若有因不忠或其他原因离婚的妻子，因为妻子的监护权不再为丈夫所有，转移到其他人手中（可能是丈夫安排或是回到妻子的原生家庭中），妻子便不能成为替代继承人。失去监护权是萨珊社会离婚程序完成的标志，由此前妻便不再有承担“代理”继承的义务。然而到了6—7世纪，萨珊波斯的法官作出改革，使成功离婚的前妻获得了继承前夫遗产的权利。如《千条律例书》第6章第5—14节记载：

> 如果Farraxv得到关于其特许婚妻子Zandbut的不当行为的文件，且没有声明“让我的财产不归她!”那么，妻子可带走在他财产中属于女主人的份额。但倘若他去世前立遗嘱，写明“我的产业不可归她”，那么即使此时妻子没有离婚，仍属于这个家庭中的一员，也不能得到遗产；假如（他）没有（写），那么在这种情况下，她将得到她的份额，通过与另一名继承人结合，共同继承遗产。①

上述案例表明，即使夫妻双方因妻子的不忠而离婚，只要前夫没有明确地把前妻排除在遗嘱之外，前妻仍然可获得她作为前家庭女主人份额的遗产，即合法儿子所能得到的份额。② 此外值得注意的是，倘若死者此时没有合法的直接继承人，前妻还会成为他的替代继承人，与另一名男子缔结辅助婚，为前夫生下男性继承人，以避免他死后绝嗣

---

① A. Perikhanian, *The Book of a Thousand Judgements (A Sasanian Law-Book)*, pp. 256 – 257.

② Yaakov Elman, "Marriage and Marital Property in Rabbinic and Sasanian Law", C. Hezser ed., *Rabbinic Law in its Roman and Near Eastern Context*, Mohr Siebeck, 2003, p. 257.

的问题。在此过程中，如果前夫为替代继承留下财产，身为替代继承人的前妻，依然可获得这部分财产的收益，以满足她和子女的生活所需。[①] 一般情况下，离婚后妻子除可获得前夫给予的赡养费外，无其他财产权。婚姻存续期间妻子的嫁妆及产生的收益为丈夫所有，即使离婚，妻子也无权收回。但到了6—7世纪，女性在离婚后可追回前夫曾经赠予其他人的收益。[②] 这一变化在一定程度上增加了女性的财产权，这或许并非出于立法者和丈夫的本意，但有助于解决有产贵族死后无嗣的问题。

当然，由于古波斯祆教鼓励血亲婚，这一婚俗在粟特地区也曾流行，其中也涉及已婚女儿与原配离婚，重新被父亲监护，甚至与父亲婚配，从而获得替代继承的问题。按照以前的替代继承规则，一般情况下，只有仍留在原生家庭中未婚的女儿才可担任替代继承人，因为后者的监护权仍在其家庭中。如果父亲希望已婚的女儿成为自己的替代继承人，需这个女儿离婚且监护权重回父亲手中，或父亲向法院申请，指定这个已婚的女儿成为自己的替代继承人，如《千条律例书》第21章第5—8节记载：

> 据记载，假若一名男子除一个已婚的女儿外，无妻无儿。如果女儿的丈夫与其离婚，但没有把监护权交还给她的父亲。那么，该名女子仅在父亲提出这一要求时，成为父亲的替代继承人。但是，如果（她的父亲）把监护权收归己有，那么她自动将成为父亲的替代继承人，父亲不必专门提出请求。[③]

萨珊波斯的法律规定，夫妻双方离婚的最终完成是以丈夫不再掌握妻

---

① Maria Macuch, "Zoroastrian Principles and the Structure of Kinship in Sasanian Iran", p. 239.

② A. Perikhanian, *The Book of A Thousand Judgements* (*A Sasanian law-Book*), p. 251, no. 2. 17 - 3. 1.

③ A. Perikhanian, *The Book of A Thousand Judgements* (*A Sasanian Law-Book*), pp. 68 - 69.

子的监护权为标志的。若丈夫仅仅是宣布离婚，并未声明放弃监护权或转移监护权，则此期间妻子育有的任何孩子都算作丈夫的合法后代。[①] 到了萨珊波斯晚期，未完全离婚的女儿也可成为父亲的替代继承人。假若父亲死后无嗣，若没有更合适的替代继承人人选（如特许婚妻子、未婚女儿或姐妹等），法官可要求已婚的女儿与原配丈夫离婚，承担其父系家族传承的责任，为死去的父亲生育合法的直接继承人，如《千条律例书》第 21 章第 8—10 节记载：

> 苏珊（Sōšans）说，一个已婚的女儿若与丈夫离婚，将成为她父亲的中间继承人，即使她是在父亲去世后才离婚的。[②]

苏珊的案例表明，即便父亲已去世，在世的女儿也可以和原配丈夫离婚，从而成为亡父的中间继承人。这涉及古伊朗血亲婚与替代继承及其关系等问题，笔者拟另文讨论，不赘。

萨珊波斯妇女在家庭关系中的权利与义务，与粟特文婚约的有关内容相比，颇多相似之处，在在证明了粟特婚俗的古伊朗文化特征。根据汉文史籍记载，粟特袄教与古波斯宗教有着直接的继承关系，如《旧唐书·波斯传》所记：

> 波斯国……俗事天地日月水火诸神，西域诸胡事火祆者，皆诣波斯受法焉。其事神，以麝香和苏涂须点额，及于耳鼻，用以为敬，拜必交股。[③]

粟特地区的胡律置于祆祠，也体现了古伊朗社会政教合一的传统：

---

① A. Perikhanian, *The Book of A Thousand Judgements* (*A Sasanian Law-Book*), p. 34, no. 3. 10 – 11; p. 35, no. 4. 9 – 10.

② A. Perikhanian, *The Book of A Thousand Judgements* (*A Sasanian Law-Book*), pp. 68 – 69.

③ （后晋）刘昫等撰：《旧唐书》卷一九八，中华书局 1975 年标点本，第 5311 页。

> 康国者……名为强国，而西域诸国多归之。米国、史国、曹国、何国、安国、小安国、那色波国、乌那曷国、穆国皆归附之。有胡律，置于祆祠，决罚则取而断之。①

通过对古伊朗社会法律实践的考察，可更深刻地理解粟特文婚约的相关内容。此外，尽管穆格山粟特文婚约强调了当事人的父系血统，但是在婚姻和家庭关系中，女性仍然保有一定的权利和地位。当然，由于婚约及保证书是新郎乌特特勤和新娘查托双方所订立，属私人契约，并无法反映唐代九姓胡婚俗的全貌。因此婚约所体现的父权制特征与传世汉文史籍记载的"妇言是用、男位居下"的粟特婚俗，并非互相对立的两种婚姻关系，而是中古粟特地区复杂婚俗的真实写照。

① （唐）魏征等撰：《隋书》卷八三，中华书局 2019 年标点本，第 2078—2079 页。

从波斯经教到景教

——唐代基督教华名辨析

按照陈垣先生的观点，基督教入华传播史可分为四个时期："第一期是唐朝的景教。第二期是元朝的也里可温教。第三期是明朝的天主教。第四期是清朝以后的耶稣教。"① 尽管有学者指出景教可能自唐代之前既已入华，② 然而，基督教作为一个宗教体系，最早为中国朝野所承认，并公开地、正式地在中国从事传教活动，应是唐代的事。景教入华初期，唐代官方文献称其为"波斯经教"，天宝四年，朝廷始为其改名曰"大秦"。可是，唐代官方文献和教外典籍鲜见采用"景教"一名指称该教，"景教"一名乃随明天启年间（1621—1627）西安府大秦景教流行中国碑出土才为世人所知；后来，敦煌汉文景教经典的面世亦证明这一名称仅见于当时教内人士的自称。本文拟在前人研究基础上，对该教称谓转变的过程及其原因进行勾勒，尤其是该教何以自我命名为"景教"，景教之名为何仅限于教内人自称作一考察，借以反映该教在唐代中国的传播特色。

---

① 陈垣：《基督教入华史》，收入《陈垣学术论文集》第1集，中华书局1980年版，第93页。

② ［德］克里木凯特：《达·伽马以前中亚和东亚的基督教》，林悟殊翻译增订，台北淑馨出版社1995年版，第91—95页。林梅村：《中国基督教史的黎明时代》，《文物天地》1992年第3期，第45—48页；第4期，第44—47页；收入其著《西域文明》，东方出版社1995年版，第448—461页。

一　“景教”之“景”的含义

“景教”一名，依目前所知资料，最早见于建中二年（781）所立的《大秦景教流行中国碑》，对该名的解释见碑文正文第8行：

> 真常之道，妙而难名，功用昭彰，强称景教。

对这一命名，学者多有辨释和争论。明末大学者、天主教徒李之藻将“景”字训读为：“景者大也，炤也，光明也。”① 明末清初的葡萄牙耶稣会士阳玛诺（Emmanuel Diaz）也同意这种解释，云：“景净士将述圣教，首立可名曰圣教，景教也。识景之义，圣教之妙明矣。景者，光明广大之义。”② 清末民初，曾多次游历西洋的钱念劬于景教亦多措意，其解释道：“景教者，基督旧教之聂斯托尔派（Nestorianisme）也。据碑，贞观九祀（六三五）至于长安，十二年为建寺；则教入华境，必在七世纪之初。入中国后，不能不定一名称，而西文原音，弗谐于口，乃取《新约》光照之义（屡见），命名曰‘景’。景又训大，与喀朵利克（Catholique）原义亦合，可谓善于定名。”③ 其解释亦强调景字有光明、广大之意。而陈垣先生虽认同景字有“大”“光明”之义，但认为“景教”的命名“大概是译音的”④。

另外，也有学者专门强调景教有“光明”之义。较早者如英国汉学家理雅各（James Legge，1815—1897）⑤ 等。今人杨森富先生则认

---

① 李之藻：《读景教碑书后》，载［葡］阳玛诺《唐景教碑颂正诠》，上海慈母堂刻本1878年，第3页。

② ［葡］阳玛诺：《景教流行中国碑颂正诠》，载《唐景教碑颂正诠》，第1页。

③ 钱念劬：《景教流行中国碑跋》，载钱单士厘《归潜记》，杨坚校点，钟书河编《走向世界丛书》第1辑第10册，岳麓书社2008年第2版，第841页。

④ 陈垣：《基督教入华史》，第94—95页。

⑤ James Legge, *The Nestorian Monument of Hsî-an Fû in Shen-hsî*, London: Trubner & Co, 1888, p. 9.

为“景”字含有“昭彰”之义，“明明景教”顾名思义就是“光明灿烂的宗教”[①]。罗香林教授亦持此说，称景教之名，“殆因基督教常举‘生命之光’以启喻众人之故”[②]。龚方震先生联系景教碑及中亚七里河一带发现的景教徒墓石图案，认为景教碑文字上端为十字架，十字架下端是白云和莲花座，十字的左右都配以类似百合花的小光圈，象征十字架光芒万丈，表明该种宗教带有“光”的意思。[③]

云景教之“景”字有光明之义，方豪先生不以为然，称“按李之藻作书后在明天启五年（1625），景教碑立于唐德宗建中二年（781），相去已八百四十四年，亦不过揣测之词。而‘景’字在碑文中屡见，撰碑文者即曰‘景净’，其他教士亦有名‘景福’、‘景通’者。此外如‘景门’、‘景法’、‘景寺’、‘景众’、‘景力’、‘景尊’，与其谓有‘光’字的意义，不如解为有‘圣’字的意义”[④]。

日本专治景教的佐伯好郎亦认为景教之“景”字本意为圣大（great）而非光明（illustrious），其更举出四点理由，以阐明该教自命为景教的原因：第一，基督教徒宣扬耶稣为世之光，而景字第一字义即光明之义。第二，景字通京，为日与京二字合成，而“京”有“大”之意，故景有大光明之义。第三，讨好佛教的政策。当时长安流行具佛教密宗特征的“大日教”，景教为扶植自身势力故加以利用。用“大日教”或“日大教”之名易于为民众所接受。第四，讨好道教。道教有《皇帝内外景经》，景教或借用该经名称为自己命名。[⑤] 这一解释也

---

① 杨森富：《唐元两代基督教兴衰原因之研究》，载林治平主编《基督教入华百七十年纪念集》，台北宇宙光出版社1977年版，第41页。

② 罗香林：《唐代景教之传入发展与遭禁》，《景风》第14期，1967年8月，第38页；《唐元二代之景教》，香港中国学社1966年版，第12页。

③ 龚方震：《融合四方文化的智慧》，浙江人民出版社1992年版，第30页。

④ 方豪：《评〈唐元二代之景教〉》，原刊《现代学苑》第4卷第10期，1967年；收入《方豪六十自定稿》下册，台湾学生书局1969年版，第2433页。

⑤ P. Y. Saeki, *The Nestorian Monument in China*, London: Society for Promoting Christian Knowledge, 1916, pp. 127－130. 佐伯好郎：《景教の研究》，東方文化學院東京研究所，1935年，第26—30頁。

得到了朱谦之先生的认同。[1] 观佐伯氏所云，除强调景字有光明、广大之意，与其他学者观点并无二致外，其所举其他两点理由，则未免有求之过深、近乎穿凿之嫌。如勒刻于景教碑上的“景”字，不是采用传统的从日音京，而是从口音京，现存可确认的敦煌景教汉文写经，景字均采用如是写法。[2] 2006 年 5 月在洛阳出土的唐代景教经幢，上勒唐景净所撰《大秦景教宣元至本经》，其中所存景字亦为从口音京的异体字。洛阳经幢篆刻时间为元和九年（814）十二月八日，晚于景教碑三十多年。两碑时代不同地点各异，在景字的使用上却完全一致。因此，从“日”旁引申对“景”字的解释，显难说通。

据瑞典汉学家高本汉的研究，“景”字，古以 King 等发音，均以 K 为声母，有 bright（光明），great（伟大）之意。[3] 林悟殊教授即认为：

> 假如根据景教碑上下文意思，其之所以“强称景教”，乃因其“功用昭彰”也，也即说，“景”者，昭彰也。而据辞书，“昭”者，光明也；“彰”者，显明也。窃以为，此处“昭彰”，盖意含双层，一谓该教有导向光明之功用，二谓这一功用非常显著。若然，则昭彰一词，既涵盖高本汉所言的 bright，great，亦涵盖汉语“圣”之意思。既然“景”字古音的声母与西文 Christ 和 Catholic 相同，故以此字来作基督教的汉名，不失为唐代来华聂斯脱利教士音译孕义之杰作。[4]

赵璧础先生也从对音出发认为“景”字音来自希腊文 Christos，即现译“基督”者，“景”“基”皆脱胎于 ch 音。字义则来自耶稣之宣言“我是世上的光”一语。“景”就是光辉光明。“两相匹配岂非音神

---

① 朱谦之：《中国景教》，人民出版社 1993 年版，第 131 页。

② 参阅林悟殊《唐代景教再研究》（中国社会科学出版社 2003 年版）一书所附图版。

③ Bernhard Karlgren, *Grammata Serica Recensa*, repr. from the Museum of Far Eastern Antiquities, Bulletin 29, Stockholm, 1957, p. 200.

④ 林悟殊：《唐代首所景寺考略》，载其著《唐代景教再研究》，第 54 页注 1。

(不是形神）登对的绝妙佳作?”“景教选取‘景’字为教名应被誉为神来之笔，‘景’字十分中国化，典型之本色化表现。”① 林、赵两位先生的观点是目前有关“景”字含义的最全面和合理的解释。

综上所述，学界关于景教含义的解释，即“光明”“广大”，盖无疑义。唯对该教何以自名“景教”的原因未作深论。窃以为，要解决这一问题，首先要看教内人士如何使用“景”字，亦即应从该教内典去探寻景字真谛。

二　“景教”为地道汉名

据景教碑正文第 8 行所云“真常之道，妙而难名，功用昭彰，强称景教”，“景教”一名，显系该教人士所自命。林悟殊教授认为：“唐代基督教之采用景教之名，可能会早于立碑的时间；因为如果当时其在华之教徒，还未流行这一名称的话，碑文便不可突以景教自命。但景教之名的流行，看来多局限于教徒本身，并不为社会民众所广为接受；至少在天宝之前，一般民众并不称其为景教，否则，朝廷也就无必把其改为大秦教了。即使要改，也必顺乎时尚，改称景教。”② 当然，根据现有文献记载，即使天宝年间正式改名之后，一般民众也鲜有称其为景教的；看来，景教之名不但为该教人士所自命，而且也仅限于该教人士所使用。为考察方便，兹将现存汉语景教文献中带景字的词汇列表于后。

其中，景教碑及其他多种景教经典撰（译）者景净，对应景净名字的叙利亚文是：’Ad^{h}àm qaššîšâ w^{e}k^{h}ôr’appèsqôpâ w^{e}p^{h}apšê d^{he}Ṣinèstân,③ 伯希和与穆尔都将其解读为“亚当（Adam），牧师、乡主教兼中国的

① 赵璧础：《就景教碑及其文献试探唐代景教本色化》，载林治平主编《基督教与中国本色化》，台北宇宙光出版社 1990 年版，第 178 页；今据修订本《就景教碑及其文献探讨唐代景教本色化》，收入其著《重译景教碑》，璧础书房 2006 年版，第 69—70 页。

② 林悟殊：《唐代首所景寺考略》，第 54—55 页。

③ P. Pelliot, *Recherches sur les chretiens d’Asie central et d’Extreme-Orient*, Vol. 2. 1: *La Stele de Si-Ngan-Fou*, Paris: Editions de la Fondation Singer-Polignac, 1984, p. 55.

表 1　**景教文献中所见景字词组**

	景教流行中国碑颂并序①	经幢本《宣元至本经》②	经幢本《宣元至本经》幢记③	《志玄安乐经》④	P. 3847《景教三威蒙度赞》⑤	P. 3847《尊经》⑥	P. 3847"按语"⑦	敦煌本《宣元本经》⑧
景教	3	1	1	5	2			1
景净	1						1	
景尊	1							
景宿	1							
景日	1		1					
景风	1							
景门	2							
景	1							
景寺	2							
景福	1		1					
景众	2							
景命	1							
景力	1							
景士	1							
景通	1							

① 朱谦之：《中国景教》，第 223—230 页。

② 录文据林悟殊、殷小平《经幢版〈大秦景教宣元至本经〉考释——唐代洛阳景教经幢研究之一》，《中华文史论丛》2008 年第 1 辑，第 329—331 页。

③ 殷小平、林悟殊：《〈幢记〉若干问题考释——唐代洛阳景教经幢研究之二》，《中华文史论丛》2008 年第 2 辑，第 275、286—291 页。

④ 羽田亨：《景教經典志玄安樂經に就いて》，《東洋學報》18－1，昭和 4 年（1929）8 月，第 1—24 頁；收入《羽田博士史學論文集》下卷，京都，1958 年，第 270—291 頁；该经写本图版编号为"羽 13"，分拍成照片六帧，收入武田科學振興財團杏雨書屋編《敦煌秘笈》影片册一，2009 年 10 月，第 128—133 頁。

⑤ 林悟殊：《敦煌景教写本 P. 3847 再考察》，载其著《唐代景教再研究》，第 124—126 页。

⑥ 林悟殊：《敦煌景教写本 P. 3847 再考察》，第 126—127 页。

⑦ 林悟殊：《敦煌景教写本 P. 3847 再考察》，第 127 页。

⑧ 林悟殊：《敦煌本〈大秦景教宣元本经〉考释》，载其著《唐代景教再研究》，第 176—177 页。

续表

	景教流行中国碑颂并序	经幢本《宣元至本经》	经幢本《宣元至本经》幢记	《志玄安乐经》	P. 3847《景教三威蒙度赞》	P. 3847《尊经》	P. 3847 “按语”	敦煌本《宣元本经》
景福	1							
景性			1					
景僧			1					
景通法王		3				1		2

法师”①。而景碑中出现的另外两个带“景”字僧名，右第一行第二位僧景通，叙利亚文名为 srgys (sergiys)。其所对配的叙利亚文职务为 qaššîšâ $w^{e}k^{h}$ôr'appèsqôpâ šî'angtswâ,② 伯希和法译为 prêtre et chorévêque, supérieur de monastère,③ 即“牧师兼乡主教、修道院院长”；穆尔英译为 priest and Country-bishop shiangtsua,④ 郝镇华汉译为

① 据伯希和的法译：Adam [moine King-tsing] chorévêque et “maître de Loi” de la Chine, P. Pelliot, *Recherches sur les chretiens d'Asie central et d'Extreme-Orient*, Vol. 2. 1: *La Stele de Si-Ngan-Fou*, p. 56。穆尔英译为 Priest and country-bishop and fapshi of Zinistan, A. C. Moule, *Christians in China before the Year 1550*, London, New York and Toronto, 1930; repr. New York, 1972, Taipei, 1972, p. 35。两者意思相同。朱谦之先生认为景净是“中国景教的最高领袖”，是“司铎兼省主教并中国总监督”（朱谦之：《中国景教》，第 153—154 页）；近年日本学者川口一彦把对应景净的叙利亚文译为“长老兼地方主教兼中国总主教”（川口一彥：《景教》，東京：桑原制本有限會社 2003 年版，第 45 頁）。尽管对景净在华具体职务的比定，学界不无分歧（详参段晴《唐代大秦寺与景教僧新释》，载荣新江主编《唐代的宗教信仰与社会》，上海辞书出版社 2003 年版，第 456—463 页），但把其目为当时中国景教会的最高层的领袖人物，当不会有误。详参林悟殊、殷小平《唐代“景僧”释义》，《文史》2009 年第 1 辑，第 192—193 页。

② Šîangtswâ，据伯希和考证，系音译、借用汉语佛教“上座”。见 P. Pelliot, “Deux Titres Bouddhiques Portés par des Religieux Nestoriens”, *T'oung Pao*, Vol. 12, 1911, pp. 664 - 670；马幼垣汉译《景教所用之二佛教称谓》，《景风》第 14 期，1967 年 8 月，第 49—58 页。

③ P. Pelliot, *Recherches sur les chretiens d'Asie central et d'Extreme-Orient*, Vol. 2. 1: *La Stele de Si-Ngan-Fou*, p. 60.

④ A. C. Moule, *Christians in China before the Year 1550*, p. 51.

“长老兼乡主教上座”[①]；段晴教授认为 w^{e}k^{h}ôr’appèsqôpâ 应对译为“准主教”[②]。敦煌文书 P. 3847 所附《尊经》列有“景通”法王一名，吴其昱先生释为耶稣基督。[③] 右第二行第三位僧“景福”，其叙利亚文名字为 Isodad，意为“基督所赐”，亦即“景尊之福”，或以为与汉文名字“景福”合。[④] 上述研究表明带景字的三位僧名并非音译，而是地道的汉名。这说明景净时代，在华的景教神职人员取地道华名已成为一种风尚。[⑤]

上举景教碑中诸多带景字头的专用术语显由景教一词派生而出，包括“景尊”“景宿”“景日”“景风”“景门”“景寺”“景福”“景众”“景命”“景力”“景士”等。如“景士”“景众”显然是专指景教之信徒，前者见正文第 24 行，把所颂扬的伊斯称为“白衣景士”。从语境看，“景士”看来是对具有神职者之尊称。后者出现凡二处，其一见正文第 18 行，“代宗文武皇帝，恢张圣运，从事无为，每于降诞之辰，锡天香以告成功，颁御馔以光景众”；其二见上引的碑文落款，即“时法主僧宁恕知东方之景众也”。此两处之“景众”，从语境看，当泛指所有教徒，不论有无神职，不论是否出家修道，涵盖了所有领洗入教之人。[⑥]

就景教碑中出现的“景宿”和“景风”两词，乃古汉语常见之词，已为学者所注意。杨森富先生曾指出其乃景教碑引用中国古代瑞应典故，以附会基督降生时所出现的巨星，并说明景教之入华将带给

---

① ［英］穆尔：《一五五〇年前的中国基督教史》，郝镇华译，中华书局 1984 年版，第 51 页。

② 段晴：《唐代大秦寺与景教僧新释》，载荣新江主编《唐代的宗教信仰与社会》，上海辞书出版社 2003 年版，第 465 页。

③ 吴其昱：《唐代景教之法王舆尊经考》，《敦煌吐鲁番研究》第五卷，北京大学出版社 2000 年版，第 20—21 页。

④ P. Pelliot, *Recherches sur les chretiens d'Asie central et d'Extreme-Orient*, Vol. 2. 1: *La Stele de Si-Ngan-Fou*, pp. 57 - 61.

⑤ 林悟殊：《唐代景僧名字的华化轨迹——唐代洛阳景教经幢研究之四》，《中华文史论丛》2009 年第 2 期，第 149—193 页。

⑥ 林悟殊、殷小平：《唐代“景僧”释义》，《文史》2009 年第 1 辑，第 202 页。

中国以祥兆。碑文称“景宿告祥，波斯睹耀以来贡”，此句说明东方博士看见异星出现，从而知道救世主的降生，特往犹太国伯利恒朝拜耶稣。碑文又称“巨唐道光，景风东扇”，此乃说明“景教”的东传入华是一种瑞祥之兆。中国自古相传“景星”系一瑞应之星，此星一出，即将有明君出现。如《史记·天官书》称：“天精而见景星。景星者，德星也。其状无常，常出于有道之国。”《史记正义》云：“景星状如半月，生于晦朔，助月为明。见则人君有德，明圣之庆也。”①《宋书·符瑞志》则云：“（尧）在帝位七十年，景星出翼。”②“景风”也为中国古代瑞应之一，《列子·汤问篇》云：“将终，命宫而总四弦，则景风翔，庆云浮，甘露降，澧泉涌。”③《后汉书·卢植传》有“天下聚目而视，攒耳而听，谓准之前事，将有景风之祚”④。杨氏进而认为“景教”之命名诚属典雅，堪称善于命名者。此一命名，有堪可与以崇尚道学、儒学而命名之道教、儒教相媲美。⑤ 赵璧础先生亦认同杨氏有关“景星”的考证。⑥

按“景”字，《说文解字》曰“（日）光也”。段玉裁注曰：“日字各本无。依文选张孟阳七哀诗注订。火部曰：光者，明也。左传曰：光者远而自他有耀者也。日月皆外光。而光所在处皆有阴。光如镜，故谓之景。车韦笺云：景，明也。后人名阳曰光，名光中之阴曰影。别制一字，异义异音。斯为过矣。尔雅毛诗皆曰：景，大也，其引申之义也。”⑦《国语·晋语二》：“景霍以为城，而汾、河、涑、浍

① （汉）司马迁撰：《史记》卷二七，中华书局1959年标点本，第1336页。

② （梁）沈约撰：《宋书》卷二七，中华书局1974年标点本，第761页。

③ 杨伯峻撰：《列子集释》卷五，中华书局1979年版，第177页。

④ （宋）范晔撰《后汉书》卷六四，中华书局1965年标点本，第2114页。

⑤ 杨森富：《中国基督教本色神学的回顾和展望》，《中华学术院天主教学术研究所学报》（台北），1972年第4期；同氏《景教会名的思想背景研究》，《智慧月刊》1970年第4期，第28—32页；同氏《唐元两代基督教兴衰原因之研究》，第41—42页。

⑥ 赵璧础：《就景教碑及其文献试探唐代景教本色化》，第178页；《重译景教碑》，第69页。

⑦ （汉）许慎撰，（清）段玉裁注：《说文解字注》，上海古籍出版社1988年版，第304页。

以为渠，戎、狄之民实环之。”韦昭注：“景，大也。”[①]《文选·班固〈东都赋〉》：“铺鸿藻，信景铄。扬世庙，正雅乐。”高步瀛义疏引李贤曰：“景，大也。”[②] 学者们认为景教之景字意为光明、广大，显然源于古汉语中景字的这一用法。

杨、赵两先生的考察，证明“景”字乃古汉语常用之字，而景教徒采用其来为本教命名，显然也借鉴了其在古汉语中的含义。按“景风”，祥和之风。《法苑珠林》卷四：“《尔雅》曰：四时和为通正谓之景风。李巡曰：‘景风，太平之风也。’”[③] 喻“景风”为祥和、太平之风，此点符合宗教劝善的功能，且也易为中国统治者所接受。而“景宿”含义已见上引杨、赵两位先生的考察，虽未强调景字“光明”之义，但其乃古代祥瑞之一。另外，如《白虎通》云：“景星者，大星也。月或不见，景星常见，可以夜作，有益于人民也。”[④] 表明“景星”之“景”亦有“大”之义。

另外，碑中所见“景福”亦为古汉语常见之词，此点多为学者所忽略。按“景福”，其含义包括：洪福；大福。如《诗·楚茨篇》云：“以为酒食，以享以祀，以妥以侑，以介景福。”郑笺：“景，大也。”[⑤] 三国魏曹植《精微篇》：“圣皇长寿考，景福常来仪。”[⑥] 可以看出，景教徒所专用带景字的名词，除“景尊”“景门”“景寺”“景众”“景士”等或指本教教众，或指本教教堂外，其余各词大都强调景字“广大”之意。

当然，在《圣经》中不乏有关“光”的表述，如耶稣基督在世时，常对众人说：“我是世界的光。跟从我的，就不在黑暗里走，必

---

① 徐元诰撰，王树民、沈长云点校：《国语集解》，中华书局 2002 年版，第 288 页。

② （梁）萧统编，（唐）李善注：《文选》卷一，上海古籍出版社 1986 年版，第 32 页。

③ （唐）释道世著，周叔迦、苏晋仁校注：《法苑珠林校注》第 1 册，中华书局 2003 年版，第 128 页。

④ （清）陈立撰，吴则虞点校：《白虎通疏证》，上，中华书局 1994 年版，第 287 页。

⑤ （清）王先谦撰，吴格点校：《诗三家义集疏》，上册，中华书局 1987 年版，第 750 页。

⑥ （魏）曹植著，赵幼文校注：《曹植集校注》卷二，人民文学出版社 1984 年版，第 332 页。

要得着生命的光。”① “你们是世上的光。城造在山上，是不能隐藏的。人点灯，不放在斗底下，是放在灯台上，就照亮一家的人。你们的光也当这样照在人前，叫他们看见你们的好行为，便将荣耀归给你们在天上的父。”② 汉文景教文献中，也将耶稣比喻为救世于黑暗的“明子”，见于《景教三威蒙度赞》的记载：

> 蒙圣慈光救离魔。难寻无及正真（第5行）
> 常，慈父明子净风王，（第6行）③

而古汉语的“景”字恰有光明之义。由此可见，在诸多带景字的专有名词中，诸如景宿、景风、景福，不过是借用古汉语之常用词，其吉祥之含义显然易于为华人所接受；而且景字又可表征本教之光明圣大，可谓一举多得。景教《志玄安乐经》即通过景教本尊“弥施诃”与“岑稳僧伽”的问答，教导人达到安乐的方法，即安乐道，其中五处出现“景教”字眼：

> 一切众真景教，皆自无始暨因缘，初累积无边啰嵇浼福，其福重极万亿。（第37—38行）
>
> 人亦如是，持胜上法，行景教因。（第129行）
>
> 惟此景教胜上法文，能为含生，御烦恼贼，如彼甲仗，防护身形。（第137—138行）
>
> 惟此景教胜上法文，能与含生，渡生死海，至彼道岸，安乐宝香。（第140—142行）
>
> 惟此景教胜上法文，能令含生，反（返）真智命，凡有罪苦，咸皆灭除。（第144—145行）④

---

① 《圣经·新约》，《约翰福音》第八章第十二节。
② 《圣经·新约》，《马太福音》第五章第十四—十六节。
③ 《法藏敦煌西域文献》（28），上海古籍出版社2003年版，第356页上。
④ 羽田亨：《景教經典志玄安樂經に就いて》；《敦煌秘笈》影片冊一。

这些入华的基督教徒巧妙地借用了古汉语中的“景”字来为本教命名，并借以宣扬其拯救人类的基础教义。由此亦可见其传教手段之高明。

三 改名“大秦教”的背景

景教入华初期被称为波斯教或波斯经教，一直到天宝四年（745），始由朝廷下诏正名：

> 波斯经教，出自大秦，传习而来，久行中国。爰初建寺，因以为名。将欲示人，必修其本。其两京波斯寺，宜改为大秦寺。天下诸府郡置者，亦准此。①

就朝廷为入华基督教正名的原因，已故意大利汉学家富安敦（Antonino Forte，1940—2006）教授认为乃因当时萨珊波斯帝国已经衰亡，波斯官方对该教的支持宣告结束。② 刘南强教授亦持类似观点，认为朝廷为景教改名，乃欲断绝其与战败的波斯之关系。③ 林悟殊先生则认为：“这一诏文的颁发，显然暗示了我们：当时对基督教称谓之模糊不清，已给政府的管理工作造成了某些不便，朝廷才不得不加以正名。同时亦表明了唐人对传自西域的三个夷教的认识，已有所深化。把当时流行的基督教的寺院称为大秦寺，表明朝廷已意识到该教虽然与摩尼教、火祆教同样传自波斯，但真正的源头是在大秦，其要比

---

① （宋）王溥撰：《唐会要》卷四九，中华书局1955年版，第864页。

② Antonino Forte, “The Edict of 638 Allowing the Diffusion of Christianity in China”, in Paul Pelliot, *L'inscription Nestorienne de Si-ngan-fou*, edited with supplements by Antonino Forte, Kyoto, Paris 1996, p. 364.

③ Samuel N. C. Lieu, “Byzantium, Persia and China: Interstate Relations on the Eve of the Islamic Conquest”, in David Christian & Craig Benjamin eds., *Realms of the Silk Roads: Ancient and Modern*, *Silk Road Studies*, Vol. 4, Turnhout: Brepols Publishers, 2000, p. 54.

'距京师万五千里而赢'的波斯遥远得多。"[①] 已故德国宗教学家克里木凯特（Hans-Joachim Klimkeit，1939—1999）教授也认为为景教正名是为了将其与其他两个夷教即摩尼教、火祆教相区分。[②] 林悟殊先生最近复撰文指出朝廷之所以为景教正名，也源于景教徒不满足现状而主动对朝廷提出的要求。[③] 英国宗教史学家巴瑞特教授（T. H. Barrett）则从唐初开始的佛道论争对外来宗教非常不利的背景出发，认为大秦自古是中国文献特别是道教文献中的理想国度，而考虑到当时拜占庭帝国在整个国际关系中的地位，景教要求改名大秦乃是对自身境况的清醒认识之后，寻求保护的一种措施。[④] 以上诸家所论，乃从主客观各方面论述景教正名的背景，无疑各有所据，但亦显得不尽全面。

艾希霍恩（W. Eichhorn）认为，基督教的传入，有助于那些受到外界纷乱困扰的人们，恢复心境的平和；佛教也有这样的作用。而对于景教机构的庇护，有助于进一步吸引外国景教商人到中国来。并指出，745 年景寺由皇帝赐名，乃表示这些寺院为国家所正式承认。[⑤] 按，此说未妥。据上引景教碑碑文："（阿罗本）贞观九祀（635），至于长安。帝使宰臣房公玄龄，惣仗西郊，宾迎入内。翻经书殿，问道禁闱。深知正真，特令传授。"（第 8—9 行）贞观九年阿罗本带着本教经典，到达长安并进行传教译经活动，景教即得到统治者承认。而据新出土的《宣元至本经幢记》第 20 行记载"大秦寺寺主法和玄应俗姓米威仪大德玄庆俗姓米九阶大德志通俗姓康"，此洛阳大秦寺

---

① 林悟殊：《唐代首所景教寺院考略》，第 49 页。

② Ian Gillman and Hans-Joachim Klimkeit, *Christians in Asia before 1500*, Richmond: Curzon Press, 1999, p. 270.

③ 林悟殊：《西安景碑有关阿罗本入华事辨析》，《文史》2008 年第 1 辑，第 151 页。

④ T. H. Barrett, "Buddhism, Taoism and the eighth-century Chinese term for Christianity: a response to recent work by A. Forte and others", *Bulletin of the School of Oriental Society*, Vol. 63. 3, 2002, pp. 555 – 560.

⑤ W. Eichhorn, *Die Religionen Chinas* (*Religionen der Menschheit*, 21), Stuttgart. Berlin. Köln. Mainz: Verlag W. Kohlhammer, 1973, p. 256.

据考察即建于唐太宗时代。[①] 这些事例说明，太宗朝即已允许景教建寺传教，而并非随745年改名始被正式承认。

根据玄宗朝的宗教政策，天宝年间政府为景教改名，并不是孤立的政治事件，其时政府正意图加强对所有宗教进行管理。查文献记载，自开元十七年（729）开始，唐朝对僧尼实行籍帐管理，强化了对社会僧团的控制，"敕天下僧尼三岁一造籍"[②]。自开元十七年诏行僧道籍帐制度后，其基本政策为以后各朝所因袭。按祠部的奏文所称，僧尼籍帐要写明法名、俗姓、乡贯、户头、所习经业及配住寺人数等。[③]《新唐书·百官志》记载，凡僧、尼、道士、女官"每三岁州、县为籍，一以留县，一以留州；僧、尼，一以上祠部，道士、女官，一以上宗正，一以上司封"[④]。到天宝八载，朝廷进一步完善了管理制度，"（司封郎中）掌封爵、皇之枝族及诸亲、内外命妇告身及道士、女冠等。天宝八载十一月，敕道士、女冠籍每十载一造，永为例程。至德二年十一月，敕道士、女冠等宜依前，属司封曹"[⑤]。

开元年间，玄宗不唯从管理层面加强对宗教的约束，还意图从思想层面强化对宗教的导向。如开元十年（722），玄宗颁行《孝经注》，"因严以教敬，因亲以教爱"，意图重建秩序、恢复道德。[⑥] 开元二十年至二十一年（732—733），唐玄宗又完成了他的《道德经御注》。[⑦] 开元二十二年，朝廷又颁布了御注《金刚经》，并把《金刚经》与《道德经》《孝经》并列，号称"不坏之法，真常之性，实在

① 殷小平、林悟殊：《〈幢记〉若干问题考释——唐代洛阳景教经幢研究之二》，《中华文史论丛》2008年第2辑，第269—292页。

② （宋）释志磐：《佛祖统纪》卷四〇，第1675页。

③ 《全唐文》卷九六六，中华书局1983年影印本，第10032页。

④ （宋）欧阳修、宋祁等撰：《新唐书》卷四八，中华书局1975年标点本，第1252页。

⑤ （唐）杜佑撰，王文锦等点校：《通典》卷二三，中华书局1988年版，第634页。

⑥ 唐玄宗：《孝经序》，《孝经注疏》卷首，《十三经注疏》，第2540页。

⑦ 柳存仁：《道藏本三圣注道德经之得失》，《和风堂文集》上册，上海古籍出版社1991年版，第475页。

此经”[①]。就玄宗三次颁布经典读本的行为，葛兆光先生评论道：“一个象征着正统的思想与秩序的皇帝，选择这三部分别属于释、道、儒家的经典，而这三部经典又是各种思想经典中最简约的文本，这三个文本又恰恰是探究宇宙本原与人心深处的经典，它们以官方的名义加以注释，并且要求士庶普遍阅读，这本身是否已经暗示了知识与思想的风气，在八世纪以后即将向融合、简约和内心深处的方面转移。”[②]这里，更值得注意的是，“知识与思想”转变的风气主要是统治者出于维持统治的政治目的。毕竟在制定宗教政策时，政策的考虑要比信仰的考虑重要得多。结合上引玄宗朝完善佛道管理制度的诸多措施，益证明我们这一猜测。

开元天宝年间，朝廷在加强对僧道尼管理的同时，也加强了对其他夷教的管理。林悟殊先生考证过唐玄宗在开元十九年（731）曾诏辨摩尼教，结果来华摩尼僧侣以《摩尼光佛教法仪略》应对，将该教的教义、戒律、经典、组织等扼要上陈朝廷。[③] 然玄宗不以其说为然，次年便予敕禁。《通典》卷四十载开元二十年（732）七月敕：

> 末摩尼法，本是邪见，妄称佛教，诳惑黎元，宜严加禁断。以其西胡等既是乡法，当身自行，不须科罪者。[④]

《会昌一品集》卷五所录《赐回鹘可汗书》，亦有披露：

> 摩尼教天宝以前，中国禁断。自累朝缘回鹘敬信，始许兴

---

① 《御注金刚般若经序》，《房山云居寺石经》，文物出版社1987年版；《全唐文》卷三七，第173页。

② 葛兆光：《最终的屈服——关于开元天宝时期的道教》，载荣新江主编《唐代的宗教信仰与社会》，第26页。

③ 林悟殊：《敦煌本〈摩尼光佛教法仪略〉的产生》，《世界宗教研究》1983年第3期，第71—76页。又见《摩尼教及其东渐》，中华书局1987年版，第168—176页；台北淑馨出版社1997年增订本，第189—197页。

④ 《通典》卷四〇，第1103页。

行。江淮数镇，皆令阐教。[1]

有学者指出由于统治者受到佛教挑唆，或由于其对摩尼教“邪见”理论了解之后，导致开元禁断。[2] 其实，很难说统治者会对这些外来宗教有多大兴趣，不管其是否受到主流宗教的挑唆，或是否了解其教义，为了维护统治需要，加强对它们的管理是迟早之事。

有关朝廷对祆教的政策，《旧唐书》卷四二《职官志》述及唐朝职官制度的变革时有所提及：

流内九品三十阶之内，又有视流内起居，五品至从九品。初以萨宝府、亲王国官及三师、三公、开府、嗣郡王、上柱国已下护军已上勋官带职事者府官等品。开元初，一切罢之。今唯有萨宝、祆正二官而已。又有流外自勋品以至九品，以为诸司令史、赞者、典谒、亭长、掌固等品。视流外亦自勋品至九品，开元初唯留萨宝、祆祝及府史，余亦罢之。[3]

目前学界一般把萨宝府定位为管理侨民的机构，排除把萨宝当成祆教官职的说法。但萨宝府下设的祆正、祆祝负责管理祆教是毫无疑问的，表明负责祆庙管理的祭司纳入了中央王朝的职官体系。[4] 作为唐代唯一外来职官的“萨宝”，之所以受此礼遇，其原因陈垣先生早有确论：

萨宝，及萨宝府祆正、萨宝府祆祝、萨宝率府（当为府率之

---

① （唐）李德裕撰：《李卫公会昌一品集》，丛书集成初编本，1856—1859，中华书局1985年版。

② 刘屹：《唐开元年间摩尼教命运的转折》，《敦煌吐鲁番研究》第九卷，中华书局2006年版，第85—109页。

③ （后晋）刘昫等撰：《旧唐书》卷四二，中华书局1975年标点本，第1803页。

④ 林悟殊：《近百年国人有关西域祆教之研究》，载其著《中古三夷教辨证》，中华书局2005年版，第238—239页。

误）、萨宝府史，皆唐朝特为袄祠所设之官。官秩虽微，然视流内外九品之官，开元初一切罢之，其存而不废者，唯此数职；其有特别关系，可断言也。时方有事西域，欲以此怀柔一部分之人心，亦政治作用所应尔也。①

尽管朝廷将萨宝府纳入中央王朝的职官体系之内，可看作朝廷对袄教的优礼，但纳入中央王朝职官体系本身，也显见朝廷为加强控制的良苦用心。至于开元初官制改革时其存而不废，固然可见其待遇不同于其他夷教，但“其有特别关系，可断言也”。《新唐书》卷四六《百官志·祠部》记载：

两京及碛西诸州火袄，岁再祀，而禁民祈祭。②

虽然史无明载此事时间，但考虑到唐朝廷对其他宗教管理政策的加强，此事应发生在开元天宝年间。

而有关景教的境况，武则天上台后，景教僧侣曾备受佛教徒欺辱，如《景教碑》云：“圣历年，释子用壮，腾口于东周；先天末，下士大笑，讪谤于西镐。有若僧首罗含，大德及烈；并金方贵绪，物外高僧，共振玄纲，俱维绝纽。”（第14行）为扭转这一颓势，景教教团遂派罗含和及烈来中原。同样的事情还见于《册府元龟》卷五四六记载：

柳泽，开元二年（714），为殿中侍御史、岭南监选使。会市舶使右卫威中郎将周庆立，波斯僧及烈等，广造奇器异巧以进。泽上书谏曰：“臣闻不见可欲使心不乱，是知见欲而心乱必矣。窃见庆立等雕镌诡物，制造奇器，用浮巧为珍玩，以谲怪为异

① 陈垣：《火袄教入中国考》，《陈垣学术论文集》第1集，第319页。

② 《新唐书》卷四六，第1195页。

宝，乃理国之所巨蠹，圣王之所严罚，紊乱圣谋，汩斁彝典。”①

此处之及烈，佐伯好郎论证即《景教碑》中提到的“及烈（Gabriel）”②，但是庆立造奇器进献却遭到唐朝派到岭南的殿中侍御史的弹劾，身为景僧的及烈或亦受到牵连。此外，《册府元龟》卷九七五亦记载了另一位“及烈”的事迹：“（开元二十年）八月庚戌，波斯王遣首领潘那蜜与大德僧及烈来朝。授首领为果毅，赐僧紫袈裟一幅及帛五十疋，放还蕃。”③ 有关“及烈”一词，冯承钧先生认为乃是叙利亚文乡主教（korappiqopa）之省译。④ 因此，此处之及烈与景教碑文所云开元初年参与“共振玄纲”的“大德及烈”恐非同一人。缘因后者在开元初年已是中国景教会的台柱，不可能又回波斯参与朝贡活动再度来华。⑤ 不过，这位被“放还蕃”的“及烈”之事迹，恰好说明数十年来，景教僧并未放弃过续振玄纲的努力，只是彼等力图挽救本教颓势的举措并非那么顺利，因此及烈为到首都长安，不得不冒充波斯使节。另外，这也反映了景教僧侣为传教而付出的主观努力，非其他两个夷教可比。当然，经过景教徒的努力，景教还是受到了朝廷的重视，得到某种程度的礼遇，见于景教碑文载：“玄宗至道皇帝……天宝初，令大将军高力士送五圣写真，寺内安置，赐绢百匹，奉庆睿图，龙髯虽远，弓剑可攀，日角舒光，天颜咫尺。”（第15—16行）⑥ 景教徒甚至还可以到玄宗宫廷的道场“修功德”：“（天宝）三载大秦国有僧佶和，瞻星向化，望日朝尊，诏僧罗含僧普论等一十七人，与大德佶和于兴庆宫修功德。”（第17—18行）并由此得到玄宗的题额：“天题寺榜，额戴龙书，

① 《册府元龟》卷五四六，中华书局1960年影印本，第6547页下—6548页上。

② P. Y. Saeki, *The Nestorian Documents and Relics in China*, Tokyo, 1937, pp. 93－94.

③ 《册府元龟》，第11454页上。

④ 冯承钧：《景教碑考》，上海商务印书馆1931年版，第62页。

⑤ 林悟殊：《唐代景僧名字的华化轨迹——唐代洛阳景教经幢研究之四》，《中华文史论丛》2009年第2期，第163—164页。

⑥ 此处“五圣”，伯希和认为指唐高祖、太宗、高宗、中宗和睿宗五位唐朝皇帝，见P. Pelliot, *L'inscription Nestorienne de Si-ngan-fou*, p. 259。

宝装璀翠，灼烁丹霞，睿札宏空，腾凌激日，宠赍比南山峻极，沛泽与东海齐深。”[①]（第17行）

从上面的分析，可见天宝四年朝廷为景教正名，虽然是景僧努力的结果，而统治者则是出于加强管理的目的，并非像景教僧所自我宣传的那样，是多么荣耀的事。同时，景僧所做的诸多努力，也显见其在华传教的强烈欲望。这一点也有助于理解，景僧为什么不满足于朝廷的正名，还要自我命名。

四　自名“景教”的动机

天宝四年朝廷下令，将景教之名由“波斯经教”，改为大秦教，的确使其来源更加清晰，而不易与同来源于波斯的其他夷教相混淆。对此，景教徒也有所响应。如《景教流行中国碑》中将贞观十二年太宗的诏书进行了修改，将“波斯僧阿罗本”改称“大秦国上德阿罗本”[②]，表明此时的中国景教会有意削弱波斯色彩，转而强调他们与大秦的渊源。景教也认同朝廷这一正名，这当然是为了迎合统治者。但“大秦”毕竟是地理概念，过于宽泛，以此为教名，仍带着浓厚的夷教色彩，作为主流宗教的佛道也时常称其为外道，这于其传教事业自多不利。因此，景僧为开拓在华的传教事业，必定会想方设法消除其自身之外来色彩。其间，改用地道汉名不失为一良策。

安史之乱后，由于景教僧曾助唐平乱，因而一度得到朝廷重视，事见景教碑记载：

> 大施主、金紫光禄大夫、同朔方节度副使、试殿中监、赐紫袈裟僧伊斯，和而好惠，闻道勤行。远自王舍之城，聿来中夏。

---

① 段晴：《唐代大秦寺与景教僧新释》，载荣新江主编《唐代的宗教信仰与社会》，第442—444页。

② Antonino Forte, “The Edict of 638 Allowing the Diffusion of Christianity in China”, in Paul Pelliot, *L'inscription Nestorienne de Si-ngan-fou*, pp. 349 – 367.

术高三代，艺博十全。始效节于丹庭，乃策名于王帐。中书令、汾阳郡王郭公子仪，初总戎于朔方也，肃宗俾之从迈。虽见亲于卧内，不自异于行闲。为公爪牙，作军耳目。能散禄赐，不积于家。献临恩之颇黎，布辞憩之金。或仍其旧寺，或重广法堂，崇饰廊宇，如翚斯飞。更效景门，依仁施利。每岁集四寺僧徒，虔事精供，备诸五旬。（第 20—23 行）①

正是由于景僧有襄助郭子仪平叛之功，才有“肃宗文明皇帝于灵武等五郡重立景寺”（第 17—18 行）之举。但景教毕竟不敌已经在中土深深扎根的佛教。敦煌唐写本《历代法宝记》述罽宾国“其王不言佛法，毁塔坏寺，杀害众生，奉事外道末曼尼及弥师诃等”。此处的弥师诃即谓景教。《历代法宝记》出自剑南净众保唐派禅僧之手，作于大历九年（774）至大历十四年（779）之间。学者考证此处弥师诃外道的观念应来自平叛安史之乱的朔方军内部的佛教观点。② 平叛安史之乱后，佛教禅宗南宗菏泽神会一系进一步发展，“代宗、郭子仪收复两京，会之济用颇有力焉。肃宗皇帝诏入内供养，敕将作大匠并功齐力，为造禅宇于菏泽寺中也”③。而在势力日益壮大的佛教眼中，景教不过是“弥师诃”外道。景教僧侣也曾投统治者兴佛之所好，帮助佛僧翻译佛经，但吃力不讨好。事见《贞元新定释教目录》卷一〇记载：

时为般若，不娴胡语，复未解唐言；景净不识梵文，复未明

① Paul Pelliot, *L'inscription Nestorienne de Si-ngan-fou*, pp. 500, 273 – 293.

② 日本大正新修《大藏经》（《大正藏》）第五十一卷，财团法人佛陀教育基金会出版部 1990 年版，第 180 页。参阅荣新江《〈历代法宝记〉中的末曼尼与弥师诃——吐蕃文献中的摩尼教和景教因素的来历》，载王尧主编《藏学研究丛刊·贤者新宴》，北京出版社 1999 年版，第 130—150 页；收入其著《中古中国与外来文明》，生活·读书·新知三联书店 2001 年版，第 343—368 页。荣新江《唐代佛道二教眼中的外道——景教徒》，提交“京都大学人文科学研究所成立七十五周年”会议论文，京都大学，2004 年；高田時雄譯《唐代の佛·道二教から見た的外道——景教徒》，京都大學人文科學研究所編《中國宗教文獻研究》，京都：臨川書店，2007 年 2 月，第 427—445 頁。

③ （宋）赞宁撰，范祥雍点校：《宋高僧传》卷八，中华书局 1987 年版，第 180 页。

> 释教。虽称传译，未获半珠；徒窃虚名，匪为福利。录表闻奏，意望流行。圣上睿哲文明，允恭释典，察其所释，理昧词疏。且夫释氏伽蓝、大秦寺，居止既别，行法全乖。景净应传弥师诃教；沙门释子，弘阐佛经。欲使教法区分，人无滥涉；正邪异类，泾渭殊流。①

景净参与译经在贞元年间（785—805），晚于景教碑立碑的建中二年（781），这时景教之名已立。信基督教的景净虽投皇帝之所好，与和尚协力助译佛经，然而其弄巧成拙，自讨没趣，固然由于“般若不娴胡语，未解唐言；景净不识梵文，未明释教”，导致所释“理昧词疏”，遂遭到严重批评；更重要的原因在于其外来宗教的性质始终难以改变，“欲使教法区分，人无滥涉；正邪异类，泾渭殊流”。在皇帝的眼中，景教毕竟只是与“正”法的佛教相区分的异类。

景教自我命名相当一段时间之后，朝野对其称呼仍未改变。如唐长庆年间（821—824），舒元舆撰《鄂州永兴县重岩寺碑铭》：

> 故十族之乡，百家之闾，必有浮图为其粉黛。国朝沿近古而有加焉，亦容杂夷而来者，有摩尼焉，大秦焉，祆神焉，合天下三夷寺，不足当吾释寺一小邑之数也。②

此处之大秦，无疑即谓景教。表明虽然此前景教曾做了诸多努力，但在朝野人士中，其长期只是“三夷教”之一，可见其意图消除外来色彩的过程是多么艰难。景教自命名为“景教”，表达了其有意靠拢本土宗教，有进一步华化的决心。不过，这一努力究竟会取得多大成果，并不以他们的意志为转移。

---

① J. Takakusu（高楠順次郎），“The Name of ‘Messiah’ Found in a Buddhist Book; the Nestorian Missionary Adam, Presbyter, Papas of China, Translating a Buddhist Sutra”, *T'oung Pao*, Vol. 7, 1896, pp. 589 - 591.

② 《唐文粹》卷六五，浙江人民出版社 1986 年影印本，第 2 册。

当然，朝廷已经为来华的基督教正名“大秦教”，其却自名景教，而当时的基督徒主要来自波斯，如从《景教碑》所列叙利亚文景教徒众的名称来看，其时长安的景教徒主要是西域人。① 这样很容易产生一个疑问，即景教自名的动机是否旨在与来自大秦的其他基督教派相区分？我们从当时宗教传播史的角度考虑，认为这一推测很难成立。尽管学界曾考定景教乃来自基督教聂斯脱里派，但也有学者指出唐代基督教除聂斯脱里教派以外，还有雅各布派②和迈尔凯特派信徒。③ 当然，从当时中西交通史的实际情况来看，唐时中土有来自基督教其他派别的教徒是完全有可能的，但有教徒居住是一回事，他们是否主动在中国传教并建立教会是另外一回事。况且，即使这些教徒也是为了传教而来，其成就有多大，是否足以威胁到景教的生存，还未可知。就现有文献记载看，除景教外，唐时中土罕有其他教派基督教徒活动的记录，也足可证明其实际并未在汉地产生多大影响。文献记载从贞观十七年（643）到天宝元年（742）五月，拂菻国曾七次派遣使者来到长安，齐思和、巴瑞特等学者认为这些拂菻使者来自拜占庭帝国，同中国的景教传教士没有直接的联系。天宝四年朝廷为景教改名，乃由于中国的景教徒力图强调景教与拜占庭帝国的渊源。④ 这一观点诚难成立。

---

① P. Pelliot, *Recherches sur les chretiens d'Asie central et d'Extreme-Orient*, Vol. 2. 1: *La Stele de Si-Ngan-Fou.*

② K. S. Latourette, *The Chinese: Their History and Culture*, second edition revised, two volumes in one, Vol. 1, New York: The Macmillan Company, 1934, pp. 209, 231. Aziz S. Atiya, *A History of Eastern Christianity*, London: Methuen, 1968; enlarged edition, Millwood (NY): Kraus Reprint, 1980, p. 221.

③ Albiruni, *The Chronology of Ancient Nations*, transl. into English by E. Sachau, London 1879, pp. 282 – 283. Nicholas Sims-Williams, "Sogdian and Turkish Christians in the Turfan and Tun-Huang Manuscripts", *Turfan and Tun-Huang, the Texts: Encounter of Civilizations on the Silk Route*, edited by Alfredo Cadonna, Firenze: Leo S. Olschki, 1992, pp. 43 – 61. 林英：《唐代拂菻丛说》，中华书局 2006 年版，第 37—56 页。

④ 齐思和：《中国与拜占庭帝国的关系》，上海人民出版社 1956 年版，第 35—36 页。T. H. Barrett, "Buddhism, Taoism and the eighth-century Chinese term for Christianity: a response to recent work by A. Forte and others", pp. 555 – 560.

“大秦教”一名显然表明了其外来宗教的性质。而由上引唐时宗教政策可以看出，朝廷对外来宗教的区分是非常明显的，对摩尼教和祆教，曾一度只允许其在当作“乡法”信奉的西胡中信行。这些情况景教想必是了解的，其为争取更多的本地信众，为更顺利地在汉地传播，必须淡化其外来宗教的色彩，以尽量和中国本土的宗教靠拢，而取一个汉化的名字无疑是一个理想的方式。这或可看作景教自我命名的主观原因。

五 余论

与同时代正式入华的其他两个夷教相比，景教于命名事最煞费苦心。摩尼教乃以教主摩尼（Mani）为教名，其传教士到中土，在给朝廷的解释性文件《摩尼光佛教法仪略》中将本教教主名字正式音译为“摩尼”①，其可能是取佛教术语摩尼（巴利语 mani，宝珠）的谐音。官方文献也正式称其为“摩尼教”，朝廷一开始便欣然接受这一名称，尔后也未给其另安华名。外典或作“末尼”“麻尼”，看来也并无他意，惟取用笔画较简单的同音字耳。② 由此看来，摩尼教徒并未在为本教命名上多费周折。同样源于波斯的 Zoroastrianism，本来也与摩尼教同样是以教主的名字，即 Zoroastre 命名。按 Zoroastre 本应作 Zarathustra，缘古希腊人讹音而沿袭为 Zoroastre。尽管古代中国人也知道 Zarathustra 这一名称，并把其音译为“苏鲁支”③，但在古汉籍文献上，未见有用“苏鲁支”或类似音译文字来指代该教者，而以“祆教”称之。此名之产生，据陈垣先生的说法，乃因该教信徒“拜光

① 见敦煌唐写本《摩尼光佛教法仪略》，此据林悟殊《摩尼教及其东渐》所附释文，台北淑馨出版社 1997 年版，第 283—286 页。

② 参阅林悟殊《摩尼教华名辨异》，载郑培凯主编《九州岛学林》第 5 卷，香港城市大学中国文化研究中心、复旦大学出版社 2007 年版，第 190—243 页。

③ 北宋赞宁（919—1001）的《大宋僧史略》卷下“大秦末尼”条有云：“火祆（火烟切）教法本起大波斯国，号苏鲁支，有弟子名玄真，习师之法，居波斯国大总长，如火山。后行化于中国。贞观五年，有传法穆护何禄，将祆教诣阙闻奏。”此处的“苏鲁支”，当为 Zarathustra 的音译。《大正藏》第 54 卷，第 253 页。

又拜日月星辰，中国人以为其拜天，故名之曰火祆。祆者天神之省文，不称天神而称祆者，明其为外国天神也"[1]。如是命名，未见其本教的信徒提出异议，自与该教并没有刻意以完整的宗教体系输入中国有密切关系。[2] 就教名来看，摩尼教与祆教都带着明显的外来色彩。看来，在汉地取名一事上，只有景教徒表现格外主动，其虽然接受朝廷为其正名，却并不满足于此，而自名"景教"，其让中华归主意图之强烈，由此可窥一斑。"景教"这一地道汉名，无疑也从一个侧面反映这一外来宗教华化之深度。

从文化交流史的角度看，景教乃是基督教东方教派辗转间接在中土传播后的变种，其华化的表现，适符合宗教传播变异之规律。

---

① 陈垣：《摩尼教入中国考》，载《陈垣学术论文集》第 1 集，第 304 页。

② 参阅拙文《祆教释名》，载饶宗颐主编《华学》第 9、10 辑（二），上海古籍出版社 2008 年版，第 677—692 页；拙著《中古华化祆教考述》，文物出版社 2010 年版，第 1—26 页。

房山“大明国景教”题记考释

一 问题的提出

1956年，著名金石学家曾毅公先生曾于北京房山访碑，发现记有“大明国景教”信息的墨书题记：

> 在石经山曝经台九级石塔下的悬崖下发现了不少墨迹题记，中有一条是：大明国景教庆寿寺僧人超然经匠道□四名，游于□□。正统三年廿九日游到……小西天石经堂瞻礼。①

该石刻题记后来被收入《房山石经题记汇编》，录文作：

> 大明国景教庆寿寺僧人超然经匠道□四名游于□□　正统三年四月廾九日游到□□□□小西天石经堂瞻礼②

有关该题记所记之“景教”，曾毅公先生指出：“庆寿寺在哪里，我们还没有查出，但我们可以知道，正统三年（1438）景教僧人和经匠还在云游布道。这也是景教流行中国的重要史料之一。”③ 徐苹芳

---

① 曾毅公：《北京石刻中所保存的重要史料》，《文物》1959年第9期，第20页。

② 北京图书馆金石组、中国佛教图书文物馆石经组编：《房山石经题记汇编》，书目文献出版社1987年版，第76页。

③ 曾毅公：《北京石刻中所保存的重要史料》，第20页。

先生早年已注意此条资料，将“大明国景教”目为也里可温。[①] 吴梦麟、熊鹰女士则将此条资料作为明代景教史迹文物收入《北京景教史迹文物研究》一书中，并指出：“关于题记中的景教庆寿寺，目前还无文献证明其确切地点及情况，有待进一步考证。”[②] 唐晓峰在讨论北京房山十字寺的景教身份问题时，亦将此题记作为北京景教遗迹提及。[③] 不过并未详论。

林悟殊先生在《唐代景教名字的华化轨迹》一文中，根据《房山石经题记汇编》所录内容，将此题记视为景教在中国的晚期遗迹：

> 该题记落款正统三年（1438），远早于西安景碑发现的天启年间（1621—1627），因而，个中的“大明国景教”不可能是受景碑启发而冒出的新教派；而正统年间，西方的耶稣会士也还未到中国，该“大明国景教”也不可能与明末海陆新传入的西方基督教有涉。是以，其无疑应是本土原来所固有的，是否就是唐代景教的余绪，这是一个很值得探讨的有趣问题。假如答案是肯定的，那就意味着唐代景教遭武宗迫害后，民间还有其信众；从其僧人到房山佛教圣地“瞻礼”的题刻，暗示其或以佛教一宗之面目存在于社会。[④]

王媛媛亦持类似观点：“尽管无从证明其是否为承接唐代景教的后世教会，但迟至明朝仍有‘景教’寺僧人到房山‘瞻礼’，再联系前述崇圣院——十字寺的历史，不禁令人要推想景教与房山地区之间存在着隐晦而深厚的渊源。”[⑤]

---

① 徐苹芳：《北京房山十字寺也里可温石刻》，《中国文化》1992 年第 2 期，第 184—189 页。

② 吴梦麟、熊鹰：《北京地区基督教史迹研究》，文物出版社 2010 年版，第 55 页。

③ 唐晓峰：《北京房山十字寺的研究及存疑》，《世界宗教研究》2011 年第 6 期，第 118 页。

④ 林悟殊：《唐代景教名字的华化轨迹》，《中华文史论丛》2009 年第 2 辑；收入其著《中古夷教华化丛考》，兰州大学出版社 2011 年版，第 259 页。

⑤ 王媛媛：《唐后景教灭绝说质疑》，《文史》2010 年第 1 辑，第 156 页。

不过近年来，亦有学者质疑该题记的准确性，针对其中“景教”的宗教属性提出不同看法。2012 年 5 月 27 日，高山杉先生在《南方都市报》发表《谈“大明国景教庆寿寺”墨书题记》一文，指出：“房山这条‘大明国景教庆寿寺墨书题记’疑点太多，无法排除其原本为佛教题记的可能性。要拿来作为证明景教在明代尚流传于中国内地的史料，是不能让人放心的。”① 罗炤先生于 2013 年在《艺术史研究》发表《房山十字寺辽、元碑及相关问题》一文，其余论部分“石经山的正统三年景教题记问题”一节，是迄今讨论该题记最详细的文字，其认为“石经山这条题记肯定不是出于景教信徒之手，而是佛教徒留下的”②。

就学者有关该题记内容真实性的质疑，林悟殊先生也进行了回应：“顾《汇编》所收题记，增加了‘四月’二字，且补充了四个缺字号，这意味着继曾毅公之后，《汇编》刊出之前，还有行家考察原迹，重新校录其文字。由于先后所录题记的关键词并无抵牾，故即便岁月沧桑，现今原迹已面目全非，甚或荡然无存，于昔年曾毅公所录题记文字之准确度似无必过多质疑。至若如何解读这一题记，则是见仁见智之事。窃意，倘明代果有标榜景教之寺僧到房山活动，实不足奇。”③ 就题记所涉及的景教与佛教之关系，亦有史可考。早在唐代贞元年间（785—805），《景碑》撰者景净就曾与迦毕试佛僧般若合译佛经《六波罗蜜经》七卷；④ 近年新出唐代洛阳景教徒花献墓志乃

① 高山杉：《谈“大明国景教庆寿寺”墨书题记》，《南方都市报》2012 年 5 月 27 日。

② 罗炤：《房山十字寺辽、元碑及相关问题》，载中山大学艺术史研究中心编《艺术史研究》第 15 辑，中山大学出版社 2013 年版，第 177—216 页，有关部分见第 203—205 页。

③ 林悟殊：《清代霞浦“灵源教”之“夷数和佛”崇拜》，载刘东主编《中国学术》第 37 辑，商务印书馆 2016 年版，第 200 页。

④ 《大唐贞元续开元释教录》卷一七，《大正藏》第 55 卷，第 755 页下。J. Takakusu, “The Name of ‘Messiah’ Found in a Buddhist Book; the Nestorian Missionary Adam, Presbyter, Papas of China, Translating a Buddhist Sutra”, *T'oung Pao*, Vol. 7, 1896, pp. 589 - 591; 高楠順次郎《景教碑の撰者アダムに就て》，《語言學雜誌》1—10，明治 33 年（1900）。

“洛阳圣善寺沙门文简”所撰，[①] 证明景士与佛僧结缘乃由来有自。2006年洛阳发见唐文宗大和三年（829）所刻之景教经幢，则披露了其时当地存在着一所佛化之景教寺院。[②] 林悟殊先生据以指出：“足见景教早在唐代合法传播时期，就有傍依佛教或与之汇流之趋势。会昌灭法之后，这种趋势谅必日益加速。假如在依傍或汇入佛教后而仍以景教自命，亦属正常。……若明代果有某一依托佛门的景教信徒瞻礼元代基督教遗址之后，勒石纪念，亮其景教身份，其实也不出奇。”[③] 也就是说，不能仅就题记内容的某些佛教特征而排除其属景教的可能性。本文拟在诸家研究基础上，就题记所反映的唐元之后景教传播问题略作申说。

二　庆寿寺所在考

就题记所云“庆寿寺”方位何在，有学者认为其即北京之庆寿寺。按北京庆寿寺也叫双塔寺，在西长安街上，即电报大楼西，旧时即西长安街28号。该寺创建于金世宗大定二年（1162）。时金国刚刚移都燕京，皇帝即敕建庆寿寺，诏请玄冥禅师为开山第一代，敕皇子燕王降香，赐钱二万，沃田二十顷。“［至元三年（1266）四月］庚午，敕僧、道祈福于中都寺观。诏以僧机为总统，居庆寿寺。”[④] 僧机为元世祖诏旨任命的诸路释教总统，其居庆寿寺，可见该寺地位之重要。元大德九年（1305），高丽国王施藏经一部计5048卷，入大庆寿寺藏之，在皇庆元年（1312）六月由程矩夫撰碑立于寺内，记载其事。当时的住持僧为西云子安，法行高卓，累朝所器重，赐号佛光

① 郭茂育、赵水森编：《洛阳出土鸳鸯志辑录》，国家图书馆出版社2012年版，第211—212页。毛阳光：《洛阳新出土唐代景教徒花献及其妻安氏墓志初探》，《西域研究》2014年第2期，第85页。

② 张乃翥：《跋河南洛阳新出土的一件唐代景教石刻》，《西域研究》2007年第1期，第65—73页。

③ 林悟殊：《清代霞浦“灵源教”之“夷数和佛”崇拜》，第201页。

④ （明）宋濂等撰：《元史》卷六《世祖本纪》三，中华书局1976年标点本，第110页。

慈照明极净慧大禅师，官荣禄大夫、大司空，领临济一宗事。[①] 由此可见，由金至元，庆寿寺一直是京城重要佛寺。

根据史料记载，至迟到明初正统十三年（1448）以前，庆寿寺已改名，“（正统）十三年二月，修大兴隆寺，寺初名庆寿，禁城西，金章宗时创，太监王振言其朽敝，上命役军民万人重修，费物料巨万。既成，壮丽甲于京都内外数百寺。改赐今额，树牌楼，号第一丛林，命僧作佛事。上躬行临幸。……（十三年十月丁巳）大兴隆寺工完”[②]。但仍为京城第一丛林。直到嘉靖十四年（1535），该寺终于被毁，“（嘉靖）十四年四月，大兴隆寺灾。御史诸演言：佛本夷狄之教，非圣人之法，惑世诬民，耗财蠹政，流传既久，卒未尽除。皇上御极，命京师内外毁寺宇，汰尼僧，申敕天下臣工，劝谕僧人还俗，渐除之以挽回天下于三代之隆。此天之心也。即今大兴隆寺之灾，可验陛下之排斥佛教深契天心……又言寺基甚广，宜改为习仪祝圣之处。上曰：寺既毁，永不复。习仪照旧，此故地岂可用。并大慈恩寺，一应修斋，尽行革去。请改僧录司于大隆善寺（即护国寺），并迁姚广孝牌位，散遣僧徒，随住各寺。愿归正从化者听。上曰：归化者还议恤典”[③]。由此可见，在明正统十三年之前，庆寿寺已易名大兴隆寺，然正统三年时其“庆寿寺”一名或未改，这与题记所传递的信息倒不矛盾。不过，其时该寺仍是当时最重要的佛教寺院之一，一个景教徒若想假借托身于这样一座佛教名刹中，显非易事。那么题记所云之“庆寿寺”是否另有所指呢？

据文献记载，历史上以庆寿寺为名的佛教寺院并不在少数。较著名者如陕西庆寿寺，其始建于唐贞观二年（628），是唐太宗李世民为庆贺其母亲六十大寿，派尉迟敬德监修的，故取名“庆寿寺”。该

① （元）程文海撰：《大庆寿寺大藏经碑》，《雪楼集》卷18，《文津阁四库全书》第401册，商务印书馆2005年影印版，第616页。

② “中央研究院”历史语言研究所校印：《明英宗实录》卷163，第3156—3157页；卷171，第3290页。

③ （明）徐学聚撰：《国朝典汇》卷134，中国国家图书馆编《原国立北平图书馆甲库善本丛书》，第433册，国家图书馆出版社2013年版，第1743页。

寺位于陕西省彬县城以西12公里的清凉山上，“庆寿寺，在州西二十里官路旁。唐贞观二年建。像坐石岩下，高十丈许，座后出泉，前护层楼。嘉靖二十三年修，俗名大佛寺。工费金碧，以数千计。雄伟壮丽，关中第一奇观也”[①]。关于其建造日期，《豳州庆寿寺造像记》有更详细记录：“大唐贞观二年十一月十三日造。”[②] 按，至迟到嘉靖二十三年（1544），该寺俗名大佛寺，但这一时间晚于正统三年（1438），并不排除当时其仍名庆寿寺的可能。此外，陕西扶风县亦有庆寿寺：“在县西北五里，元大德五年，僧云岩建修。”[③] 不过到明初时，该寺历史不详。除陕西之外，明时杭州亦有庆寿寺，据明代吴之鲸《武林梵志》卷一记：“福田庆寿寺在候潮门外普济桥。宋宝祐二年徐路钤舍宅建寺，请额曰福田，以居白石皓禅师。元至治间毁，泰定间重修，请额加庆寿二字。洪武二十四年立为丛林。”[④] 庆寿寺也分布在其他多地，如山西平陆县庆寿寺：“旧在城西南隅，宋大中祥符二年僧了宽建，明洪武十五年重修，置僧会司。治正德嘉靖继修，万历辛卯知县郑金移建城外之巽隅。”[⑤] 湖北夷陵州远安县庆寿寺：“在县西十里，宋建明修。”[⑥] 四川广元亦有庆寿寺，唯建寺时间不详。[⑦]

由此看来，上引房山题记所言景僧所依托的庆寿寺，不一定非得指北京的庆寿寺。况且，北京的庆寿寺离房山不远，寺僧到此地当非

① （清）姚本修：《邠州志》，《国家图书馆藏清代孤本方志选》，第1辑第11册，线装书局2011年版，第329—330页。

② 吴钢主编：《全唐文补遗》第7辑，三秦出版社2000年版，第467页。

③ （清）刘于义等修：《陕西通志》卷28，《文津阁四库全书》第185册，商务印书馆2005年影印版，第486页。

④ （明）吴之鲸：《武林梵志》卷1，杜洁祥主编《中国佛寺史志汇刊》第1辑，第7—8册，台湾明文书局1980年版，第123页。

⑤ （清）石麟等修：《山西通志》卷171，《文津阁四库全书》第184册，商务印书馆2005年影印版，第176页。

⑥ （清）迈柱等修：《湖广通志》卷78，《文津阁四库全书》第179册，商务印书馆2005年影印版，第780页。

⑦ （清）黄廷桂等修，张晋生等编纂：《四川通志》卷28下，《文津阁四库全书》第187册，商务印书馆2005年影印版，第886页。

难事，似乎不值得专门题记，大书一笔。很可能其是京外某地的庆寿寺，听说房山有十字寺，而专程过来瞻礼，并专书题记以留念。至于这所庆寿寺，究竟是陕西的还是杭州的，抑或其他地区的庆寿寺，值得进一步考索。早在1930年，张星烺先生即根据史料，勾勒了元代基督教在杭州等地传播的情形。[①] 罗香林先生《唐元二代之景教》，也探讨了元代江浙等地的景教传播。[②] 若说明代杭州一带有景教余绪，实不足奇。

从宗教传播史的角度看，“大明国景教”题记亦促使我们思考唐元景教在中土社会的传播问题。

三 “大明国景教”的渊源

按照陈垣先生的观点，基督教入华传播史可分为四个时期：“第一期是唐朝的景教。第二期是元朝的也里可温教。第三期是明朝的天主教。第四期是清朝以后的耶稣教。”[③] 有关唐代之后景教的走向，传统观点认为，唐代会昌灭佛，景教与其他外来宗教摩尼教、袄教等亦遭牵连，未能幸免于难。如著名汉学家穆尔（A. C. Moule，1873—1957）就曾指出：

> 十、十一和十二世纪的中国作家，甚少提及基督教；偶有述及，也至为模糊，或干脆宣称为乃属古昔之事。我们相信，尚未找到什么迹象可资说明十一、二世纪，中国还残存有基督教徒。[④]

---

① 张星烺：《元代中国各地教堂考》，收入其编注、朱杰勤校订《中西交通史料汇编》（一），中华书局2003年版，第395—406页。

② 罗香林：《元代苏浙闽等地之景教传播》，收入其著《唐元二代之景教》，香港中国书社1966年版，第175—191页。

③ 陈垣：《基督教入华史》，收入《陈垣学术论文集》第1集，中华书局1980年版，第93页。

④ A. C. Moule, *Christians in China before the Year 1550*, first published in London, 1930, reprinted in New York, 1977, p. 73.

这一观点也得到德国著名宗教学家克里木凯特教授的肯定：“这一说法，时至今日，尚能成立。”[①]

不过，近年来的研究表明，唐之后景教并未就此绝迹。[②] 根据10世纪末阿拉伯作家阿布·法拉至（Abu'l Faradj）的记述，在他那个时代，中国的景教已灭迹了，不过尚残存有教徒。其撰于巴格达（Baghdad）的著作《群书类述》（*Kitab al Fihrist*）写道：

> 回历377年（公元987年），在教堂之后的基督教徒住区，我碰到了一位来自那及兰（Najran）的僧侣。他七年前为宗主教所派遣，与其他五位教士一道，到中国去处理基督教会的事务……我询问了他旅途的一些情况，他告诉我，在中国，基督教已消灭了，当地的基督教徒悉遭横死，他们使用过的教堂皆被拆毁，那里仅残存一名教徒。该僧侣在那里找不到任何人可资传教，旋即归回。[③]

也有学者认为元代之也里可温与唐代基督教有直接继承关系，清人洪钧曾指出：“也里可温，当即景教之遗绪。”[④] 不过殷小平比较了元代也里可温文献中的相关概念术语及表述方式，与唐代西安景教碑及景教汉文经典之不同，对此说提出了怀疑。有关元代也里可温的相关描述，见于《至顺镇江志》所收《大兴国寺记》的记载：

> 教以礼东方为主，与天竺寂灭之教不同。且大明出于东，四时始于东，万物生于东，东属木，主生，故混沌即分，乾坤之所

---

① ［英］刘南强（Samuel N. C. Lieu）：《华南沿海的景教徒和摩尼教徒》，林悟殊译，收入［德］克里木凯特《达·伽玛以前中亚和东亚的基督教》，林悟殊翻译增订，台北淑馨出版社1995年版，第120页。

② 参见王媛媛《唐后景教灭绝说质疑》，《文史》2010年第1辑，第145—162页。

③ A. C. Moule, *Christians in China before the Year 1550*, pp. 75－76.

④ 洪钧：《元史译文证补》卷29，丛书集成初编本，中华书局1985年版，第3912—3914册，第454页。

以不息，日月之所以运行，人物之所以蕃盛，一生生之道也，故谓之长生天。十字者，取像人身，揭于屋，绘于殿，冠于首，佩于胸，四方上下以是为准。①

《大兴国寺记》借用阴阳五行萨满佛教诸说，来附会基督教的某些教仪，而并未真正触及基督教基本教义。而与此不同的是，唐代《景教碑》关于本教义理、礼仪的描述更多借鉴儒释道的术语：

粤若常然真寂，先先而无元；窅然灵虚，后后而妙有；总玄枢而造化，妙众圣以元尊者，其唯我三一妙身，无元真主阿罗诃欤？判十字以定四方，鼓元气而生二风……印持十字，融四照以合无拘。击木震仁惠之音，东礼趣生荣之路……真常之道，妙而难名，功用昭彰，强称景教。惟道非圣不弘，圣非道不大。道圣符契，天下文明。②

就两者的差异，殷小平做过精彩评论："就沟通两种异质文明这一点上，元代的传教士们显然无从与唐代景僧相比。而且，从梁相对基督教的无知程度来看，我们也很难相信元代江南的景教是唐代景教的遗绪。否则，梁相不至于弃现成的'景教'、'大秦'之类术语不用，却去附会阴阳五行萨满佛教诸说。我们也知道，古《寺记》焉能毫无提及？《寺记》无唐代景教痕迹可寻，正好默证了在历史发展的轨迹上，元代也里可温与唐代景教应无直接的联系。"③"从现有的资料看，我们不得不认为元代江南的也里可温并非唐代景教的遗存或发展，而应是由中亚或域外其他地区基督教门派重新传入的。在时人眼里，纯为一种新来宗教。"④ 而元代也里可温虽属基督教，然教徒多

① （元）俞希鲁撰：《至顺镇江志》，台湾华文书局 1968 年版，第 534—535 页。
② 录文参考朱谦之《中国景教》，商务印书馆 2014 年版，第 233—3234 页。
③ 殷小平：《元代也里可温考述》，兰州大学出版社 2012 年版，第 133 页。
④ 殷小平：《元代也里可温考述》，第 135 页。

为随蒙古征服以军事移民模式入居中国的西域人，所信奉的基督教虽亦属景教，[①] 但其人员又仍是外国僧侣，甚少赢得当地居民的信仰。其与唐代景教余绪亦应不同。也就是说，元代之基督教，除占主流地位的也里可温外，应有唐代景教余绪存在。

那么元代之后，景教的命运又如何呢？有学者认为：“十四世纪后期，蒙古人之被逐出中国，标志着景教在中国的灭亡。接替蒙古的明朝政府，对外国人颇感疑惧厌憎，对于外来而又奥秘的宗教，了无兴趣。”[②] 此处所云之景教，应为元代之也里可温，而对于元亡后，是否尚有唐景教余绪活动，实不得而知。不过近年霞浦抄本中所见景教信息，与大明国景教“庆寿”之意暗合，或可证明明代景教依旧留存于世。

四 霞浦抄本的证据

2008 年以来，林鋆先生主导、陈进国先生担纲的福建霞浦明教遗迹田野调查，发现了一批当地民间法师保有的科仪抄本，内中固有不少明教术语、辞章，[③] 但亦不乏其他失传的外来宗教遗迹，如陈培生法师所藏并手题的“摩尼光佛”科册即包含有丰富的夷教信息。其中所见的景教遗迹，或有助于我们对大明国“景教”与“庆寿寺”渊源的理解。据林悟殊先生录文，“摩尼光佛”科册内文存 82 页，665 行，约 8400 言，未见任何年代落款，其形成年代，不可能早于

① 参阅殷小平《从〈大兴国寺记〉看元代江南景教的兴起》，《中华文史论丛》2006 年第 4 辑，第 289—313 页。

② Samuel N. C. Lieu, “Nestorians and Manichaeans on the South China Coast”, in *Manichaeism in Central Asia and China*, Leiden · Boston · Köln: Brill, 1998, p. 178. ［英］刘南强（Samuel N. C. Lieu）：《华南沿海的景教徒和摩尼教徒》，林悟殊译，［德］克里木凯特《达·伽玛以前中亚和东亚的基督教》，林悟殊翻译增订，第 158 页。

③ 详见陈进国、林鋆《明教的新发现——福建霞浦县摩尼教史迹辨析》，载李少文主编，雷子人执行主编《不止于艺——中央美院“艺文课堂”名家讲演录》，北京大学出版社 2010 年版，第 343—389 页。

明代，① 应成于清初。②

科册第2页（类似写法尚见第47页、第61页）有五佛位牌图，作：

008　　　　　　元始天尊那罗延佛
009　　　　　　神变世尊苏路支佛
010　大圣　　　慈济世尊摩尼光佛
011　　　　　　大觉世尊释迦文佛
012　　　　　　活命世尊夷数和佛③

其中的“夷数和佛”被冠以“活命世尊”，“夷数和”之名，唐宋文献盖未之见，林悟殊先生疑其为元代天主教输入后始将“夷数”更新之。④

《摩尼光佛》科册中另有所谓“吉思呪”者（见科册第39—42页，总行314—333），把基督耶稣名为“夷数佛”而颂之：

> 称念夷数佛，暨死而复苏；称念夷数佛，枯木令兹茂；称念夷数佛，沉轮具解脱；称念夷数佛，朽骨再苏还活。是身在囚系，令彼所居舍柱，化为大树。病儿请乞愿，救我诸疾苦。再念夷数尊佛，瘖痖及盲聋，能言复闻见。（第40—41页，总318—324行）

此处所称念之“夷数佛”诸多神迹，包括“暨死而复苏”“枯木令兹茂”“朽骨再苏还活”，“瘖痖及盲聋，能言复闻见”等，殆可征诸

① 林悟殊：《明教五佛崇拜补说》，《文史》2012年第3辑，第387、397页。

② 参见林悟殊《清代霞浦“灵源法师”考论》，《中华文史论丛》2015年第1辑，第247—284页。

③ 录文据林悟殊《明教五佛崇拜补说》，《文史》2012年第3辑，第396页。

④ 林悟殊：《清代霞浦“灵源教”之“夷数和佛”崇拜》，第202页。

《圣经》福音书。表明景教一直或明或暗地存在，其一些遗经更流传于民间，成为当地民间宗教制作科仪本之素材。①

按抄本将“夷数和佛”冠以“活命世尊”的头衔，显然可追溯至基督教的复活观念，同时又有所不同。复活是基督教信仰的一个核心观念，以至于有人把基督教目为复活的信仰。据《圣经》的记载，不仅耶稣死而复活，所有的人死了都要复活：“行善的复活得生，作恶的复活定罪。”② 不过基督教所讲的复活，乃是连同尸骨躯体的复活，显然不同于中国传统观念中借尸还魂的复活。至于原始摩尼教，则全无复活之理念。该教认为人体是囚禁光明物质（灵魂）的躯壳，死亡让灵魂得以解脱，回归光明王国，躯壳自应毁灭。因此，在英藏敦煌所出汉文摩尼教经典《下部赞》中，尽管对夷数歌颂备至，但全无提及或暗示其与性命有何联系。③ 当然，“夷数和佛”之“活命”显然又不完全等同于基督教的复活信仰。在汉语中，“活命”意谓保住性命，维持生命或救活性命，这与复活的概念毕竟有所不同，后者乃指生命在死亡后再复生的意思。但依古代国人的传统心理，逝者已矣，多目死人返生为恐怖之事，人们追求的是活命。因此，进入中国的耶稣基督象征的是活命，而不是复活。④ 霞浦抄本中另有一份题为《兴福祖庆诞科》的科册，甚至将“夷数和佛”称为“大圣延生益算夷数和佛”（第 2 页总第 10 行），冠“夷数和佛”以“延生益算”的头衔，意味着这一神祇乃主司延年益寿，相当于汉民俗所奉之寿星，很显然用中国传统文化的概念变改了基督教有关复活的信仰，或表明上揭题记中大明国景教与庆寿寺结缘并非巧合。⑤

---

① 林悟殊：《福建霞浦抄本元代天主教赞诗辨释——附：霞浦抄本景教〈吉思咒〉考略》，《西域研究》2015 年第 4 期，第 115—134 页。

② 《约翰福音》5：29，圣经启导本，中国基督教两会 2003 年版，第 1492 页。

③ 关于《下部赞》的释文，参阅林悟殊《敦煌文书与夷教研究》，上海古籍出版社 2011 年版，第 434—466 页；《摩尼教华化补说》，兰州大学出版社 2014 年版，第 523—553 页。

④ 林悟殊：《清代霞浦“灵源教”之“夷数和佛”崇拜》，第 216 页。

⑤ 林悟殊：《清代霞浦“灵源教”之“夷数和佛”崇拜》，第 216 页。

霞浦抄本与敦煌文献的关系

——近年来霞浦抄本研究的回顾与反思

2008年以来，由林鋆先生主导、陈进国先生担纲的霞浦摩尼教（明教）史迹调查，新发现了一批与古代外来宗教有涉的民间法师用科仪抄本，[①] 学界、媒体或目其为新发现的摩尼教、明教经典，[②] 甚至直誉为“十九世纪末二十世纪初以来，继吐鲁番、敦煌摩尼教文献发现以来，中国境内摩尼教文献的第二次大发现”[③]。不过，也有学者对这批抄本的属性持审慎态度，指出该等抄本所包含的古代外来宗教信息无疑十分宝贵，“多有涉及明教术语辞章者。就已披露的科册看，涉及斋醮仪式的文疏格式颇为齐备，学界或言该等即为明教科典，传承自宋代，甚至唐代，并据该等新资料，演绎有关宋代明教甚至唐代摩尼教之种种新见。窃以为，该等新发现的资料，对于追踪失传的明教、摩尼教信息，认识摩尼教在华的最后归宿，无疑有重要的价值。不过。该等抄本为私家世传秘藏，如果要作为历史文献使用，自应依历史文献学的规范，就文本本身形成年代，

---

① 陈进国、林鋆：《明教的新发现——福建霞浦县的摩尼教史迹辨析》，载李少文主编，雷子人执行主编《不止于艺——中央美院“艺文课堂”名家讲演录》，北京大学出版社2010年版，第343—389页。

② 元文琪：《福建霞浦摩尼教科仪典籍重大发现论证》，《世界宗教研究》2011年第5期，第168—180页；樊丽沙、杨富学：《霞浦摩尼教文献及其重要性》，《世界宗教研究》2011年第6期，第177—183页。

③ 杨富学、包朗：《霞浦摩尼教文献〈摩尼光佛〉与敦煌文献之关系》，《敦煌吐鲁番研究》第15卷，上海古籍出版社2015年版，第409—425页。

借助相关学科的知识，进行一一考实”①。本文拟对学界近年来有关霞浦抄本的研究进行综述，从科仪文书功能的角度进一步阐述抄本与敦煌文献的关系。

一 间录敦煌本《下部赞》诗文

现存霞浦抄本中，与唐代摩尼教经典关系最为密切者当属所引录的《下部赞》诗文，存于三个抄本，即陈姓法师“存修”并题名的《摩尼光佛》科册，陈法师保藏的《兴福祖庆诞科》及谢姓法师保有的《点灯七层科册》。将这三个科仪本引录的《下部赞》与敦煌本《下部赞》诗文相比较，异同明显，敦煌本《下部赞》423行，而被采入《摩尼光佛》科册者，依次是第11、30、42、119、127、135、140、169—172、206、301、303、410—414行，说明科册制作者接触了比较完整的《下部赞》，始可能如此全卷式地遴选其诗文，“即便某些文字差异含义有别，但各诗文所表达的主体思想并无二致。因此，无论出自霞浦科册，抑或敦煌石窟，毫无疑问，都应源自唐代‘道明所翻译’（敦煌本《下部赞》第417—418行）的同一摩尼教赞诗”。这一情况有助于证明“尽管摩尼教在会昌初元遭到残酷迫害，外来摩尼僧被杀害、驱逐殆尽，但其汉文经典，尤其是像《下部赞》这样佛味浓厚、表达通俗之宗教仪式用经，却仍长期在华夏民间传播。而福建、两浙在宋代以盛行明教著称，霞浦位于福建东北部，距著名的宋代道化摩尼寺崇寿宫所在地四明（宁波）仅40多公里，而离曾因明教之盛遭官方点名的温州则仅90公里，其地处明教流播区域，遗存《下部赞》诗文，自不为奇”②。不过，仔细揣摩霞浦抄本与唐写本中下部赞诗文的异同，可推测霞浦抄本所依据的应是唐后明

① 林悟殊：《霞浦科仪本〈奏教主〉形成年代考》，《九州岛学林》第31辑，2013年，第102—135页；此据《摩尼教华化补说》，兰州大学出版社2014年版，第388页。

② 林悟殊：《霞浦科仪本〈下部赞〉诗文辨异》，《世界宗教研究》2012年第3期，第170—178页；此据《摩尼教华化补说》，第378—379页。

教徒修订过的新版《下部赞》。如第六组诗句的首句，敦煌本作“又启普遍忙你尊”，而《摩尼光佛》科册中将“忙你尊”作“摩尼光”。而诸如“五佛摩尼光”“末号摩尼光”的提法，不可能始于唐代，而应是华化成明教之后。这一差异的出现，无疑由于科仪本制作者本身，或误录，或误改，或刻意修改。[①] 林悟殊先生分析了霞浦本出于不谙教理之笔误、不谙教理之误改、刻意修改等几个方面的问题，指出从采录《下部赞》诗文这个角度，“陈摩本（即《摩尼光佛》——引者注）科册版的制作要比其他两个科册为早，成为后两者编撰的参考物。亦正因为如此，霞浦 3 个版本与敦煌本之比较始见多有共同的差异。这也就提示吾辈，田野调查所发现的有关科仪本，未必是同一时期的批量产物，彼等之形成或有先有后，若后者参考前者，亦属常理”。“学界或把霞浦科仪本直当北宋明教遗书，本章考察上揭抄本中采录《下部赞》诗文之异同，辨释其差异产生之诸多原因，庶几有助于澄清有关之认识。”[②] 也就是说，间录下部赞诗文的三份霞浦抄本自身就存在着承袭关系，很难笼统地说它们是唐宋摩尼教遗经。这三份科仪本包含了唐宋摩尼教经文的部分内容，仅能说明该教经典辗转千年，尚有遗文留传世间，这自与唐后摩尼教尚在东南沿海流传的事实有关，然而并不能就此判定这三份科仪本就是唐宋摩尼教经典。

从《摩尼光佛》科册的性质和使用功能上来看，更显示出与唐代摩尼教经典的差异。尽管《摩尼光佛》科册摘自敦煌本《下部赞》的 12 则诗文可算作明教神学的核心，科册也保留了下部赞《收食单偈》中的十二个大神名，但将霞浦科册与敦煌文书作比，两者的差异也显而易见。如科册中夷数（耶稣）的地位更加重要，教主摩尼被送上了神坛，不再像唐代经典中作为先知而是作为佛接受膜拜。在科册中，摩尼具有了至高无上的地位，从五佛之一到三佛之一，差不多

① 林悟殊：《霞浦科仪本〈下部赞〉诗文辨异》，第 379—381 页。

② 林悟殊：《霞浦科仪本〈下部赞〉诗文辨异》，第 387 页。

获得了教主+最高神的身份地位，诸如此类。虽然这些变化尚可作为霞浦明教仍坚持明性和明界的核心教义,① 但从《摩尼光佛》科册的性质和用途来看，主要是用于民间斋醮仪式中超度亡灵的日常活动，而下部赞诗文仅仅是由于各种因缘被采择使用进而保存下来。如《摩尼光佛》科册开篇（第1—2页）就是民间法事所用之套语：

001 端筵正念，稽首皈依，严持香花，
002 如法供养：十方诸佛，三宝尊天，
003 罗汉圣僧，海众菩萨。冥符默
004 契，云集道场，为法界众生消
005 除三障。庄严善业，成就福田，我
006 等一心和南圣众。　　左先举大圣。
007 　　众唱大圣：
008 　　　　　　元始天尊那罗延佛
009 　　　　　　神变世尊苏路支佛
010 大圣　　　　慈济世尊摩尼光佛
011 　　　　　　大觉世尊释迦文佛
012 　　　　　　活命世尊夷数和佛

此处录文起始之几句，显属法事之套语，殆为佛味，与明教无涉。② 再以《摩尼光佛》科册“五雷子”唱词为例：

491 恭望圣慈垂光宝座和：谨谨上请：

① 马小鹤：《从霞浦科仪本〈下部赞〉诗文看明教》，《文化遗产》2013年第2期，第84—92页。

② 林悟殊：《明教五佛崇拜补说》，此据《摩尼教华化补说》，兰州大学出版社2014年版，第357—358页。

492 九霄队仗排空下，降节飘飘映彩霞。
493 毫相光临七宝座，祥烟散作五云车。
494 梵音缭绕三千界，珠网玲珑散百花。
495 月面金容降尘刹，接引亡灵入佛家。
496 随案唱　五雷子
497 一佛那罗延，降神娑婆界，国应波罗
498 门，当淳人代。开度诸明性，出离生死
499 苦。愿亡灵乘佛威光，证菩萨会。
500 二佛苏路支，以大因缘故，说法在波斯，
501 度人无数。六道悉停酸，三途皆息苦。
502 愿亡灵乘佛威光，证菩萨会。
503 三佛释迦文，四生大慈父，得道毗蓝
504 苑，度生死苦。金口演真言，咸生皆觉
505 悟。愿亡灵乘佛威光，证菩萨会。
506 四佛夷数和，无上明尊子，降神下拂
507 林，作慈悲父。刹刹露真身，为指通
508 宵路。愿亡灵乘佛威光，证菩萨会。
509 五佛摩尼光，最后光明使，托化在王
510 宫，示为太子。说法转金轮，有缘蒙济
511 度。愿亡灵乘佛威光，证菩萨会。
512 稽首我世尊，以大因缘故，应化下生
513 来，作四生父。悲心度众生，永离生死
514 苦。愿慈悲接引亡灵，往生净土。①

第492—495行七言唱词系请神降临，以“接引亡灵”，接着“随案唱五雷子”，而“五雷子”各节复有“愿亡灵乘佛威光证菩萨会”“愿慈悲接

① 《摩尼光佛》科册第9页第5行以后文字，林悟殊先生录作7行，杨富学先生录作4行，遂导致两位学者录文行次有差，参阅杨富学《霞浦摩尼教研究》，中华书局2020年版，第35、46页。

引亡灵往生净土”之结句，这无疑意味着以上所录第492—514行文字内容，是有机的组合体，盖服务于同一荐亡仪式的脚本。尽管其中可见若干摩尼教术语，但整段唱词荐亡对象实际并非明教徒。在唱词中，不唯天上诸神摆驾下凡，隆重迎接亡灵，而且那罗延等五佛，亦被请来烘托。唯凭法师一口唱词，亡灵便有如此之风光，实与摩尼教义理无涉。该等唱词用于荐亡仪式，显然不过是法师为迎合醮主而特设。可见整段唱词未必是宋代明教徒所用，因为宋代明教崇尚薄葬，以至被佛僧夸大为“死则裸葬”，文献所载明教徒的丧葬仪式也十分简朴，与富有人家荐亡斋醮使用“高调”的唱词，大异其趣。①

二　奏三清与奏教主

霞浦抄本中另有《祷雨疏奏申牒状式》抄本，手题“后学陈宝华存修”，根据文检标示大明国号及多个文检出现“福宁州”（是明代成化1465—1487年到清初霞浦作为行政区域之称谓）字眼，可断定抄本所集文检多成于明代中后期。② 这份抄本中保存了三篇题曰《奏三清》的文检，内容形式均类似。首篇见抄本第12—13页：

1　奏三清

2　且臣　厶　领此来词，未敢擅便，谨具文状，百拜奏

3　闻　　者：

4　右谨具奏。

5　再苏活命夷数和佛金莲下，用签三个。灵明大天电光王佛金莲下，

6　太上真天摩尼光佛金莲下，恭望

7　圣慈允臣奏恳，乞颁　敕旨行下　上中下三界合属灵祇，

① 林悟殊：《明教五佛崇拜补说》，第346—349页。

② 林悟殊：《霞浦科仪本〈奏教主〉形成年代考》，第413页。

遍及城隍、当境山川社

8　稷，明敕传宣五海龙王行　厶　井直年直月直日行雨龙王菩萨，或取　厶　佛即写伕名　莫写圣井电王名号

9　卫奉　玄天上帝同行甘雨，悯念愚民，即乞轰雷掣电，兴云沛雨，驱除旱魃，济

10　润燋枯，以慰民心。但臣　厶　下情无任仰望　佛恩之至，谨状。①

三清名号分别为“再苏活命夷数和佛、灵明大天电光王佛、太上真天摩尼光佛”，次篇见抄本第40—41页，“三清”之名略有不同：“再苏活命夷数和佛，神通降福电光王佛，太上教主摩尼光佛。”第三篇见抄本第47页，“三清”之名亦有不同：“广明上天夷数和佛，灵明大天电光王佛，太上真天摩尼光佛。”② 在霞浦抄本另一封面手题“谢道琏传用”的《奏申牒疏科册》中，亦出现“大清国”或“福宁州”字样，可判其多成于清初。科册中亦有类似的两个《奏三清》文检。其一见科册第33—34页，其二见科册第35—36页，“三清”名号与上揭第三篇同。③ 这五篇《奏三清》文检，有两篇的“夷数和佛”同冠以“再苏活命”，当指基督耶稣，与摩尼教中的夷数不同。④ 而从文本创作的角度看，三佛的实质称谓虽一致，排列次序亦同，但彼等所冠的修饰语略有差异，或可证明文检持有者或使用者并无严格的自我宗教认同，而益证其民间宗教之本质。

《奏三清》文检，所请三佛冠以“三清”之名，无疑效法道教三清“玉清元始天尊，上清灵宝天尊，太清道德天尊”⑤。霞浦科仪本把“夷数和佛”“电光王佛”“摩尼光佛”并列为“三清”，目为这

① 林悟殊：《霞浦科仪本〈奏教主〉形成年代考》，第411页。

② 林悟殊：《霞浦科仪本〈奏教主〉形成年代考》，第411—412页。

③ 林悟殊：《霞浦科仪本〈奏教主〉形成年代考》，第409—410页。

④ 林悟殊：《清代霞浦“灵源教”之“夷数和佛”崇拜》，载刘东主编《中国学术》第37辑，商务印书馆2016年版，第191—226页。

⑤ 李叔还编：《道教大辞典》，浙江古籍出版社1987年影印版，第15页上。

一信仰群体的三位最高神，可以确认至迟在明代，这三位分别衍自耶稣基督、佛教、摩尼教的神祇，已成为当地民间宗教主神，很难用单一的体系宗教或其变体来概括。有论者指出，霞浦抄本出现《奏三清》表明："摩尼教在霞浦流播过程中，因应形势的不同而有所变革，未拘泥于原始经典之窠臼，而是朝着人生化、现实化和世俗化的方向转变。民间信仰成分的加深，既可以说是摩尼教在霞浦民间化的表现，也可以说是摩尼教在霞浦的新发展与新变化，呈现出霞浦摩尼教的独特个性。"① 然而文检所示民众祈求诸神的目的乃"保禾苗而秀实，祈五谷以丰登，灭除蝠蚊而绝迹，蝗虫鼠耗以潜消，仍庇乡闾永吉人物云云"（第 537—540 行），② 而且所祈求诸神还包括"上中下三界，东岳、地府、城隍，当境一切神祇"，若据此将科仪本持有者和用户的宗教属性判定为霞浦民间化的摩尼教，显然没有说服力，倒不如说是民间宗教吸收了各种其他宗教成分，包括当地曾流传的明教神祇，更符合历史的真实情况。

在"谢道琏传用"的《奏申牒疏科册》第 15—16 页，尚有一篇题为《奏教主》之文检，内容如下：

01　奏教主　嗣

02　太上清真无极大道正明内院法性灵威精进意部主事渝沙臣　厶　谨奏为度

03　亡事。恭闻　光明教阐包罗万法之宗，智惠门开济度四生之德，一

04　介么微，冒干　佛听。今据　大清国福建福宁州　云云由词旨至

05　明界，照得亡灵生前过误，殁后愆尤，倘拘执对，未获超升，今建良

① 杨富学：《霞浦摩尼教研究》，第 6 页。

② 杨富学：《霞浦摩尼教研究》，第 638—639 页。

06 缘，特伸荐拔。但臣 厶 忝掌 真科，未敢擅便，录词百拜上奏：签三个

07 神通救性电光王佛金莲下，太上教主摩尼光佛青莲下，

08 广惠庄严夷数和佛金莲下，恭惟 慈悲无量，济度有缘，愍孝诚

09 之恳切，允微臣之奏陈：乞颁 明敕行下阴府诸司，赦释亡魂，脱 离刑

10 曹之所，乘毫光径赴法坛领善功，直登 净邦。恭望慈光 厶 夜 至期，

11 奏请光降道场，证明修奉。恩资逝性即超升，福利存家常迪吉。臣 厶

12 诚惶诚恐，稽首顿首百拜，谨具奏 闻，伏候 恩命之至。

13 年 月 日主事臣 厶 百拜谨状。①

其目“神通救性电光王佛”“太上教主摩尼光佛”“广惠庄严夷数和佛”为三位教主启奏，显然是模仿上揭之《奏三清》。《奏申牒疏科册》主要为济度亡灵之用。马小鹤先生揭示了科册中奏、申两种文体的摩尼教色彩较为浓郁：“奏教主”内核形成的时代，应该是在唐宋，制作者将明显的摩尼教成分披上了道教的外衣。经过历代传抄，可能又加进一些其他因素，最后抄写是在清代。这份文检的作用是请三尊最高神光临道场，超度亡灵。② 杨富学先生则强调整部文献的摩尼教属性，认为科册是“霞浦摩尼教对部分三教神祇进行了偷梁换柱，堪称异端，然其确实在渐渐走向大众化，依附道教，以荐亡祈雨等为主要活计，社会危险性已近消泯”③。林悟殊先生则指出《奏教主》制作于清初百年之内，文检虽标榜明门法嗣所用，但制作者于真

① 林悟殊：《霞浦科仪本〈奏教主〉形成年代考》，第389—390页。

② 马小鹤、吴春明：《摩尼教与济度亡灵——霞浦明教〈奏申疏牒科册〉研究》，香港《九州岛学林》2010年秋刊，第15—47页；引文见第27页。

③ 杨富学：《霞浦摩尼教研究》，第43页。

正的明教经典并未多所涉猎。所奏三位主神名号："电光王佛"，直接间接地变造自佛门的"电光佛"，现有唐宋文献未见，明代始用于指代摩尼教之最高神，以避"明尊教"之嫌；"摩尼光佛"，作为摩尼的名号，仅见于敦煌摩尼经 S. 3969，但于唐宋时期并未普遍使用；"夷数和佛"，仅见于霞浦科册，变造自唐宋文献所见的"夷数佛"。摩尼教并无以"三"为吉的数字崇拜，其在唐宋中国传播时期，亦未见有以三为度拼组本教神灵的习俗。上揭"三佛"的拼组，源于明代后期制作的《奏三清》，而后者则效法道教之"三清"崇拜。至于《奏教主》所显示的荐亡斋醮模式，唐代摩尼教和宋代明教都不可能流行。因此，无论文检本身的制作，或其所谓"内核"之形成，都无从上溯唐宋，其与唐代的摩尼教会或宋代的明教会不存在什么承传关系，其制作者很可能假明门之名，依道教荐亡科仪之格式，参合前代遗存的某些明教信息而撰成。①

从历史文献学的角度来看，霞浦抄本显然很难定性为明教科典，它们应为明清时代某些职业法师将原有经典、神谱渐次利用改造成道教模式的科仪文疏，成为该等法师的谋生工具。这些科仪本虽标榜明门，但主要为从事荐亡祈福仪式的某些民间法师所秘藏，并无证据表明法师们主动利用此类秘传科册以劝民入教。如《奏申牒疏科册·［奏］昊天》的主旨在于通过上奏昊天玉皇大帝，希望他大发慈悲，颁布圣旨，以赦免阴司亡灵之罪。与其说这是"摩尼教在霞浦流播过程中，因应形势的不同而有所变革，未拘泥于原始经典之窠臼，而是朝着人生化、现实化和世俗化的方向转变"②，毋宁说这是当地民间信仰借用了摩尼教的某些成分，更符合逻辑。霞浦抄本多为科仪书和表文，用于斋戒祭祀、祈福禳灾和超度亡灵，具有浓厚的民间色彩。如《兴福祖庆诞科·召符官文》，其中的兴福雷使、顺懿夫人，都是霞浦当地民间所信奉的地方神祇，为原始摩尼

① 林悟殊：《霞浦科仪本〈奏教主〉形成年代考》，第 421 页。

② 杨富学：《霞浦摩尼教研究》，第 6 页。

教经典所不具。在奉请诸神之前，要设置寿诞，修整法坛，而且需在“筵前祠中焚香三炷”，这些显然都是民间宗教所为。而《冥福请佛文》先奉请摩尼教及佛教神明，继而奉请道教度亡科仪冥府诸神明，同时兼请“孔子学中大成至圣文宣圣王，颜孟亚圣、孔门衙（卫）道三千徒弟子、七十二贤人”（第77—79行）。[①] 这恰恰说明当地民间宗教团体并不执着于专奉某教神祇，而是按需请佛，见神皆拜，很难将此段记载解释为霞浦当地摩尼教徒重视儒学的具体表现。而霞浦诸抄本所示，之所以将摩尼教神明先行奉请，或许是因为这些神明迥异于传世诸神，而可能特别神验罢了。总之，将霞浦诸科仪抄本直当摩尼教在霞浦演变的证据，是曲解了此类文献对摩尼教研究的价值。从学界迄今已公开的霞浦主要抄本来看，它们属明清时期之物，为清代霞浦当地民间法师小群体所用。个中被当作摩尼教经文的长篇抄本，即《摩尼光佛》科册和《兴福祖庆诞科》，无非是法师们效法华夏传统科仪本，在主流宗教佛道以及传统民间宗教的基础上，杂入当地遗存的一些明教及其他外来宗教经文，用于操办当地乡民的斋醮法事。[②]

三　音译文字的形成

其实霞浦抄本中不乏摩尼教的信息，如前文所述，于敦煌本摩尼教汉文经典中追溯某些术语的源头，坐实抄本中某些术语的摩尼教含义都并非难事，甚至在霞浦发现的抄本中，尚有一些稀见的音译文字，可追溯其中古伊朗语起源。这些文字主要见于四个抄本，个中以《摩尼光佛》科册为最多，凡十三处九百余言。其他抄本，即陈法师所藏的《兴福祖庆诞科》《请神科仪合抄本》，以及谢道琏法师所藏的《点灯七

---

① 杨富学：《霞浦摩尼教研究》，第7页。

② 林悟殊：《明教五佛崇拜补说》，第343—371页；《霞浦科仪本〈奏教主〉形成年代考》，第388—422页；《清代霞浦“灵源法师”考论》，《中华文史论丛》2015年第1期，第246—284页。

层科册》，后三者的“音译”文字多与摩本类同。如去除重复者，林林总总，霞浦抄本中所见的“音译”文字近千言。元文琪先生最早提示该等音译文字应源于中古伊朗语。[①] 林悟殊先生指出，抄本中的这些音译文字可在吐鲁番发见的中古波斯语（Middle Persian）和帕提亚语（Parthian）摩尼教文书中找到对应词语。如号称《弗里真言》的诗偈“弗里”二字，应源于敦煌摩尼教写经《下部赞》第353行“尊者即诵《阿佛利偈》”。《摩尼光佛》科册将真言的第一个音译词写作“阿孚林摩诃和”，《点灯七层科册》《兴福祖庆诞科》均缺其间之“诃”。阿孚林应即亨宁（W. B. Henning，1908—1967）教授解读的“阿佛利”的中古波斯语'fryn，'pryn [āfrīn]，'fryd [afrīd]，'frydg [afrīdag]，帕提亚语'frywn [āfrīwan]，'frywm [āfrīam]，'fryd [āfrīd]。[②] 作及物与不及物动词用，有呼求、祝福、祈祷、创造等意（to invoke，blessings on，bless，pray；to create）。“阿孚林摩和”可还原为'pwr'm'ẖ［āfurāmāh］，为第一人称复数的虚拟语态。[③] 比较霞浦三个文本的录文，可看到不同抄本于两段诗偈前后处置有差，《点灯七层科册》和《兴福祖庆诞科》所见《弗里真言》亦均位于科册开篇，然并未连在一起，两首次序适好颠倒，中间多有其他文字隔开。而且霞浦抄本和敦煌《下部赞》的用字亦不同，益证抄本制作者于其内涵并不清楚。[④]

霞浦抄本的音译文字常有不同夷词用同样汉字音译，或同一夷词用不同汉字对音。如敦煌本《摩尼光佛教法仪略》开篇（S. 3969）所见“佛夷瑟德”一词，乃源自中古波斯语的 frystg，prystg，prysṯg，prystq

---

① 元文琪：《福建霞浦摩尼教科仪典籍重大发现论证》，《世界宗教研究》2011年第5期，第168—180页。

② W. B. Henning, "Annotations to Mr. Tsui's Translation, 'Mo Ni Chiao Hsia Pu Tsan, The Lower (Second?) Section of the Manichaean Hymns'", *Bulletin of the School of Oriental and African Studies*, Vol. 11. 1, 1943, p. 216, note. 7.

③ Desmond Durkin-Meisterernst, *Dictionary of Manichaean Texts*, Volume 3: *Texts from Central Asia and China*, Part 1: *Dictionary of Manichaean Middle Persian and Parthian*, Turnhout: Brepols, 2004, p. 28.

④ 林悟殊：《霞浦钞本夷偈〈弗里真言〉辨释》，《中华文史论丛》2017年第2期，第339—367页。

［frēstag］或帕提亚语的 fryštg，fryšṯg，fryyštg［freštag］，意谓“使者”[①]。在霞浦抄本中，与之对音的汉字竟五花八门。《摩尼光佛》科册分别作“弗里耶瑟德”（第 13—14 行），“弗哩（咥）特”（第 23—24 行），“弗哩悉德”（第 25、336 行），“弗哩（咥）德”（第 123、275 行），“弗里悉德”（第 133、334 行），“咈哩（咥）特”（第 392 行），“夫列悉哆”（第 150 行）；《兴福祖庆诞科》则作“咈哩悉特”（第 25 行），“弗哩悉特”（第 26、152、160 行），“弗哩耶悉特”（第 32 行），“符哩悉哆”（第 174 行）；《点灯七层科册》复作“弗里耶瑟德”（第 13—14 行），“弗里悉德”（第 25 行）；合抄本《四寂赞》作“弗里悉德”（第 3—4 行），《送佛赞》则作“弗里瑟德”（第 3 行）。该等“音译”异字如是杂乱无章，足见未必源于来华摩尼僧的原作，当历经多代口传耳受后，始被不谙夷语的后来者形诸近音汉字。尽管这些音译文字在纸面上多显得完整无残，但原先在口传的过程已多失真，既隐藏着诸多先天性缺陷，又不可避免后世传抄之误。[②]

从这些音译文字组成的文检的功用来看，更难说与摩尼教有什么直接联系。如《四寂赞》，日本学者吉田丰认为其第 29 行是吐鲁番出土文书 M1367 正面帕提亚文、文书 M361A 中古伊朗语颂诗之音译。[③]该抄本见于“请神科仪合抄本”，合抄本由十三篇独立文检合订而成，依次为《高广文》《冥福请佛文》《乐山堂神记》《明门初传请本师》《借锡杖文》《借珠文》《付锡杖偈》《破狱好了送锡杖偈》《四寂赞》《送佛赞》《送佛文》《凶科看贞明经毕用此文》《送三界神文》。文检存在不同程度烂损，乃不同时期的传抄物，可能在比较

① 石田幹之助：《敦煌發現〈摩尼光佛教法儀略〉に見えたる二三の言語に就いて》，刊《白鳥博士還曆記念東洋史論叢》，東京：岩波書店 1925 年版，第 160—161 頁。

② 林悟殊：《霞浦抄本夷偈〈四寂赞〉释补》，《文史》2016 年第 1 辑，第 169—200 页。

③ ［日］吉田丰撰：《霞浦摩尼教文书〈四寂赞〉及其安息语原本》，马小鹤译，《国际汉学研究通讯》第 9 期，2014 年，第 103—121 页。Yutaka Yoshida, “The Xiapu 霞浦 Manichaean text Sijizan 四寂赞 Praise of the Four Entities of Calmness and its Parthian original”, *Zur Lichten Heimat: Studien zu Manichaismus, Iranistik und Zentralasienkunde im Gedenken an Werner Sundermann, Herausgegeben von einem Team “Turfanforschung”*, Wiesbaden: Harrassowitz Verlag, 2017, pp. 719 – 736.

晚近的时期，始由法师加以整合，装订成册。① 考察抄本所含的地道汉文文检，惟《乐山堂神记》《明门初传请本师》包含了一些夷教神号，其他殆与摩尼教、明教无涉；倒是《送佛赞》与《四寂赞》可说是摩尼教夷语经文之遗迹。不过，《四寂赞》无疑被当地民间法师用于斋醮法会仪式，被明确写明用于“戒月结”，即华夏传统的五月斋戒法会上，而该民俗显然与摩尼教、明教无涉。②《四寂赞》另见《摩尼光佛》科册页30—31，总第242—250行，与《摩尼光佛》科册的《明使赞》同属“请福科”。经学者的考察，合抄本《送佛赞》与《摩尼光佛》科册的《明使赞》，两首夷偈题名有差，但对音文字多同，应属同偈异名。《明使赞》题示未见“送佛用”字样，但末端有标示“送佛”二字，提示其同样的用场。《摩尼光佛》科册第37页总第294行有“请福科终”字样，意味着前此文字内容，乃用于请福的斋醮法会。《明使赞》见第34—36页，总第273—284行，适为“请福”斋醮将近结束之时，足见该偈在民间法会中，盖作送佛之用。《送佛赞》(《明使赞》)、《四寂赞》这两首夷偈作为独立文检存于合抄本和《摩尼光佛》科册，佐证了抄本的摩尼教辞章不过是民间法师采自其时当地尚存的摩尼教遗经，而其用途则是当地民间常见的“请福”斋醮仪式来使用。③

回顾学界对近年发现的霞浦抄本对音夷偈的研究，主要借鉴国际学界对19、20世纪之交吐鲁番出土的中古伊朗语摩尼教文献残片的研究成果。④ 从这个角度看，可以说霞浦抄本与敦煌吐鲁番文献存在

① 黄佳欣：《霞浦科仪本〈乐山堂神记〉再考察》，载陈春声主编《海陆交通与世界文明》，商务印书馆2013年版，第227—255页。

② 林悟殊：《霞浦抄本夷偈〈四寂赞〉释补》，《文史》2016年第1辑，第169—200页。

③ 林悟殊：《霞浦抄本夷偈〈明使赞〉〈送佛赞〉考释——兼说霞浦抄本与敦煌吐鲁番研究之关系》，《敦煌吐鲁番研究》2016年第1期，第137—154页。

④ M. Boyce, *A Word-List of Manichaean Middle Persian and Parthian*, Leiden: E. J. Brill, 1977. Desmond Durkin-Meisterernst, *Dictionary of Manichaean Texts*, Volume 3: *Texts from Central Asia and China*, Part 1: *Dictionary of Manichaean Middle Persian and Parthian.* Gunner B. Mikkelsen, *Dictionary of Manichaean Texts*, Volume 3: *Texts from Central Asia and China*, Part 4: *Dictionary of Manichaean Texts in Chinese*, Turnhout: Brepols, 2006.

着不可分割的联系。不过，现今所披露的霞浦抄本中的音译文字不过千言，在数量上无从与吐鲁番摩尼教文献比匹。而且霞浦抄本所见的夷偈，并非严格依据西域文本或原始的音译本，仅凭口头传授，口耳相传，只能算作夷偈在华的遗迹。现今所见的霞浦抄本中的夷偈不过是明清时期的传抄本，并非古昔唐代摩尼教徒的遗物，自不可与吐鲁番发现的中古伊朗语摩尼教残片同日而语。[①]

从目前的研究来看，霞浦抄本主要通过田野调查所得，是民间所私藏；多为明清时期抄本，尚未发见有早于明代者。无论从创作时代抑或内容本身，都无从与敦煌出洞之珍相比。尤其是其内容，与敦煌摩尼教写经并无多少内在联系。如《摩尼光佛》科册，虽然其中包含一些唐代摩尼经的词语，更有袭自《下部赞》的十二处诗文。不过，这些诗文多属被“剪贴”，剪贴者本人于其真意亦不甚了然；而《下部赞》的三首音译诗偈却反而未见辑入，实际已默示当时该等地道的音译夷偈已失传。[②] 从历史学的角度来看，今日所见霞浦抄本中的摩尼教信息，特别是近千言的音译诗偈语，自与唐代入华之摩尼僧不无渊源，即何乔远《闽书》卷七《方域志》记“会昌中汰僧，明教在汰中。有呼禄法师者，来入福唐，授侣三山，游方泉郡，卒葬郡北山下”[③]。可是呼禄法师们入闽之时，中原摩尼僧已惨遭屠杀，而经典则被大批烧毁：（会昌三年）“诏回鹘营功德使在二京者，悉冠带之。有司收摩尼书若象烧于道，产赀入之官”[④]。因此来入福唐的呼禄法师为了宣教授经，需凭原有记忆，随口诵授经文。到了两宋之际，摩尼教渐变异成明教，虽历经时易世变而弦歌不辍。逮至明代，始渐式微，如何乔远（1558—1631）所见：“今民间习其术者，行符

① 林悟殊：《霞浦抄本夷偈〈明使赞〉〈送佛赞〉考释——兼说霞浦抄本与敦煌吐鲁番研究之关系》，《敦煌吐鲁番研究》2016 年第 1 期，第 137—154 页。

② 林悟殊：《霞浦科仪本〈下部赞〉诗文辨异》，第 372—387 页。

③ （明）何乔远：《闽书》（1），厦门大学点校本，福建人民出版社 1994 年版，第 172 页。

④ （宋）欧阳修、宋祁等撰：《新唐书》卷二一七下《回鹘下》，中华书局 1975 年标点本，第 6133 页。

咒，名师氏法，不甚显云。”[①] 后世闽地的民间法师，为“行符咒”所需，而采入了神秘的明教经文，构成今日所见霞浦科仪本的一部分。对于霞浦抄本宗教属性之确定，除了考察文献形成产生的大体年代，文本的主体内容之外，尚需考虑作者的身份，文献的用途，使用的群体等因素。如林悟殊先生所指出，霞浦抄本出现《下部赞》的片段，只能目为《下部赞》在民间宗教之遗迹，不仅不能证明两者有何一脉相承之关系，反而益证抄本所包含的摩尼教、明教辞章，不过是采自当时尚存世的一些相关经文。如果因为其中有摩尼教、明教的辞章，就把整个抄本定性为摩尼教经典或明教经典，那么，其中还有比例更高的佛道辞章，岂非亦可定性为道教经典、佛教经典？如果以摩尼教依托道教佛教，或曰摩尼教杂糅佛道成分作解，那么个中还有景教、天主教，袄教，甚至印度教辞章，是否亦可称为杂糅佛道的基督教经典、袄教经典之类？是以，如何定性该等抄本的宗教属性，似乎不宜单以有某教的辞章为标准，或依哪个教门易吸引社会眼球而有倾向性。[②]

四 结语

2016 年 3 月，福建屏南县降龙村发现《贞明开正文科》《贞明开正奏》和《第二时科》残本一件，皆手抄本，屏南县寿山乡降龙村韩氏传用，论者谓《贞明开正文科》的许多内容见于霞浦本《兴福祖庆诞科》和《点灯七层科册》，“尤其是祝颂语，是直接继承《下部赞》而来的，说明这些福建摩尼教文献与敦煌所出唐代摩尼教写本当出自同源”[③]。2017 年，在福清市高山镇发现了 35 本科仪

---

① （明）何乔远：《闽书》（1），第 172 页。

② 林悟殊：《霞浦抄本夷偈〈明使赞〉〈送佛赞〉考释——兼说霞浦抄本与敦煌吐鲁番研究之关系》，《敦煌吐鲁番研究》2016 年第 1 期，第 137—154 页。

③ 杨富学：《霞浦摩尼教研究》，第 26 页。杨富学、李晓燕、彭晓静：《福建摩尼教遗存踏查之主要收获》，《宗教学研究》2017 年第 4 期，第 259—271 页。

文本，论者也将其当作摩尼教经典科仪文本，尤其是举出《谢经莲台》描述摩尼光佛诞生和赞美摩尼教的辞章："托荫石榴国，现祥瑞，皇后启瑞果，摘此吃，精神异，胸前化诞，卓世超群无比，四岁出家，十二成道，说法转金轮，现灵奇，两元三际。"① 而根据《稽经道场》记载"一念皈依清净会，三轮旋转惠明宫"十四个字，有学者认为当时福州地区的摩尼教组织被称为"清净会"，组织形式已经完备。② 其实，《扬蟠科文》第 8 页和第 9 页出现了摩尼教教义浓缩的标记口号"清净光明，大力智慧"并不出奇，从传统文献传播的角度看完全可以解释清楚。如中古时期流行的祆教乃源于波斯琐罗亚斯德教，有关该教创始人的记录，即见于北宋太平兴国三年（978）佛僧赞宁所撰《大宋僧史略》，其第五十五篇《大秦末尼》条有云：

> 火祆教法，本起大波斯国。号苏鲁支，有弟子名玄真，习师之法，居波斯国大总长，如火山，后行化于中国。贞观五年，有传法穆护何禄，将祆教诣阙闻奏。③

《僧史略》关于该教起源波斯，其创立者的粟特语音译名"苏鲁支"及其传教法师穆护于唐初来中国的记载无疑十分准确，那么我们是不是也要定性《僧史略》是火祆教经典呢？

张广达先生在为马小鹤《霞浦文书研究》作序时就已指出："伴随科仪文书，人们也检获《乐山堂神记》等与明教遗址或墓葬有关的文献，还有柏洋乡上万村《孙氏宗谱》等族谱，以及从《明门初传请本师》等传教世系和族谱中辑出的宋元以来当地传承明教的重要人物或圣化角色的数据。……所谓霞浦文书，是一批内涵驳杂、数量

① 杨富学：《霞浦摩尼教研究》，第 26—27 页。

② 杨富学：《霞浦摩尼教研究》，第 27 页。

③ （宋）赞宁：《大宋僧史略》，日本大正新修《大藏经》第 54 卷，No. 2126，财团法人佛陀教育基金会出版部 1990 年版，第 253 页中。

可观的民间宗教文书群的统称。”[①] 尽管该等文字正式发表于数年前，仍不失为今日学人认识霞浦抄本属性的重要指南。随着研究的深入，学界有关霞浦抄本与敦煌文献关系的思考越发严谨认真，“霞浦文书作为田野调查所获，实不能与敦煌吐鲁番出洞之珍或出土之珍相匹，然其作为口耳相传已久之物亦当自有其价值”[②]。“关于霞浦文书的断代，我们必须分清三个不同的年代。一个是抄写的年代，现存霞浦文书都是清抄本或民国抄本。另一个是其原始资料的年代，大段音译文字、《下部赞》的诗句、类似《摩尼光佛教法仪略》的摩尼生平故事等资料，均出自唐代摩尼教盛行的时代。第三个年代，乃文书编纂的年代，介乎于原始资料与抄写年代之间。抄本编纂年代的涵义，与刻本的刻印年代不同，与敦煌藏经洞遗书的编纂年代也不同。刻本一旦刻印，基本不会改动。敦煌遗书一入藏经洞，即不大会改动。但民间传抄的霞浦文书，则历代抄写者可能增删、改动、抄错。因此不宜依据个别字句，而宜根据其基本结构来断定文书的编纂年代。”[③] 说明不可将霞浦抄本视作单一文本，用某一种宗教来简单概括，必须正视这批文献宗教多元化的事实：“霞浦文书无疑具有相当丰富的摩尼教思想和制度方面的因素，但是，把霞浦文书直接等于摩尼教，则失之于简单化。就目前掌握的部分材料看，霞浦文书中包含的佛教、道教的因素也非常多。屏南文书与霞浦文书类似，在崇拜的万神殿里，都有着非常混杂、驳杂的神祇系统，摩尼光佛与释迦文佛、玉皇大帝、苏鲁支（即琐罗亚斯德）、夷数（即耶稣弥赛亚）在法事活动设计中每每联袂登场。”[④] “将霞浦文书、屏南文书中的‘道教’、‘我等瑜伽’这些线索合并观察，足以引发人们深入探讨的兴味。在承认闽地

① 张广达：《马小鹤〈霞浦文书研究〉序》，兰州大学出版社 2014 年版，第 1 页。

② 盖佳择、杨富学：《霞浦摩尼教历史文化研究述评》，《丝绸之路》2020 年第 1 期，第 33 页。

③ 马小鹤：《福建霞浦县明教遗迹概述》，《天禄论丛——中国研究图书馆员学会学刊》第 10 卷，2020 年 3 月，第 38—39 页。

④ 王丁：《摩尼教与霞浦文书、屏南文书的新发现》，《中山大学学报》（社会科学版）2018 年第 5 期，第 117 页。

存在摩尼教信仰组织、摩尼教在民间享有很高的接受度这一事实的前提下，综合考察其他宗教因素，特别关注当地明门明流教派的自我认同，注意不同文本的个性化特点，是探讨摩尼教与霞浦文书、屏南文书的真正关系所应采取的途径。”① 近年来，学者借用佛教礼忏文的格式来重新思考《摩尼光佛》科册的文本结构，② 实际上表明有关霞浦抄本的研究正一步步接近历史的真相，但仍未有穷期。

① 王丁：《摩尼教与霞浦文书、屏南文书的新发现》，《中山大学学报》（社会科学版）2018 年第 5 期，第 118 页。

② 汪娟、马小鹤：《霞浦文书〈摩尼光佛〉科册重订本》，《敦煌学》第 37 期，2021 年 8 月，第 1—50 页。

下　　编

陈垣摩尼教研究探析

陈垣先生是一代史学大师，对其在历史文献学、元史、宗教史等领域的贡献，学者们研究很多。对于他的摩尼教研究，[①] 陈寅恪先生曾赞“其书精博，世皆读而知之矣”[②]。近人也多有论述，如芦苇从中外关系史角度去评价，[③] 还有许多学者则把其置入宗教史研究的范围加以论述。[④] 也有将其作为专题研究的，如李葱葱《试谈陈垣先生〈摩尼教入中国考〉的学术价值》，[⑤] 比较全面地介绍了陈文的学术价值。林悟殊先生则把陈文和冯承钧翻译、沙畹与伯希和撰的《摩尼教流行中国考》称为摩尼教入华传播史研究的奠基性著作，并在自己的著作《摩尼教及其东渐》中充分吸收并详加修订了陈文的很多论点。[⑥] 另外一些学术史的著作因写作角度而介绍泛泛，此不赘述。

---

① 陈垣先生的摩尼教研究主要有《摩尼教入中国考》，北京大学《国学季刊》第1卷第2号，1923年4月，此据1934年修订本，载《陈垣学术论文集》第1集，中华书局1980年版，第329—397页。

② 陈寅恪：《陈垣敦煌劫余录序》，《金明馆丛稿二编》，上海古籍出版社1982年版，第236页。

③ 芦苇：《我国中外关系史研究的开拓者》，《陈垣教授诞生百一十周年纪念文集》，暨南大学出版社1994年版，第89—96页，文章简单介绍陈文与王国维、沙畹、伯希和文相比，不仅毫不逊色，并具有新的特色，惜未展开。

④ 周少川：《陈垣：20世纪的历史考据大师》，《历史教学》2000年第1期，第14—17页；郑世刚：《陈垣的宗教史研究》，《陈垣教授诞生百一十周年纪念文集》，第132—142页。

⑤ 李葱葱：《试谈陈垣先生〈摩尼教入中国考〉的学术价值》，《纪念陈垣校长诞生110周年学术论文集》，北京师范大学出版社1990年版，第205—211页。此文集还收入包敬第《二位陈夫子与敦煌学》，从敦煌学角度来评价，惜过于简单，第72—75页。

⑥ 林悟殊：《摩尼教及其东渐》，中华书局1987年版。

综上所述可以看出，前辈学者们已比较充分地论述了陈垣先生摩尼教研究的学术价值，但多侧重于摩尼教或宗教史研究本身。而笔者自忖于此学力未逮，且无重复之必要，因此拟在前人研究的基础上，以陈垣先生摩尼教研究为个案，从近代中国学术演变的角度去审视其时代与学术意义，以便更深刻地认识作为学者和历史人物的陈垣先生。并进而认识近代学术嬗变的艰难和学人选择的自觉。

中国近代学术由于内在变化和外在影响，出现了四裔偏向："表现之一，研究领域偏重边疆史地及中外交通。表现之二，胡适倡导的整理国故和傅斯年主张的史料学，不仅有欧美学术背景，还有欧洲汉学的影子。表现之三，释古及社会性质论战，都有以中国史实填充外来系统之嫌。这三方面现象，实有内在逻辑联系。"① 其核心，从某种意义上则可归纳为协调"西潮"与"古学"的难题，本文就是在上述时代与学术背景下来把握的。

一　专题选择与研究旨趣

摩尼教是公元3世纪中叶波斯人摩尼（Mani，216—277?）所创立的一门宗教。在其创立之初，教徒便自觉遵循教主摩尼的世界宗教思想，② 自觉地、有计划地进行东西传教。因此虽然其在波斯本土受到迫害，早已灭绝，但在中国和非洲等地留下了丰富的资料。"现代意义上的摩尼教研究，即作为一个独立领域，或独立学科的摩尼教研究，实发端于20世纪初吐鲁番考古的大发现。"③ 1904年，当德国第一次吐鲁番探险队的收集品运抵柏林后不久，缪勒（F. W. K. Müller）

---

① 桑兵：《国学与汉学——近代中外学界交往录》，浙江人民出版社1999年版，第22—23页。

② 林悟殊：《摩尼教及其东渐》，第35、36、44页。

③ 林悟殊：《摩尼教研究之展望》，原载台北《新史学》第7卷第1期，1996年，今据王元化主编《学术集林》卷一四，上海远东出版社1998年版，第335页。

就发表了关于摩尼教残片的调查报告，宣告了摩尼教研究新纪元的开始。[①] 此后，随着吐鲁番敦煌各种摩尼教文献的出土，掀起了世界范围的摩尼教研究热潮。蒋斧《摩尼教流行中国考略》是第一篇讨论摩尼教入华的文章，对史料和敦煌文书的记载做了初步整理，功不可没。[②] 沙畹（Ed. Chavannes）与伯希和（P. Pelliot）合撰之《中国发现之摩尼教经典》收集了大量汉文典籍中的材料，加上新发现的敦煌文书，系统地考述了摩尼教在唐宋时的流行与遭际。[③] 王国维《摩尼教流行中国考》在沙畹、伯希和文的基础上，补充了一些晚唐和宋元文献材料，提出会昌诏毁摩尼教后，福建等地仍有摩尼教徒。[④] 日本学者石田干之助发表《敦煌发见〈摩尼光佛教法仪略〉中的若干词语》，对敦煌本《摩尼光佛教法仪略》进行了专题研究。[⑤] 总的说来，虽然中国学者蒋斧第一个研究摩尼教入华史，但不可否认，外国学者的入华摩尼教研究已经走在了国人的前面，这也是20世纪初域外汉学超越和制导本土研究趋势的一个缩影。此处，笔者并不想空叹“学术伤心史”，因为陈垣先生就是在这一“外人善谈中国之四裔”的学术背景下有意识地进行摩尼教研究的，了解了这一点，才能理解历史的真实。

同时，学术的发展又有它内在的理路，清末民初，学术演变，如梁启超所说，正统考据学多已被前人做尽，“其时最流行的有几种学

---

① F. W. K. Müller, *Handschriften-Reste in Estrangelo-Schrift aus Turtan*, *Chinesisch-Turkistan*, Abhandlungen der Konigl preussischen Akademie der Wissenschaften. Jahrg. 1904, Verlag der Königlichen Akademie der Wissenschaften, 1904. 见林悟殊《摩尼教及其东渐》，第2、9页。

② 载《敦煌石室遗书》，1909年。

③ Ed. Chavannes et P. Pelliot, “Un traité manichéen retrouvé en Chine”, *Journal Asiatique*, 1911, pp. 499 - 617; 1913, pp. 99 - 199, 261 - 394. 冯承钧节译为《摩尼教流行中国考》，商务印书馆1931年单行本，此据冯承钧翻译《西域南海史地考证译丛八编》，中华书局1958年版，第43—100页。

④ 《亚洲学术杂志》11，1921年；收入《观堂别集》，见《观堂集林》4，中华书局1959年版，第1167—1190页。

⑤ 石田幹之助：《敦煌發現〈摩尼光佛教法儀略〉に見えたる二三の言語就いて》，載《白鳥博士還曆記念東洋史論叢》，東京：岩波書店1925年版，第157—172頁。林悟殊：《摩尼教及其东渐》，第327—328页。

问：一、金石学；二、元史及西北地理学；三、诸子学”[1]。其实这种变化，一方面是传统学术的自然发展，同时也是近代中国内忧外患的刺激。陈垣先生的摩尼教研究如果放在他的整个研究领域中考虑，则无疑是近代中国学术嬗变的良好例证，只是它又多了一层本土学术回应“四裔偏向”的意义。如果从其研究旨趣来考虑，则更加明了。

陈垣先生的摩尼教研究，并非侧重于其教义和宗教哲学思想，而是重在摩尼教在中国的盛衰史及其和政治、文化的关系，这一点已被大家承认。[2] 他的名作《摩尼教入中国考》，向我们描述了摩尼教的产生、入华、发展和演变的历史。同时，他又有意识地把摩尼教入华史放在整个中国历史的大背景中去考虑，发见其与中国政治、社会文化之关系。

“宗教无国界。宗教与政治，本分两途。然有时因传教之利便，及传教士国籍之关系，不得不与政治为缘；于是宗教之盛衰……确与回鹘有关。会昌初回鹘败于黠戛斯，摩尼教徒，遂大受其影响。”[3] 虽然唐朝的少数民族政策并不是摩尼教盛衰中国的简单原因，但不可否认正是由于安史之乱中回纥两次出兵助唐有功（753、762 年），才会有“大历三年，敕回纥奉末尼者，建大云光明寺”，“大历六年，回纥请于荆、扬、洪、越等州，置大云光明寺，其徒白衣白冠”。摩尼教对唐以后下层社会的影响，其典型事例便是宋代文献上关于吃菜事魔的记载，它与摩尼教到底有何关系，颇有争论。陈垣先生考证道：“宋人所指之吃菜事魔，是否为摩尼教，抑包含白莲、白云在内，今不可知。然此等儒释道以外之教，教外人每并为一谈，如《僧史略》之于唐代大秦、摩尼、火祆，《释门正统》之于宋代摩尼、白莲、白云是也。《释门正统》卷四有斥伪志。所谓伪，即当时盛行之摩尼、白莲、白云也。摩尼本素食，摩又音与魔同，

---

① 梁启超：《中国近三百年学术史》，东方出版社 1996 年版，第 34 页。

② 见前揭芦苇、李葱葱、郑世刚文。并见朱仲玉《陈垣先生在史学上的重要贡献》，刘乃和《陈援庵老师的教学、治学及其他》，分别见《纪念陈垣校长诞生 110 周年学术论文集》，第 80、221 页。

③ 陈垣：《摩尼教入中国考》第九章。

目事摩尼者为事魔，想亦当时之恶谥。”[①] 从中我们知道，不能简单地把摩尼教和吃菜事魔及其他农民起义混为一谈，但很多起义受摩尼教影响确是显而易见，也正是缘于此，才会有陆游请防隐患之对。陈垣先生主要是为了论证“终宋之世，摩尼实未尝少息”。“南宋时，福建摩尼教特盛。”[②] 但从中我们仍可以体会到摩尼教对上层统治者、士绅及对下层百姓的不同影响。

一部摩尼教入华史也是摩尼教与儒释道相互影响、相互渗透的历史。20世纪初，法国学者伯希和在敦煌发现的《老子化胡经》残卷第一卷中有老子化摩尼的经文，陈垣先生力排众说，证明其增修时间是在天宝而后，并把它作为摩尼有“可慕之势”“唐道家依托摩尼教”的根据，[③] 虽然未必如他所说，但毫无疑问，摩尼教已卷入了佛道之争，以至于《老子化胡经》才会借助摩尼来加强自己经典的力量，以和佛教抗争。[④] 至于宋代，由于摩尼教日衰反而依托道家《化胡经》以求自存，不仅反映出摩尼教仍受政治制约，也反映出摩尼教的华化倾向，[⑤] 这符合古代宗教互相渗透、互相吸收、互相混杂、互相利用的传播规律。南宋高僧志磐撰

---

① 陈垣：《摩尼教入中国考》第十四章，虽然先生未下结论，然这正是先生严谨之处。直到日本学者竺沙雅章、我国陈高华、林悟殊先生详加论证，才进一步澄清了许多人的看法。见［日］竺沙雅章《关于吃菜事魔》，《日本学者研究中国史论著选译》（七），中华书局1993年版，第361—385页；陈高华《摩尼教与吃菜事魔》，《中国农民战争史论丛》第4辑，河南人民出版社，第98页：林悟殊《摩尼教及其东渐》，第135—144页。

② 陈垣：《摩尼教入中国考》第十四章。

③ 关于《老子化胡经》的研究，可参见刘屹《敦煌十卷本〈老子化胡经〉残卷新探》，《唐研究》第2卷，北京大学出版社1996年版，第101—120页；林悟殊《〈老子化胡经〉与摩尼教》，载林悟殊《摩尼教及其东渐》，第78—86页。

④ 林悟殊：《摩尼教及其东渐》，第78—85页。

⑤ 关于摩尼教华化问题的研究，有王见川《从摩尼教到明教》（台北新文丰出版公司1992年版）、林悟殊《宋元时代中国东南治海的寺院式摩尼教》（载林悟殊《摩尼教及其东渐》，第145—158页）、《从福建明教遗迹看波斯摩尼教之华化》（［德］克里木凯特《古代摩尼教艺术》，林悟殊翻译增订，台北淑馨出版社1995年版）等论著。但刘南强（S. N. C. Lieu, *Manichaeism in the Later Roman Empire and Medieval China*, 2. edition, revised and expanded, Tübingen: J. C. B. Mohr, 1992）和翁拙瑞（P. Bryder, *The Chinese Transformation of Manichaeism: A Study of Chinese Manichaean Terminology*, Bokförlaget Plus Ultra, 1985）则利用西方学者解读吐鲁番伊朗语摩尼教文献的研究成果，重新解释汉译摩尼教文献的术语，对传统所说的摩尼教华化问题表示异议。关于摩尼教华化问题进一步研究的可能，则参见林悟殊《摩尼教研究之展望》。

《佛祖统纪》，评摩尼教曰："此魔教邪法，愚民易于渐染。""末尼既是邪见，朝廷便须禁止……邪以传邪，适足为佛法之混滥。"后人也指出佛教与摩尼教之间存在着相互排斥的矛盾，但在摩尼教东传直至入华的过程中确是吸收了不少的佛教成果的，这在几部汉文摩尼教经典中表现得尤为突出。庆元元年（1195）沈继祖劾朱熹，谓其剽窃张载、程颐之余论，寓以吃菜事魔之妖术，则宋儒理欲二元之说，实与摩尼教旨有关。无论这条记载是否属实，摩尼教对中国士大夫的影响是确定无疑了。如先生所说："则南宋摩尼教信者，固多智识阶级之人也。"① 其实，正是摩尼教在入华的过程中考虑了自身与中国社会的现实，才会有相当长时间的繁荣，但也由于现实不以摩尼教的意志为转移，它才会屡遭禁断。然而这并不影响我们去认识一个外来宗教与中华文化相互影响的过程。

由此可见，在他的意识里，宗教史"恒与历朝史事有关"②，应为史学研究的有机组成部分，摩尼教传入中国的历史是中国历史发展的一环。《摩尼教入中国考》虽不是中国学者研究此专题的开山之作，却是奠基之作，这在前文已述及。虽然其主要看法与沙畹、伯希和文相同，但有关宋代摩尼教部分，利用了新发现的《闽书》的记载；修订本中又增入胡适提供的《崇寿宫记》的记载，③ 加之其文发表时，沙畹、伯希和文尚未译成中文，因而在国内影响更大。④ 如果从他的整个宗教史研究来考虑，则意义更为显著。从 1917 年发表《元也里可温考》开始，他相继写成"古教四考"⑤，选择研究外来宗教流传中国的历史，表明他对"四裔偏向"的积极回应，郑天挺、牟润孙、翁独健先生都曾回忆到陈垣先生誓把汉学中心从巴黎、东京夺回北京的决心。⑥ 而遵循宗教史"恒

① 陈垣：《摩尼教入中国考》第十四章。

② 陈垣：《中国佛教史籍概论》，上海书店出版社 1999 年版，第 1 页。

③ 陈智超编注：《陈垣来往书信集》，上海古籍出版社 1990 年版，第 173 页。

④ 冯承钧译：《西域南海史地考证译丛八编》，第 44 页。

⑤ 即《元也里可温考》《开封一赐乐业教考》《火祆教入中国考》《摩尼教入中国考》。

⑥ 郑天挺：《回忆陈援庵先生四事》，载《陈垣校长诞生百年纪念文集》，北京师范大学 1980 年版，第 12 页；牟润孙：《励耘书屋问学回忆》，载《陈垣校长诞生百年纪念文集》，第 30 页。

与历朝史事有关”的原则，则表明其“本土回应”的鲜明宗旨。这大概是当时有学术良心的学人的共同选择，只是认识问题的方法和角度有所不同。在挑战与回应中，陈垣先生并不是一味趋时或追求预流，这表现在其论证方法的科学与严密上。

二　双重论证与求真求实

20 世纪前半期，我国的考古发掘影响了历史研究方法的巨大变化。其中王国维的“古史二重证据法”很有代表性。陈寅恪先生概括道：“其学术内容及治学方法，殆可举三目以概括之者。一曰取地下之实物与纸上之遗文互相释证。二曰取异族之故书与吾国之旧籍互相补证。三曰取外来之观念，与固有之材料互相参证。……此三类之著作，其学术性质固有异同，所用方法亦不尽符会，要皆足以转移一时之风气，而示来者以轨则。吾国他日文史考据之学，范围纵广，途径众多，恐亦无以远出三类之外。”① 虽然陈垣先生的摩尼教研究与此不尽相类，但却能体现出这种“二重证据”的共性与特殊，所以本节拟从“二重证据”的脉络去把握。

陈垣先生积极利用了上文提到的考古成果。虽然他并非侧重于摩尼教的教义，但在论述的过程中，却时时参考摩尼教的教义及其他特点，去解决汉文的疑惑。摩尼教何时传入中国，是许多学者所关心的问题。陈垣先生依据京师图书馆所藏之摩尼教经中有关“明暗之旨”，及“拂多诞”之名，而断言《佛祖统纪》卷三九“延载元年，波斯国人拂多诞持二宗经伪教来朝”，所记载的伪教为摩尼教，《二宗经》疑为京师图书馆之摩尼教经，拂多诞非人名，乃教中师僧之一种职名，位在幕阇之次者也。这些分析，目的在于论证“摩尼教之始通中国，以现在所见，莫先于《佛祖统纪》所载之唐

① 陈寅恪：《王静安先生遗书序》，《金明馆丛稿二编》，上海古籍出版社 1982 年版，第 219 页。

武后延载元年"[1]。不管其论证是否充分，他主动利用敦煌出土文书与汉文史料相释证，并且论证严密却是值得充分肯定与学习的。另据京师图书馆所藏摩尼教经残卷，陈垣先生指出"摩尼教治己极严，待人极恕，自奉极约，用财极公，不失为一道德宗教"。所以其"本非密教"，"其所以能深入人心，亘六七百年而不坠者，亦自有故"[2]。这有助于认识摩尼教深受下层民众欢迎的原因。而且他还利用胡适于民国十六年从欧洲带回的两部摩尼教汉文经典《摩尼光佛教法仪略》《下部赞》与《闽书》等相印证，进一步论证"摩尼生卒年代、摩尼教始通中国、摩尼教寺始建年代"，虽未下结论，却给后人研究留下了广阔的学术空间。[3]

陈垣先生也积极地以能力所及"取异族之故书与吾国之旧籍互相补证"。他利用广学会出版亚古斯丁《忏悔录》译摩尼教为阴阳教，译天文为星学，同《册府元龟》卷九七一载"吐火罗国献天文人大慕阇"，《旧唐书》卷一三、《唐会要》卷四九载"阴阳人法术祈雨""摩尼师祈雨"相印证，虽然我们无从确定摩尼师与阴阳人为同一人，但这却给我们提供了探讨唐代摩尼教流行原因的又一角度。[4] 他还根据日本明治四十二年《史学杂志》第二十编第八号所载独逸人鲁哥克（即德国探险家勒柯克）《土耳其斯坦纪行》，与《挥麈前录》

---

① 陈垣：《摩尼教入中国考》第十五、三章。蒋斧、罗振玉、张星烺先生均不同意此说。蒋文见《敦煌石室遗书》，罗文见《雪堂校刊群书叙录》卷下，第43、45页。日本学者重松俊章、澳洲大学柳存仁先生、我国林悟殊先生更进一步加以论证，最后林先生指出"延载元年拂多诞来朝只是标志着摩尼教在中国得到官方承认，开始公开传播而已"。三人文章见重松俊章《唐宋时代的末尼教与魔教问题》，《史渊》12（1936），第97—100页；柳存仁《唐代以前拜火教摩尼教在中国之遗痕》，《和风堂文集》（上），上海古籍出版社1993年版，第495—554页；林悟殊《摩尼教入华年代质疑》，《摩尼教及其东渐》，第46—63页。

② 陈垣：《摩尼教入中国考》第十六章，另见林悟殊《摩尼教及其东渐》，第111—119页。

③ 陈垣：《摩尼教入中国考》第十五章。

④ 岑仲勉先生考证道："余按元龟一四四云，以久旱另阴阳人术士陈混常、吕广顺及摩尼师法术祈雨，则阴阳人与摩尼师显分两途，旧书、会要各取其一节耳。"见《唐史余审》，中华书局1960年版，第131页。关于摩尼教盛衰唐代的原因，详见林悟殊《唐代三夷教政策论略》，《唐研究》第4卷，1998年，第1—14页。

相印证，以佐证会昌灭法之后，中国内地仍有摩尼教徒，[①] 根据日本僧圆仁《入唐求法巡礼行记》的记载与日本《藏经》《续藏经》本《僧史略》及其他典籍相印证，尽量勾勒唐季摩尼受迫害的情况。[②]

以上所述，都能看出陈垣先生取用新材料，研究新问题的“二重论证”的特色。陈垣的学术出于清代朴学的传统，在考据方面功夫尤深，是版本目录学领域的大师，同时他又了解朴学的弊病，“清代经生，囿于小学，疏于史事”[③]。正是如此，陈垣先生在传承与超越传统考据学上成就卓著，我们姑妄把这一特点理解为另一种意义上的“双重论证”吧。

汉文关于摩尼教的记载是比较零散且不成系统的，这就为研究者造成了许多不便。陈垣先生在收集这些文献资料上是不遗余力的，同时他又不是简单地把这些材料叠加在一起，而是经过严格的取舍，认真地比较与综合，从中得出比较令人信服的结论。这凝聚了他的历史文献学研究的非凡造诣。为了论证《闽书》所记元明时代摩尼教状况的准确性，他指出：“《闽书》著于明万历末年，以其人非佛教徒，故其言独持平而无贬语，且于摩尼生卒及流传中国年代，言之甚详，为前此载籍所未有，而元明两朝摩尼之状况，亦因此可略见一斑。”[④] 20 世纪 50 年代，吴文良先生找到《闽书》所记的泉州华表山摩尼教草庵遗址，使我们获得了元明时代东南沿海摩尼教流行的考古实证。[⑤] 如果关于同一史事的记载出现在不同版本中，陈垣先生就会选择比较好的版本，同时把其他版本列在其后。如关于毋乙之乱的记载，作者引用《新五代史》《旧五代史》《僧史略》《释门正统》的有关记载加以佐证：“《僧史略》撰于北宋太平兴国年间（980 年），与薛史同时，去朱梁之世，不过六十年。其词与薛史大同，当同所本。《释门

---

① 陈垣：《摩尼教入中国考》第十一章。

② 陈垣：《摩尼教入中国考》第九章。

③ 蔡尚思：《陈垣同志的学术贡献》，《陈垣校长诞生百年纪念文集》，北京师范大学 1980 年版，第 12 页。

④ 陈垣：《摩尼教入中国考》第十五章。

⑤ 参见吴文良《泉州宗教石刻》，科学出版社 1957 年版，第 44—45 页。

正统》谓赞宁生于梁贞明五年，是毋乙之反，在赞宁既生以后。曰'后唐石晋，时复潜兴'，自石晋至北宋初，直三四十年耳。以三四十年闻见之近，谓为末尼，必有所据。即使非末尼，而佛教徒诬之为末尼，或革命党假托于末尼，皆可见当时末尼之势力。"① 通过对这种"个性不一定真实，而通性真实"的史料进行分析，我们仍可见五代时摩尼盛行的状况。为了论证摩尼之有法堂自大历三年（768）始，作者引用了《僧史略》卷下，《佛祖统纪》卷四一的不同程度的记载，得出大历三年回纥建寺以奉摩尼。又根据《续高僧传》《两京新记》考镜源流，指出隋时中土已有摩尼寺为谬说。并据《国史补》进一步论述京师建摩尼寺之原因。② 陈垣在论述某一史实时，往往要采用各家所记加以互证，同时又利用他本所载追本溯源，辨证史实，从而使自己立论于坚实的史料分析。

在具体分析中，陈垣先生综合运用了版本学、辨伪学、年代学等多种方法。对于《国史补》《佛祖统纪》《通鉴》中关于摩尼"其法日晚乃食，敬水而茹荤，不饮乳酪"的记载加以校勘辨伪，从而认为"摩尼斋食，不茹荤，日茹荤者，非伪字，即脱字"③。为了辨别伯氏所发现的《化胡经》的真伪，他指出："第一所述西域八十余国中，多隋以后始至国。更有大食国者，唐永徽二年（651）始见于史，唐以前未闻有此国名。可断定此本为唐以后伪作，实非王浮之旧。"同时他又不是单纯地辨别版本，而是进而指出版本流传背后的历史真相："晋时佛法盛，故《化胡经》托于佛，唐时摩尼教盛，故《化胡经》复托于摩尼。"④ 不管结论是否正确，这种方法却是颇有借鉴意义的。

由于资料上的局限，要复原摩尼教入中国的历史是很困难的。同时由于"私家纂述流于诬妄，官修之书，多所讳饰"的内在缺陷，

---

① 陈垣：《摩尼教入中国考》第十章。

② 陈垣：《摩尼教入中国考》第九章。

③ 陈垣：《摩尼教入中国考》第五章。

④ 陈垣：《摩尼教入中国考》第七章。

必须对各种文献材料详辨而慎取，才能“庶几得其真相”，陈垣先生于此是努力实践的，同时因文献资料匮阙或可靠性有怀疑以及摩尼教本身的特点，又必须充分利用考古所发现的资料。从学术的角度看，陈垣先生的双重论证又使我们更加准确地认识文献材料和考古材料的关系，陈寅恪先生的表述比较精当：“自昔长于金石之学者，必为深研经史之人，非通经无以释金文，非治史无以证石刻。群经诸史，乃古史材料多数之所汇集。金文石刻则其少数脱离之片段，未有了解多数汇集之资料，而能考释少数脱离之片段不误者。”[①] 同样的，不深刻了解中国历史，便不能准确把握考古资料的记载。治摩尼教史大成者如沙畹、伯希和，近人森安孝夫等，都能体现“双重论证”的特色。[②] 虽然国别不同，但治学方法却殊途同归，只有尊重学术发展的内在规律，才能在学术上有所创获。清代考据学正统与欧洲近代科学主义暗合，深谙朴学弊端的陈垣，在超越传统与回应西学方面，自然能得心应手了。

“二重证据”一方面反映了传统学术的内在超越，另一方面也是西方学术思潮影响的结果；同时又和考古材料的新发现密不可分，而背后的动因则可归于西方殖民势力的步步东进。不过，虽然现象很复杂，从学术上讲，古学与西学的冲突与调和确是关键。因此，如何选择成为学界的首要任务。如果说晚清那些学者，如梁启超、胡适、章太炎等人热衷于梳理学术史，“从开天辟地一直说到眼皮底下，大概是意识到学术嬗变的契机，希望借‘辨章学术，考镜源流’来获得方向感，解决自身的困惑”[③]，那么陈垣先生的宗教史研究，诚如陈寅恪所说：“近二十年来，国人内感民族文化之衰颓，外受世界思潮之激荡，其论史之作，渐能脱除清代经师之旧染，有以合于今日史学

① 陈寅恪：《杨树达积微居金石论丛续稿序》，《金明馆丛稿二编》，第 230 页。

② 参见冯承钧译《西域南海史地考证译丛八编》，第 43—100 页；荣新江《森安孝夫著〈回鹘摩尼教之研究〉评介》，《西域研究》1994 年第 1 期，第 99—103 页；林悟殊《摩尼教研究之展望》，《学术集林》，第 345 页。

③ 陈平原：《中国现代学术之建立》，北京大学出版社 1998 年版，第 1—2 页。

之真谛，而新会陈援庵先生之书，尤为中外学人所推服。”[1] 当梁、胡、章等“国学大师”努力在观念上解决自身和国人的困惑时，陈垣先生却以实际行动接受时代的洗礼了。在欧风美雨的影响下，胡适倡导国故整理，傅斯年主张史料学，表达了中国学人的积极回应，但学术界仍有“由研究领域偏至四裔进而一味使用外来方法，反而有令固有文化失真的危险”[2]。因而陈垣先生的摩尼教研究又多了一层矫正时弊、指示轨则的意义。

三　成一家之言与通识

《摩尼教入中国考》大体按编年论述史事的同时，又注意深入研究专题。以第十六章为例，作者深入地论述了摩尼教的特点，“治己极严，待人极恕，自奉极约，用财极公，不失为一道德宗教”。所以其“能深入人心，亘六七百年而不坠者，亦自有故”。进而指出：“然吃菜事魔，未必尽摩尼，适其时摩尼正盛，世人不察，遂视与草窃同科，而摩尼祖张角之谬说出矣。……所谓吃菜事魔者，果不尽摩尼，而摩尼实受当时诸秘密教派之株累。”“如以五代时毋乙之反为例，则五代时政治之纷乱，岂能禁人革命？至于沙门为行弗谨，反遭其讥，可知当时沙门，其操行尚不如摩尼教徒之谨，不啻自暴其丑也。”“南宋士夫既以摩尼与方腊混。南宋释子又以摩尼与白云、白莲诸教相提，目为邪党。自是而后，政府严加禁止，典籍上罕见有末尼教之名。摩尼只得秘密传教。”[3] 其实，构成本文的其他各章也都是深入的专题研究，各专题研究，大体按时间排序，又构成一个不可分割的整体。从整体来看，该篇并没有试图构筑什么完整的体系。因为囿于资料，许多研究还不成熟。因此根据现有的资料，尽可能地去进行“窄而深”的专题研究，对于深化我们的认识，从整体上把握

---

① 陈寅恪：《陈垣元西域人华化考序》，《金明馆丛稿二编》，第236页。

② 桑兵：《国学与汉学——近代中外学界交往录》，第23页。

③ 陈垣：《摩尼教入中国考》第十六章。

摩尼教东西传播的历史都是大有好处的。正如蔡鸿生先生在谈到自己把狮子和猧子作为中西文化交流的镜子来研究时，曾指出："事实上，'窄而深'是另一种方式的智力操练，与治鸡毛蒜皮之学毫不相干。"① 因此，我们所说的陈垣先生的"成一家之言"绝不是炮制了什么鸿篇巨制，或者提出了什么新颖的理论，而是他发挥自己的研究优势，以独特的撰述体例，向我们描述了一部摩尼教入华简史。

学者们对陈垣先生历史考证学的贡献是推崇备至的，虽然他主要以考证某一具体事物的本来面目为最终目的，却并不止于此。对宗教与民族、宗教之间关系的论述，反映了他作为历史学家的通识。陈垣先生认为宗教与民族有密切关系，宗教的盛衰由于内因而不由于外因。所以极力提倡信教自由。"况隋唐以来，外来宗教如火祆、摩尼、回回，也里可温之属，皆尝盛极一时，其或衰灭，亦其教本身之不振，非人力有以摧残之。吾国民族不一，信仰各殊，教争虽微，牵涉民族，则足以动摇国本，谋国者岂可不顾虑及此。"② 他还常常对比同一宗教或不同宗教的不同遭遇，"是时，东方佛教徒既毁摩尼为邪党，而西方罗马会适以是时用兵力痛剿其人，抑何巧耶？"③ "陆游之论明教，抑何与纪昀等之论天主教同也？此中国儒者习气也。"④ 为了辨别古人对于摩尼、祆、景三夷教的混同，他把三者对比论述，澄清事实，更颇多胜意。⑤

摩尼教研究，作为一门独立学科，自然有其特定的内涵，林悟殊先生概括为：基础研究、纵深研究、比较研究、综合研究。⑥ 陈垣先

① 蔡鸿生：《我和唐代蕃胡研究》，载张世林编《学林春秋》三编上册，朝华出版社1999年版，第251—252页。

② 《通鉴胡注表微·释老篇第十八》，《陈垣史学论著选》，上海人民出版社1981年版，第535页。

③ 陈垣：《摩尼教入中国考》第一、十三、十六章。

④ 陈垣：《摩尼教入中国考》第十四章。

⑤ 陈垣：《火祆教入中国考》第九、十一章，《陈垣学术论文集》第1集，第303—328页。

⑥ 林悟殊：《摩尼教研究之展望》，《学术集林》，第335—336页。

生的摩尼教研究实已涵盖了这四个方面。[①] 毫无疑问，陈垣先生以自己的努力，建立了独具特色的入华摩尼教研究流派，“严格言之，中国乙部之中，几无完善之宗教史；然其有之，实自近岁新会陈援庵先生之著述始”[②]。

以上分析，皆可见陈垣先生在“四裔偏向”与“本土回应”的学术背景下所具有的中西会通的学术视野。经过晚清以来的西学东渐与旧学新知，再加上新文化运动的洗礼，中国的学术界已基本确立了新的学术范式：“走出经学时代、颠覆儒学中心主义、标举启蒙主义、提倡科学方法、学术分途发展、中西融会贯通等。”[③] 然而，协调“西潮”与“古学”，仍是一个突出难题。如何避免以中国史实填充外来系统的弊端，是学界的重要任务。和那些因中体动摇而自毁体系或对西学批判能力日益减弱而无所适从之士相比，陈垣先生的研究可谓“实至名归”“亦精亦博，亦高亦厚”了。[④] 其时代与学术意义可借助陈寅恪先生的论断来理解：“一时代之学术，必有其新材料与新问题。取用此新材料以研求问题，则为此时代学术之新潮流。治学之士，得预于此潮流者，谓之预流（借用佛家初果之名）。其未得预者，谓之未入流。此古今学术史之通义，非彼闭门造车之徒，所能同喻者也。敦煌学者，今日世界学术之新潮流也。……吾国敦煌学著作，转之他国较少者，固因国人治学，罕具通识，然亦未始非以敦煌所出经典，涵括至广……往岁陈援庵先生垣，尝取敦煌所出摩尼教经。以考证宗教史。其书精博，世皆读而知之矣。”[⑤]

把陈著同沙畹、伯希和文相比，有助于我们把握认识上的客观性：“吾国研究摩尼教之书，有陈君援庵之《摩尼教入中国考》。其

---

① 林悟殊：《书评：*The Manichaean Hymn Cycles Huyadag man and Angad Rosnanin Parthian and Sogdian*》，《敦煌吐鲁番研究》第2卷，北京大学出版社1997年版，第379—380页；前揭《摩尼教研究之展望》都从比较研究的角度说明了中国学者取得突破的可能性。

② 陈寅恪：《陈垣明季滇黔佛教考序》，《金明馆丛稿二编》，第240页。

③ 陈平原：《中国现代学术之建立》，第9页。

④ 《陈垣来往书信集》，第409—410页。

⑤ 陈寅恪：《陈垣敦煌劫余录序》，《金明馆丛稿二编》，第236页。

搜集材料，用力颇勤，以之与沙畹、伯希和二氏所辑之汉文材料相对照，亦多相类。二氏之疏解摩尼教残经，固在陈君之前（1911—1913年《亚洲报》）。然予敢信陈君二氏之文……顾其成绩之相类，与1912年日本学者羽田亨在《东洋学报》研究波斯教经，得与沙畹、伯希和二氏相类之成绩无异。可见用科学方法研究者，终不难殊途而同归也。惟比较陈君与沙畹、伯希和二氏之撰述，陈君之范围较小，此乃环境使然，非研究之有差等也。盖彼方有多数之德、法、俄、英、比、荷、义、匈等国学者研究之成绩，互相参考，又有波斯文、康居文、突厥文、梵文等语言专家，以相辅助，此皆我国所缺乏者也。"① 实已道出今天我国学者研究摩尼教的缺陷和任务的紧迫。苛责前人，毫无意义；但取法乎上，严于律己却是不容推辞。

四　结语

1923年1月，新文化运动的中心北京大学创办《国学季刊》，提出"整理国故"的三大策略："用历史的眼光来扩大国学研究的范围""用系统的整理来部勒国学研究的资料""用比较的研究来帮助国学的材料的整理与理解"②。陈垣先生有关摩尼教研究的论文都发表在《国学季刊》第一卷上，这不只是学术上的巧合吧。"输入学理"与"整理国故"的分歧，实际上代表时下对"中学"与"西学"的态度。从上述对陈垣先生摩尼教研究的分析中，我们可以看出其中西会通的特色：身具朴学大师的考据功力，又具备融会中西的学术视野，因而能在"旧学"与"新知"论战中，在传承与超越传统、接受与运用西学方面，脚踏实地，成绩卓著。这有助于我们理解近代中国学术转型期的纷繁复杂，也为我们提供了调和"中学"与"西学"的佳径。学术的发展有其内在变化，又受制于时势和社会机遇，同时

① 冯承钧译：《西域南海史地考证译丛八编》，第44页。

② 胡适：《〈国学季刊〉发刊宣言》，《胡适文存二集》，上海亚东图书馆1924年版。

也和个人才情有关。从这一点来理解陈垣先生摩尼教研究的时代与学术意义，则更能体现出历史的偶然性与必然性的辩证关系。

今天，摩尼教研究的任何实质性进展，“从根本上看，还是取决于对新材料的占有和运用”[①]。然而要占有和运用新材料，必须对旧材料有着深刻的理解。以此来看，本文只是“温故”之作，其实如秦晖先生说“自谓无甚宏论，不过讲些被人遗忘的常识而已”[②]。“温故”的目的是学习前贤的治学方法，以免“闭门造车”[③]。

本文所论述的，主要是陈垣先生前期的成就，如先生言治史之变：“九·一八”以前重钱大昕之学；“九·一八”后改为顾炎武经世之学，注意事功；北平沦陷后，乃讲全祖望之学，激发故国思想，以为报国之道；1949 年后，得学毛泽东思想，希望一切从头学起。[④]所以本文并不能反映先生学术之全貌，但其早期对西学的关注实为“晚年变向的学术潜因”[⑤]。因此，本文管见旨在窥全貌之备用。同时，近代学术纷繁复杂，远非本文所能揭示，唯愿提供一个认识先生的背景，因为学术的人和历史的人，不管其是统一还是矛盾，都不可分割。

最后，借用王仲荦先生的四绝“摩尼祆景三夷教，绝域传来考证难。遗老逃禅明社屋，天南风雨正如磐”，来表达笔者对陈垣先生的景仰。

---

① 林悟殊：《摩尼教研究之展望》，《学术集林》，第 336 页。

② 秦晖：《问题与主义》，长春出版社 1999 年版，作者简介。

③ 陈寅恪：《吾国学术之现状及清华之职责》，《金明馆丛稿二编》，第 317 页。蔡鸿生：《唐代九姓胡与突厥文化》，中华书局 1998 年版，第 269 页。

④ 《陈垣来往书信集》，第 216 页。

⑤ 桑兵：《国学与汉学——近代中外学界交往录》，第 6 页。

《中外交流史事考述》读后

《中外交流史事考述》[1]（以下简称《考述》）一书，是广州中山大学历史系蔡鸿生教授半个世纪来有关中外关系史研究的论文自选集。所收入者，显属作者认为比较能反映其在有关领域各个时期研究中较有探索性和代表性的文章。因此，该书应是较为全面地展现了作者的治学风格、治学旨趣、治学造诣。《考述》共收入论文三十五篇，经作者的修订诠次，整合成上、下编和附编三个部分。上编属于传统史学中西交通史内容，即古代中国与西域、南海关系的研究，计有论文十七篇；其中《宋代广州的市舶宴》为作者新作，以前未曾发表过。下编收入独立论文十五篇，分别对近代中西（西洋）关系及中俄关系的诸专题进行探讨。这三十二篇论文涵盖了中外文化交流史领域的多个方面。至于附编收入的三篇论文，即《〈陈寅恪集〉的中外关系史学术遗产》《岑仲勉中外史地考证的学术风格》《我和唐代蕃胡研究》，主要评介中山大学历史学系已故教授陈岑二老的学术贡献和治学方法，实际是志作者之学缘，如作者在《后记》所云："旨在追溯学术渊源，纪教泽，感师恩，颂师德。"按大学阶段，作者便是受业于"二老"。从这三篇论文中，可看出作者对二老著作精读之深，而细读上下编的诸多论文，亦明显可以看到作者在治学路数上对陈岑二老的继承和发展。因此，读《考述》，不唯可感受到中外关系史研究的新知，而且可领略到一种实事求是的笔耕风格。

---

① 蔡鸿生：《中外交流史事考述》，大象出版社2007年版。

由于该书涉及的领域甚广，对各个问题的研究又十分专深，囿于个人学力，无从对该书作全面评介。本文仅就个人学习所得，略陈己见，冀以请教蔡先生和各位方家。

一 窄而深的专门之学

作者在该书《后记》中写道：“学术的原野十分辽阔，既有阳光道，又有独木桥，十字路口也随处可见。按个人治学的习性，惯于进窄门，走小路，找陌生人交朋友。”进窄门，走小路，正是蔡先生治学的独到之处。以九姓胡的研究为例，毕国在九姓胡中并无独立地位，乃附属于“安国”的一个城邦，向少受学界关注，但其体制相当独特。因此，蔡先生撰《毕国史钩沉》，根据有限的文献记载，辅以中亚考古发现，对毕国的政制和民主、毕国宗教史、“毕罗”传入中国及其汉化的情况，进行勾勒，使这个具有独特面貌而少为人知的胡人小国毕现于世。穆国在有关“昭武九姓”的研究中，也乏人问津，《唐代社会的穆姓胡客》一文，利用出土文物和中亚研究成果，就文献所载的穆国地理、物产、民俗和政制，还有穆姓胡客在唐代社会的逸闻轶事等，细行考释。详人之所略，言人所未知。文章最后，还特别从宏观和微观角度，点出当前九姓胡历史文化研究方面存在的缺陷：“若干年来，似乎存在重东轻西的倾向。东粟特（以康国为首的撒马尔罕粟特）说得多，西粟特（以安国为首的布哈拉粟特）说得少。片治肯特遗址常见提及，瓦拉赫沙的文物就罕见引证了。至于‘昭武九姓’在唐代的寄住和华化，聚落分布较受重视，分姓研究则大有差距。大体上说，康、安、史三姓较深，何、曹、米、石次之，其余的穆、毕和火寻，似乎还极少问津。某些个案，至今还令人困惑。例如唐玄宗那个‘曹野那姬’（寿安公主生母），胡姓胡名，但来历不明，究竟与长安酒家的胡姬有无关系，不知何年何月才能‘发覆’。”就如何弥补这些缺陷，作者也从方法论的角度提出了切实可行的建言：“受到出土文物的启示，也许应当考虑从两方面来调整对九姓胡的研究策略：一是时间上移，由隋唐上溯到北齐和北周，从长时段考察商胡贩客的活动；二是地域向西，把阿姆河外的胡姓城邦及其与‘行国’（游牧民族）的关系纳入视野之内。这种对历史现象的网络式理解，既是前辈学者的倡导，也是辩证思维的要求。倘能有效运用，必可促进中古胡汉关系史在更大程度上的创新。”

又如，宋代市舶史的研究，历来重视体制研究，对市舶礼仪，则少人问津。《宋代广州的市舶宴》以“市舶宴”切入，通过对其起源、形态和影响的考释，说明市舶贸易史中尚有值得开发的文化资源，从而为我们提供超越经济单一性的历史认识。

正是通过这些常人不注意的窄门、小路，作者向我们展示了中外文化交流的丰富图景。作者非常欣赏俄国著名表演艺术理论家斯坦尼斯拉夫斯基的名言，“没有小角色，只有小演员”，认为艺术上如此，学术上也是如此，“窄而深”是另一种方式的智力操练，与治鸡毛蒜皮之学毫不相干。正如季羡林先生评价蔡先生之治学时所说：“我的印象是，蔡先生研究的题目，多属冷僻一类，别人没有涉足过的。‘冷僻’毫无贬义，而且据我看，还有些褒义，它可以弥补学术研究中的空白，言人所不曾言。而且，在学术探讨中，题目的大小，并不意味着意义的大小。关键在于钻研之深浅与夫方法之疏密。如果题目大而探讨空疏，则结论必不可靠，反不如小而扎实缜密者之为愈也。这个道理很浅显，并不难明白。”① 季先生这段识语写于1996年12月14日，包含着深邃的学理意义，道出了治学的不二法门。这段话既是对蔡先生治学的褒奖，亦是对当时学术界浮躁学风的微词。令人感到遗憾的是，当年季先生所批评的“题目大而探讨空疏”的现象近年来愈演愈烈，而今题目硕大无朋，探讨空疏无比的“学术著作”不绝于市，且颇有越来越多之势。造成这种现象的原因自不必说。但对于从事学术研究的后辈来说，若不自觉谨记季先生的教诲，楷模蔡先生的榜样，而随波逐流、曲学阿世、贪图虚名、华而不实，那么，

① 季羡林：《唐代九姓胡与突厥文化·序》，中华书局1998年版，第1—2页。

即便著述多多，亦殆为学术垃圾、污染学术环境耳！

二　拓展史源

一般而言，窄而小的题目，往往意味着其有关的资料十分有限，即便有一些，亦早被人家所发见和引用了，而要做深入的探讨，具体时自离不开拓展新的史源。蔡先生对此可谓匠心独运。

以昆仑奴为例。前人已将正史、笔记和诗文中的有关资料搜罗殆尽，但作者在《唐宋佛书中的昆仑奴》一文中，却另辟蹊径，从僧传、行记、音义、语录及变文等佛书的记载中进行挖掘，使该课题的研究别开生面。如作者所说：“取自内典的历史信息，不仅可补外书所未备，甚至还有利于提出这样的假设：中国人对昆仑奴的使用，未必一开始就是世俗性的奴役，很有可能是与佛教东传相伴而来的。按佛曲的描述，文殊菩萨骑狮赴法堂，就是用昆仑奴二人为侍从的。历来研究昆仑奴问题，单纯从交通史方面去探源，似乎失之偏颇；其实，佛教史与昆仑奴的关系，在初传阶段，是尤其密切的。昆仑奴的‘奴’字，最初是指象奴，后来才演变成家奴。中国昆仑奴起源是否包含着双重性，是一个颇具新意的课题，也许在今后的研究中会得到进一步的阐明。”如是，通过拓展新的史源，对昆仑奴的内涵提出了崭新的见解，使人们对这一南海文明有了更丰富而深入的认识，真不愧是大家手笔。

再看看作者对诗歌的运用。广东通海最早，其洋气、洋风必定在时人的诗篇中会有所反映，尤其对于外省入粤的士人自特别敏感，在诗作中更往往情不自禁地采用洋人洋事作题材，如魏源所云，“自过岭南诗一变，疑游岛国语全分”。因此，近代的游粤诗作储存着丰富涉外史料，有待我们去发掘。《清代广州的荷兰馆》一文，便是从这些诗作中找出若干材料，在诸多细节方面去弥补已知文献之所缺。而《王文诰荷兰国贡使纪事诗释证》一文，则通过释证乾隆五十七年（1792）浙江游粤士人王文诰的纪事诗，对诗中所反映的洋气进行梳理，指出诗人尽管还没有以开放的心态来看待这些洋气，但毕竟表现出较前人广阔的视野，在一定程度上带有新鲜的时代气息。再如《清代广州行商的西洋观——潘有度〈西洋杂咏〉评说》一文，通过对潘有度20首竹枝词体《西洋杂咏》的评说，揭示跨文化贸易的真实状况，道出其时广州行商的西洋观。

以诗证史，是史学大师陈寅恪先生的一大治学特色，曾留下《元白诗笺证稿》这样的名著。学界对这一方法表彰者多，实践者少。在蔡先生的文章中，常见这种文史互证，实践传承前辈学术薪火。当然，在史源上“另辟途径”并非难事，但要有所得，还需要卓越的史学思维。

三　中外关系史的通识

历史研究贵有通识。就通识问题，蔡先生曾有一段鞭辟入里的论述：“通识，实质上就是整体观，反映了事物的整体性，这也是事理与学理的共性。观察事物要有一个整体观念，这并非后人凭空想出来，而是事物本身的性质决定的。”“只有将整体观与历史感统一，二者结合才可具通识。”① 在蔡先生的论著中，这种整体观与历史感相统一的“通识”随处可见。

以宗教史研究为例。《突厥奉佛史事辨析》通过对不同时间、不同地域条件下，佛教在突厥社会传播的几个典型事例进行辨析，回答了突厥奉佛与社会变迁之间的关系，“极敬三宝”的突厥人，比“不识佛法”的草原老乡处于更高的发展阶段，并由此高屋建瓴，得出一个宏观性的结论：“西域的古典文明，把野蛮的征服者征服了。穹庐文化被城邦文化所超越，是中世纪亚洲内陆人类历史的进步现象。”

十三“夷馆”与十三公行，是清代广州口岸的著名贸易伙伴。对

① 蔡鸿生：《专门史与通识》，载陈春声主编《学理与方法——蔡鸿生教授执教中山大学五十周年纪念文集》，香港博士苑出版社2007年版，第3、4页。

中西关系史来说，两者都值得深入研究，而且只有结合起来研究始能深入。但自梁嘉彬《广东十三行考》出版之后，学界对此两领域的研究，尚未出现重大进展，关于“夷馆”与公行的互动关系，总是若明若暗。《清代广州的荷兰馆》揭示了清代中西文化交流双轨并进的模式，即既通过教会的宗教性管道，也通过“夷馆”世俗性管道。最后，作者得出经济领域与文化领域相通而非隔阂的宏识：“商馆非文馆，不言而喻，无须细议其文化功能。不过，华洋之间的贸易，毕竟是一种‘跨文化’的贸易，因而，研究者固然应当‘重商’，但却不可以‘轻文’。任何认识上的偏枯症，都不利于全面的观察。其实，在人类文明的总体上，经济领域与文化领域历来相通，并不存在不可逾越的鸿沟，怎么能够‘画地为牢’呢。”

正是作者具备整体观的史学思维，才会对历史现象作出网络式的解释。《南海之滨的舶影文光》一文，本是为2005年粤港澳文物大联展所出文物图录而写的一篇序言，并非对具体问题的个案研究，而是宏观性的勾勒。作者以其过人的通识，站在世界史的制高点，概括了粤、港、澳三地在近代中外关系中的共同趋势：“东西方的交往，并不是一个牧歌式的进程。‘蕃舶’被‘洋舶’取而代之，标志着旷古未有的沧桑巨变。前者以阿拉伯为代表，后者以葡萄牙为代表，这两大势力在印度洋的角逐和更替，发生于15世纪末期。从此之后，中国便面临西方列强的挑战，以艰难的步伐，实现从朝贡体制向条约体制的转变，由浅入深地卷入世界体系。在历史的大变局中，粤、港、澳三地的命运殊异，但华洋交会的共同趋势，并没有例外。”这段言简意赅的论断，无疑是作者多年来对中外关系史进程深思熟虑的产物。

在《〈陈寅恪集〉的中外关系史学术遗产》一文结尾，作者指出：“中外关系史是专门史，一‘专’就容易忽略‘通’。前辈虽有‘专家易得，通人难求’的告诫，似乎尚未深入人心。在当代治学日益专门化的趋向之下，历史观念中‘通识’的式微，往往导致作茧自缚的局限，是值得我辈学人警惕的。”如何避免“通识”的式微，《考述》诸文未必有意示范，但已经现身说法了。

《敦煌学十八讲》读后

荣新江教授的《敦煌学十八讲》[①] 甫出版，笔者所在的中山大学历史系即把其定为敦煌学的教材。全书由绪论、正文十八讲、后论、参考文献和后记五部分组成。主体十八讲内容大致可分为六个方面，一是敦煌简史（第一、二讲）；二是敦煌藏经洞的发现和文物流散、研究的历史（第三至八讲）；三是敦煌材料的史学研究问题（第九至十一讲），即各国敦煌学学术史的回顾与展望；四是各种敦煌文献及其价值的介绍（第十二至十五讲），分类概述各类敦煌文献及其对相关学科研究的贡献，包括政治史、社会史、宗教史、科技史、民族史、中外关系史、语言文学等方面；五是对敦煌石窟各个方面的概说（第十六讲），重在考古学和艺术史的研究；六是敦煌写本外观和辨伪问题（第十七、十八讲），是作者探讨敦煌学方法论的个案研究，其间特别提出敦煌写本辨伪的一般准则。后附有参考书目及其简要解说。该书大体囊括了敦煌学的主要内容，而又突出历史学的问题。诚如林悟殊教授所说："时下流行的诸多教材，多以综合他人著作编成，荣新江教授的《敦煌学十八讲》则不然，乃系其个人多年研究成果付诸教学的结晶。书中内容吸收了百年来国际敦煌学之研究成果，更有诸多自己的补阙和新颖之见。表述深入浅出，内容系统完整。当今敦煌学的教材，恐无出其右者。"此言可谓持平之论，本文则择要述之。

---

① 荣新江：《敦煌学十八讲》，北京大学出版社 2001 年版。

敦煌写本以佛教经典为主，还包括佛典之外的道书、经史子集四部书和其他典籍，而且在佛经等卷子的背面、裱纸和备用纸上，也留存了丰富的公私文书，多为传世文献所未见。但由于众所周知的原因，这些文书现分藏于英、法、俄、中、日等国的公私收藏者手中，为学者的使用带来诸多不便。虽然20世纪60年代公布了英国图书馆藏和北京图书馆藏的大部分文书缩微胶片，70年代末法国国立图书馆藏卷也全部公布，使学者全面掌握敦煌文书最主要的三大馆藏成为可能。但是六七十年代所制成的胶片和照片，清晰度十分有限，特别是法藏文书，由于原件上面包了一层薄纱，拍照效果很不理想，所以很多重要文书无法识读。而且由于编目工作的局限，许多正背面都有重要内容的文书非看原件无法进行研究。从1985年开始，作者相继走访了各国大小收藏单位，包括英、法、俄及日本、德国、丹麦、瑞典、美国等较零散的单位，还有海峡两岸各个分藏单位，从而全面地接触大量写本原件，并在收集散见未刊文书及文书的整理和研究工作上做出很大努力，有不少补前人所阙之发见。例如在第三讲“敦煌藏经洞文物的早期流散”中，作者从零碎的资料中辑出斯坦因到来以前藏经洞文物流散的情况，并认为1900年敦煌藏经洞开启以后到1907年斯坦因进洞以前，流散出来的敦煌绢画和经卷中不乏精品。如原为廷栋旧藏、后经许承尧售出的卷子，现分藏于安徽省博物馆、中国国家图书馆（原北京图书馆）、北京大学图书馆、上海图书馆、天津艺术博物馆、台北“中央”图书馆、台北“中研院”史语所、日本天理大学图书馆、美国弗利尔美术馆等处。从已经发表的北大、上图、上博、天津艺术博物馆藏卷和作者经眼的台北“中央”图、天理图、弗利尔的许氏旧藏卷看，其中不乏精品。[①] 作者还指出，尚未经敦煌学者仔细调查的安徽省博物馆藏卷，从《中国古代书画图录》发表的《本际经》和《书信》卷子来看，也是早期流散出来的重要典籍

① 荣新江：《敦煌学十八讲》，第57—60页。

和文书。[①] 再如，属于叶昌炽旧藏、现藏于美国华盛顿的弗利尔美术馆的《地藏菩萨像》，因其色彩过新，以致让研究者迟疑不定，而长期没有正式发表。1997 年 2 月，作者有机会走访弗利尔美术馆，见到这幅学界寻觅已久的于阗公主供养《地藏菩萨像》，遂向馆方提供了其在入藏该馆前的流传情况和相关记载，在得到馆方许可后，予以发表，以便学人探讨。[②] 这些早期资料的收集鉴定，不仅有利于全面收集敦煌资料，亦为散藏敦煌写经的真伪辨别提供了标本。

关于海外敦煌吐鲁番文献的流散、收藏、整理与研究的情况，作者曾著有《海外敦煌吐鲁番文献知见录》。[③] 该书第五讲“敦煌宝藏的收藏与整理”则增加了中国收集品的情况，重点在未刊资料以及近年来中外合作编辑出版海外敦煌文献大型图录的工作。特别是自 1992 年始，俄国科学院东方学研究所圣彼得堡分所、俄国科学出版社东方文学部与上海古籍出版社合作，编辑出版《俄藏敦煌文献》大型图录，影印俄藏 18000 余件全部资料，此项工程的完成，将给学术界提供大量新材料。1991 年 2—8 月，作者曾应英国图书馆之邀，去做 S. 6981—13677 号非佛教文献的编目工作。[④] 由于这部分文书残片大多没有首尾和题名，而且所存文字极少，比定工作十分艰难。2000 年，作者又把自己和其他学者对这些残片的陆续比定结果和改订意见，汇总发表。[⑤] 关于各国写本的编目工作，作者特别表彰了“二战”后在戴密微推动下，法国科研中心的敦煌研究小组对法藏敦煌写本的编目。与已刊敦煌写本目录相比，法目著录最详，每号内各项内容均一一分别著录。其优点在于著录详尽，可以让看不到原卷的

---

① 荣新江：《敦煌学十八讲》，第 59 页。

② 荣新江：《叶昌炽——敦煌学的先行者》（Ye Changchi : Pioneer of Dunhuang Studies），《国际敦煌学项目通讯》（IDP NEWS）No. 7，Spring 1997，第 5 页。

③ 荣新江：《海外敦煌吐鲁番文献知见录》，江西人民出版社 1996 年版。

④ 荣新江：《英国图书馆藏敦煌汉文非佛教文献残卷目录（S. 6981—13624）》，台北新文丰出版公司 1994 年版。

⑤ 荣新江：《〈英国图书馆藏敦煌非佛教文献残卷目录〉补正》，载宋家钰、刘忠主编《英国收藏敦煌汉藏文献研究》，中国社会科学出版社 2000 年版，第 379—387 页。

人尽可能了解原卷的外观，特别是一些缩微胶卷或照片上看不到的红字和朱印；其每项内容附有研究文献出处，与东洋文库目录相仿，虽然不够完备，但极便学者使用；目录按伯希和编号排列，便于检索，又用主题分类索引的方式做了统一安排。作者认为这是目前处理敦煌写本编目的可取方法。[①]

由于广泛接触过写本原件，在整理敦煌写本所应遵循的规范这一问题上，作者多补前人所阙。如由于用敦煌写本补《全唐诗》的影响，敦煌诗歌一直是按同作者或同类诗的方法归类整理的，这样往往割裂了敦煌本原卷抄写诗歌的内在理路，违背了原编者的抄写原则。王重民先生曾把 P. 2492 诗集写本著录为“白香山诗集”，1955 年文学古籍刊行社影印宋刻本《白氏长庆集》，也把它作为附录。然而最近发现的俄藏 Дx. 3865 是紧接 P. 2492 诗之后的诗册散页，两件可以直接缀合，俄藏卷除了接着法藏卷的白居易《盐商妇》外，以下还有李季兰诗（首句“故朝何事谢承朝”）、白居易《叹旅雁》《红线毯》、岑参《招北客词》，显而易见，这个卷子只是唐朝一个诗文合抄集，而不是白居易自己的诗集。如果不直接阅读文书原件，特别是全面掌握文书资料，是很难有这样的认识的，作者进而指出：“可见敦煌诗集抄本的形态，与今人的别集不同，整理敦煌诗歌，应当充分尊重原卷诗歌的次序和同卷上相关联的其他内容。”[②] 作者认为，基于这种认识而精心整理敦煌诗集的著作，当推徐俊的《敦煌诗集残卷辑考》，此书不论从校录之精审，还是从忠于原文而言，都可作为今后四部书整理工作的典范。

敦煌学自始就是一门国际性的学问，经过百余年发展，已经积累了丰富的学术成果，今人的研究必须在前人的基础上才能进一步深入。有关敦煌学学术史的回顾，鉴于中国已出版的有关“敦煌学史”的论著，偏于中国学者的成就，而忽视了外国同行的贡献，作

① 荣新江：《敦煌学十八讲》，第 111 页。
② 荣新江：《敦煌学十八讲》，第 277 页。

者在法国戴仁教授《欧洲的敦煌研究》一文基础上，从中国学术界的视角，来审视欧美学者利用敦煌西域出土资料对东方学的研究，特别是利用敦煌资料对汉学研究所作之贡献，以及暴露出来的一些缺陷，以期理清一个线索，为全面整理百年敦煌学学术史做准备。作者强调，在与敦煌汉文写本密切相关的各种胡语的研究上，欧美学者仍然占有明显优势，而此类材料的解读考释，必将有助于汉文文书的深入研究。作者又专辟一章，分析了几乎同时接触到敦煌资料的中国和日本学界对敦煌资料的利用和不同的学术走向。作者在总结 20 世纪中国敦煌学的特征时指出，敦煌学人只有具备较为广阔的学术根基，才能抓住新材料、开辟新学问；敦煌学研究要想把路子拓宽，就要兼容并蓄，尽量促成敦煌学与其他学科的交叉影响；开展国际性的学术交流与合作，对中国学术的进步至关重要。这些经验性的总结仍然是今后中国敦煌学研究的重要准绳。就日本学者而言，他们在敦煌学的诸多领域，都取得了引人注目的成绩。到了八九十年代，日本敦煌学研究在涉及范围上虽不及中国学者广泛，但在某些领域，如佛教典籍、道教史、唐史、非汉语文献，都有比较深入的研究。作者以 2000 年《亚洲学刊》（*Acta Asiatica*）第 78 号所发表的百桥明惠、森安孝夫、高田时雄、吉田丰四人的文章为例，指出“面对一个个富有实力的日本敦煌学中坚，特别是他们在藏文、粟特文等方面的成果时，我们仍然不要忘记‘敦煌学在日本’这句激励过许多中国学者奋发上进的话语”①。

进行学术史的回顾，并非简单地胪列前人众说，重要的是从中发现问题，以期在前人基础上对课题的研究有所推进。由于作者对多个问题进行过深入探讨，因此多能指出前人研究的不足。如作者在总结归义军史研究的状况之后，清醒地认识到归义军的政治制度、经济、社会、文化、宗教等方面都有待深入探讨。作者爬梳过有关的汉藏文

① 荣新江：《敦煌学十八讲》，第 191 页。

书，撰有《通颊考》,① 对吐蕃统治敦煌的历史进行了个案研究。同时敏锐指出："目前，在敦煌历史研究中，最有潜力而且也是最难的研究课题，就是吐蕃统治敦煌问题，希望有年轻的学者把这项研究深入下去。"② 近年在莫高窟北区洞窟中，与元代汉文文书、西夏文佛经、回鹘文残片同出的有两叶四面完整的叙利亚文《圣经·诗篇》，作者认为："这一发现，大大增加了我们对蒙元时期景教传播的认识，也向我们提出了一些目前还难以解释的新问题。"③ 作者还指出："经过语言学家多年的努力，现在大多数于阗语的文献已经解读，但是还有不少译自汉语佛典的于阗语文献没有比定，也还有相当数量的世俗文书没有圆满地翻译出来。这些材料主要是属于十世纪的文献，与沙州归义军的汉文文书可以互相发明，因此还有待深入研究。"④ 以上诸例，皆为作者深入研究之后的学术心得。在整个学术史回顾中，作者之重点在"导"不在"评"，即引导后来者如何在材料占有和问题深入上去超越前贤。诸如此类金针度人的提点于该书中随处可见。在后论中，作者则集中从中古时代的宗教史、唐朝各个阶层的社会和文化、吐蕃王朝对敦煌的统治与汉藏文化交流、用本民族的史料研究西北民族史四方面，对新时代的敦煌学进行了学术展望。

在敦煌文献流传过程中，一些文物商人为牟取暴利，仿造敦煌卷子，为学术研究带来诸多不便。近年来，一些来历不明的敦煌写本小收集品陆续发表，辨别其中的伪本遂成为敦煌研究的一项重要课题。荣先生多年关注敦煌写本辨伪，取得了令人瞩目的成绩。其相继发表了《所谓李氏旧藏敦煌景教文献二种辨伪》⑤、《李盛铎藏敦煌写卷的

① 荣新江：《通颊考》，《文史》1990 年第 2 辑，第 119—144 页。

② 荣新江：《敦煌学十八讲》，第 232 页。

③ 荣新江：《敦煌学十八讲》，第 244 页。

④ 荣新江：《敦煌学十八讲》，第 280 页。

⑤ 林悟殊、荣新江：《所谓李氏旧藏敦煌景教文献二种辨伪》，香港《九州学刊》第 4 卷第 4 期敦煌学专号，1992 年，第 19—34 页；英文缩写本"Doubts concerning the Authenticity of Two Nestorian Chinese Documents Unearthed at Dunhuang from the Li Collection," *China Archaeology and Art Digest* , 1. 1, May 1996 , pp. 5 - 14；又见荣新江《鸣沙集——敦煌学学术史和方法论的探讨》，台北新文丰出版公司 1999 年版，第 65—102 页。

真与伪》[1]、《俄藏〈景德传灯录〉非敦煌写本辨》[2] 等文章。在该书中，作者以李盛铎藏卷为例，提出判断写本真伪需弄清清末民国历史与相关人物事迹、藏卷的来历、文书的格式等几个问题。最后作者总结道："要判别一个写卷的真伪，最好能明了其来历和传承经过，再对纸张、书法、印鉴等外观加以鉴别，而重要的一点是从内容上加以判断，用写卷本身所涉及的历史、典籍等方面的知识来检验它。我们不应该轻易否定有价值的写本，也不能把学术研究建立在伪卷基础之上。"[3] 其辨别敦煌写本真伪的经验总结，实已成为敦煌写本辨伪的一般准则。

当然，该书之特色不独体现在以上诸方面。作者对敦煌藏经洞封闭的原因，敦煌资料的性质等都提出了个人看法，亦值得学界重视。在参考文献中，作者列出一些代表性的敦煌学论著，并给以简单解说，极便初学者参考，亦非可有可无之举。凡此种种，恕不一一列举。总的来说，作者全面阅读过敦煌写本原件，又充分参考了百年来学者们的研究成果，尤其重视对新近研究成果的吸收，所以该书不但为初学者入门的佳作，对敦煌学学者来说也不乏参考价值。

---

① 荣新江：《李盛铎藏敦煌写卷的真与伪》，《鸣沙集——敦煌学学术史和方法论的探讨》，第 103—146 页。

② 荣新江：《俄藏〈景德传灯录〉非敦煌写本辨》，《鸣沙集——敦煌学学术史和方法论的探讨》，第 205—216 页。

③ 荣新江：《敦煌学十八讲》，第 364 页。

《丝绸之路与东西文化交流》读后

该书作为“未名中国史丛刊”第十种出版，[①] 是作者自出版《中古中国与外来文明》[②] 和《中古中国与粟特文明》[③] 之后第三部有关中外关系史的专书。而实际上早在20世纪90年代初，荣先生就出版了西域史地研究的名著《于阗史丛考》[④] 和《归义军史丛考》[⑤]，因此该书可视为作者学术研究领域的自然延伸和拓展。全书分前言和正文五编，前言简要叙述了丝绸之路在东西方文化交流过程中的贡献，可视为正文内容的导读。正文各篇以前多单独发表，此次按专题分类、诠次合集，极便学者参考；也正因为如此，该书并非教科书式的写作，题材广泛重点突出，颇有助于认识古代中外交流的丰富性、多样性。

汉唐时期形成并活跃的丝绸之路是确保中外交流、经济往来的前提，这些以新疆为中心、东西延展的通道，构筑了丝绸之路的地理网络，也奠定了东西交往的基础。第一篇《丝绸之路与古代新疆》一文，侧重于从功能和管理的角度，从制度层面探讨丝绸之路的运行机制。作者注意到，在唐朝丝绸之路之所以畅通无阻，乃由于中央统一

① 荣新江：《丝绸之路与东西文化交流》，北京大学出版社2015年版。

② 荣新江：《中古中国与外来文明》，生活·读书·新知三联书店2001年版；生活·读书·新知三联书店2014年修订版。

③ 荣新江：《中古中国与粟特文明》，生活·读书·新知三联书店2014年版。

④ 张广达、荣新江：《于阗史丛考》，上海书店1993年版；中国人民大学出版社2008年增订版。

⑤ 荣新江：《归义军史丛考》，上海古籍出版社1996年版。

管理的交通馆驿系统相当完善，粟特商人才得以非常容易和安全地进行他们的远程商业活动。可以说，古代新疆为丝绸之路的存在提供了物质基础，绿洲王国的城镇分布和馆驿系统保障了丝绸之路贸易的通畅网络，为丝路商人的贸易活动提供了场所，而丝路是否通畅又影响了沿线诸绿洲王国的命运。在作者笔下，道路、人物、商品、文化，共同组成了交错融合的网络，复杂的东西交往也渐渐清晰起来。为了更深入地认识丝绸之路沿线的许多城镇在不同的历史时期对丝绸之路的维护、东西文化的交流所做的贡献，作者特地选择了龟兹、北庭、统万城、高昌为个案，分析了其在不同历史时段，在中西交通史上的重要作用。《唐代安西都护府与丝绸之路——以吐鲁番出土文书为中心》一文，从敦煌吐鲁番文书记载的馆驿名称以及与馆驿有关的赋税记录，考察了唐朝的烽铺和馆驿往往同设在一处，兼有防御和交通功用（第16—17页）。这些当地出土的文书证明了唐安西四镇地区馆驿的广泛存在，而且说明显庆三年以后唐在西域地区“列置馆驿”的措施的确得到实施。正是馆驿制度促进交通往来，提供食宿、马匹等交通运输的功能，作者根据唐朝的制度推导出隐含在馆驿名称背后的历史内涵，从而得见唐朝一系列政治、军事、交通、运输体制（第18页）。本编的另外几篇文章《丝绸之路上的北庭（公元7—10世纪）》《中西交通史上的统万城》《阚氏高昌王国与柔然、西域的关系》也大体按照这样的思路，从国家制度对交通路线的维护入手，考察了这条活的丝路：“只要丝路是活跃的，沿线的国家和城镇也随之活跃；丝绸之路随着不同时代的政治、宗教等的变迁而有所变化，不同城镇因此而起到了特定时代的历史作用。”（第3页）

丝绸之路对于人类文明的最大贡献，是沟通了不同国家、不同民族之间的交往，也促进了东西方双向的文化交流，第二编即侧重于从文化交流与互动的角度展开论述。《波斯与中国：两种文化在唐朝的交融》一文，宏观介绍了北朝到隋唐中国与萨珊波斯关系的方方面面。的确，不论作为物质文化代表的金银器，还是作为精神文化代表的祆教、景教、摩尼教，都从波斯传入中国，丰富了中古中国的传统文化。不过作者更为关注物质、文化交流的载体波斯人，敏锐指出这些来华的波斯人主要是肩负外交和政治使命的使者，而不是严格意义上的商人。原因在于，从公元4—8世纪上半叶，粟特人在中亚到中国北方的陆上丝绸之路沿线，已经建立了完善的商业贩运和贸易网络，萨珊波斯的商人就很难插足其间，与之争夺中亚和中国本土的商业利益。因此从吐鲁番留存的大量麴氏高昌国时期（501—640）和唐朝时期的文书，可以看到粟特商人在高昌地区从事商贸活动的真实写照，但没有任何波斯商人的身影。由此也可以认为，吐鲁番文书所记和丝绸之路沿线发现的大量萨珊波斯银币，应当是粟特商人而不是波斯商人带来的（第67—68页）。

唐宋中国与阿拉伯世界的往来一直是中古海上交通的焦点，其中一些关键的中西人物历来受到重视，如蒲寿庚、辛押陀罗、赵汝适等，研究者众多。[①]《唐朝与黑衣大食关系史新证——记贞元初年杨良瑶的聘使大食》一文，则根据新出碑铭，钩沉史籍，为唐代沟通海路的人物谱再添一员，即受命出使大食的使者杨良瑶。作者推测杨良瑶从海路出使黑衣大食，是“去实施贞元元年李泌和德宗已经考虑到的联合大食、天竺、南诏、回纥共同抗击吐蕃的策略”（第86页）。德宗贞元元年（785），杨良瑶从广州出发，走海上丝路，经过三年多的时间，完成联络大食、夹击吐蕃的政治使命，返回唐朝。杨良瑶聘使大食更为重要的结果，是给唐朝带回珍贵而完整的航海日记，后为贾耽《皇华四达记》撰从广州到缚达（巴格达）的路线所采择；而晚唐入藏法门寺地宫的伊斯兰玻璃器，或许也与杨良瑶有关（第92—97页）。

过去学术界普遍认为，贞元六年（790）沙门悟空从天竺回到长安之后，中印之间的交往就完全断绝了。《敦煌文献所见晚唐五代宋初中印文化交往》一文，根据敦煌发现的汉藏语文献材料，考察了晚

① 新进的研究可参阅蔡鸿生《宋代广州蕃长辛押陁罗事迹》，《澳门理工学报》（人文社会科学版）2011年第4期，第180—189页。土肥祐子：《宋代南海貿易史の研究》，東京：汲古書院，2017。

唐五代直到宋初，中印之间的僧侣往来，文化交往。《唐与新罗文化交往史证——以〈海州大云寺禅院碑〉为中心》一文，以李邕所撰《海州大云寺禅院碑》为中心，探讨了海州在唐朝对外交往中的地位，阐明其不仅是海上丝路航线上的重要港口，而且还是外国商人、水手、僧侣的聚居之地，以及大云寺的新罗通禅师在唐朝禅宗入朝的过程中所做的贡献。《八世纪的东亚外交形势和日中遣唐使交流》《从〈井真成墓志〉看唐朝对日本遣唐使的礼遇》二文，则根据当时新发现的井真成墓志，以8世纪上半叶的东亚外交形势为背景，考察了相关的遣唐使问题。作者不同意将井真成看作第九次遣唐使留学生的看法，认为第十次遣唐使虽遭遇了井真成的不幸，但整个行动却非常有成就。古代中印、中朝、中日关系并非作者重点关注的学术领域，这些讨论反映了作者"整体"考察古代中外关系的学术视野，值得注意的是上述文章最早发表于1996年，显然不是迎合今日丝绸之路研究热的趋时之作。

丝绸之路上的文化交流是双向的，但由于学术训练和研究兴趣不同，中国学者关注较多的往往是异域文化传入中土的情形，而对中原文化西传则关注不多。第三编包含《唐代西域的汉化佛寺系统》《唐代龟兹地区流传的汉文典籍——以德藏"吐鲁番收集品"为中心》《唐代禅宗的西域流传》《〈兰亭序〉在西域》《王羲之〈尚想黄绮帖〉在西域的流传》《接受与排斥——唐朝时期汉籍的西域流布》六篇论文，均围绕汉文化西渐展开讨论。在作者笔下，武周至开元时期随着唐朝势力推进，汉化佛寺系统也在西域地区建立起来，一些西域官寺的三纲领袖，也是来自长安的大寺。高昌、北庭、于阗皆可见当时中原流行诸禅宗典籍的汉文文本。此外，德国"吐鲁番收集品"中亦可见流传于库车的唐朝法律文书、韵书、史书及汉文佛经。甚至唐朝学生习字的标本《兰亭序》和《尚想黄绮帖》，也都成为西域地区儿童的习字范本。由此可见最具汉文化特征的典籍在西域的传播程度，在在说明了中国文化西渐的深度和广度。

第四编外来物质文明的贡献，包括《丝绸之路上的粟特商人与粟特文化》《丝路钱币与粟特商人》《一位粟特首领的丝路生涯——史君石椁图像素描》《于阗花毡与粟特银盘——九、十世纪敦煌寺院的外来供养》《锦绫家家总满——谈十世纪敦煌于阗间的丝织品交流》五篇文章。《一位粟特首领的丝路生涯——史君石椁图像素描》一文，利用2003年西安出土的北周萨宝史君的墓志与图像，考察了粟特商队首领萨保的日常生活场景，以及他们使用的器皿，他们歌舞、宴饮的情景。《丝绸之路上的粟特商人与粟特文化》一文，全面介绍了丝绸之路上的粟特商人活动与他们带来的粟特、波斯文化，为判定零散出土的粟特、波斯器物以及史籍中的相关记载，提供了非常直观的素材。《丝路钱币与粟特商人》一文指出，粟特商人不仅垄断了中古时期陆上丝绸之路的贸易，而且也用萨珊银币垄断了丝路上的货币流通，使得自己掌控着商品和商品交换的等价物。《于阗花毡与粟特银盘——九、十世纪敦煌寺院的外来供养》一文，以9、10世纪的敦煌文书，对比绢纸绘画、壁画图像，来讨论中古敦煌佛教寺院中的供养具，特别是其中的外来供养物，来说明于阗、粟特、回鹘等各种文化因素对敦煌佛教文化的影响，进而考察寺院和供养者两方面对于这些供养品的看法，并阐述其价值和意义。《锦绫家家总满——谈十世纪敦煌于阗间的丝织品交流》一文，则主要根据较晚公布的俄藏敦煌文书的资料，结合已知的其他文献和实物资料，重点探讨了10世纪于阗与敦煌之间主要以丝织物为主的交流条件，以收窥豹之效。这组文章的重点显然乃围绕粟特展开，中古粟特一直是古典伊朗学研究的重要课题，近年也成为中外关系研究领域的热门。欧美学界发挥擅长的语言学传统，继续对各类粟特文书进行整理研究，[①] 连1932年以来穆格山出土的粟特语文书，迄今

① 近年对粟特文基督教文献的整理如下：N. Sims-williams, *Biblical and Other Christian Sogdian Texts from the Turfan Collection* (Berliner Turfantexte XXXII), Turnhout: Brepols Publishers, 2014; *The Life of Serapion and other Christian Sogdian texts from the manuscripts E25 and E26* (Berliner Turfantexte XXXV), Turnhout: Brepols Publishers, 2015. Chiara Barbati, *The Christian Sogdian Gospel Lectionary E5 in Context*, Wien: Österreichische Akademie der Wissenschaften, 2016.

仍不断有新的翻译研究本面世。① 而有关粟特考古美术，更吸引了各国学者持续关注。② 日本学界近年在入华粟特人墓志的整理与研究上亦多有贡献。③ 近二十年来该书作者对入华粟特人聚落、粟特后裔墓葬图像的文化内涵等进行了系统研究，相关研究成果已收入前揭《中古中国与外来文明》《中古中国与粟特文明》二书，代表了中国学者扬己方之长、对世界学术进展的积极参与，收入本编的诸章则更方便读者了解作者的贡献。

第五编三夷教的流传，包括《吐鲁番出土〈金光明经〉写本题记与祆教初传高昌问题》《佛像还是祆神？——从于阗看丝路宗教的混同形态》《再谈丝绸之路上宗教的混同形态——于阗佛寺壁画的新探索》《唐代佛道二教眼中的外道——景教徒》《敦煌景教文献写本的真与伪》《西域——摩尼教最后的乐园》六篇论文。有关祆教初入中土的时间，作者曾根据斯坦因 1907 年在敦煌附近长城烽燧遗址发现的粟特文古信札，推断公元 4 世纪初叶祆教已经流传到河西走廊，所论翔实。④ 收入该书的《吐鲁番出土〈金光明经〉写本题记与祆教初传高昌问题》一文，则根据早前吐鲁番发现的《金光明经》题记，证明早在 430 年，高昌城东就有一座祆祠，供奉着胡天神。该文主要针对有的学者曲解题记内容而作，更具方法论的意义。

丝绸之路是多种宗教传播的途径，在沿线的一些城镇当中，三夷

---

① В. А. Лившиц, *Согдийскаяэпиграфика средней азии и семиречья*, Санкт-Петербург, 2008；英译本见 V. A. Livshits, *Sogdian epigraphy of Central Asia and Semirech'e*, translated from the Russian by Tom Stableford, ed. by Nicholas Sims-Williams, London: School of Oriental and African Studies, 2015。

② Pénélope Riboud, "Bird-Priests in Central Asian Tombs of 6th-Century China and Their Significance in the Funerary Realm", *Bulletin of the Asia Institute* (*BAI*), New Series/ Volume 21, Published with the assistance of the Neil Kreitman Foundation (U. K.), 2007/2012, pp. 1 – 23. 曽布川寛、吉田豊編：《ソグド人の美術と言語》，東京：臨川書店，2011 年。

③ 石見清裕編著：《ソグド人墓誌研究》，東京：汲古書院，2016 年。福島惠《東部ユラシアのソグド人——ソグド人漢文墓誌の研究》，東京：汲古書院，2017。

④ 荣新江：《祆教初传中国年代考》，《国学研究》第 3 卷，北京大学出版社 1996 年版，第 335—353 页；另见氏著《中古中国与外来文明》，生活·读书·新知三联书店 2001 年版，第 277—300 页。

教与佛教、道教并行不悖，因此有的宗教绘画和典籍包容了其他宗教的说教，不足为奇。《佛像还是祆神？——从于阗看丝路宗教的混同形态》《再谈丝绸之路上宗教的混同形态——于阗佛寺壁画的新探索》二文，即以佛教和祆教为例，来探讨丝绸之路上宗教文化的并存现象。有关三夷教的文献资料、文物遗迹相当匮乏，而研究起点又相对较高，因此今人若想取得更为深入的进展，比较宗教研究的视野无疑是可取的思路。同时，正视多种宗教融合共存的事实，对匡正近年学界“凡粟特皆祆教”的错误认识无疑有警示作用。

关于唐代景教与佛道二主流宗教的关系，1999 年作者即发表了《〈历代法宝记〉中的末曼尼与弥师诃》，考唐大历年间剑南道保唐宗的禅僧在他们所编纂的《历代法宝记》中提到的外道“末曼尼”和“弥师诃”，即摩尼教祖摩尼和景教耶稣基督。[①] 收入该书的《唐代佛道二教眼中的外道——景教徒》一文，则从更广阔的唐代宗教历史发展脉络上，来考察景教徒如何被道教、佛教看成外道，而这种外道的形象，又如何为此后佛道两教所利用，并分析哪些文献承袭了文本中景教徒的外道形象，哪些则从当地宗教斗争的形式出发，视景教徒和摩尼教徒为敌对的外道势力而取缔（第 335 页）。实际上指明考察不同时期宗教文献的编纂，既要考虑文献本身的传承，又要念及当时的历史背景，如此方可获得深刻的认识。

1991 年作者和林悟殊先生合作，对日人小岛靖号称得自李盛铎旧藏的《大秦景教大圣通真归法赞》和《大秦景教宣元至本经》进行辨伪。[②] 2006 年，洛阳发现唐代景教经幢残石，进一步确证了两

---

① 荣新江：《〈历代法宝记〉中的末曼尼和弥施诃——吐蕃文献中的摩尼教和景教因素的来历》，载王尧编《藏学研究丛刊·贤者新宴》，北京出版社 1999 年版，第 130—150 页；收入《中古中国与外来文明》，第 343—368 页。

② 林悟殊、荣新江：《所谓李氏旧藏敦煌景教文献二种辨伪》，《九州岛学刊》1992 年第 4 卷第 4 期，第 19—34 页，经修订附录于林悟殊译《达·伽马以前中亚和东亚的基督教》，台北淑馨出版社 1995 年版，第 189—211 页；又收入《唐代景教再研究》，中国社会科学出版社 2001 年版。又收入荣新江《鸣沙集——敦煌学学术史和方法论的探讨》，台北新文丰出版公司 1999 年版，第 65—102 页。

位先生的结论。[①] 不过时至今日，还有不少学者无条件将这几份伪书当作景教真迹使用。[②] 目前我们所读到的所有唐代景教史、中国古代基督教史，乃至亚洲基督教史，不论中外，都是建立在以佐伯好郎整理和翻译的八种写本基础上的，但除了上述两种之外，向被认为是景教入华后首批翻译的、相对篇幅较长的《一神论》和《序听迷诗所经》亦遭到质疑，因此作者倡言："一部宗教史要让人信服，让人感到神圣，就应该建立在真实的材料基础之上，因此，不论接受起来多么痛苦，唐代的景教史都要'倒退'，都需要重写。……今日的唐代景教研究，必须书写'退步集'，要从佐伯好郎时代'完美'的景教史往后退，退到一个能够更清晰地照看出唐朝景教文化面相的历史深处，那画面不论多么破碎，但却是更加真实的历史情境。"（第 368 页）

《西域——摩尼教最后的乐园》一文，主要依据吐鲁番出土文书和考古发现，复原了 840 年漠北回鹘汗国破灭，部众西迁天山东部地区，摩尼教也成为随后成立的西州回鹘的国家宗教的历史。文章对近年来福建东南明教遗迹研究不无启发作用。2008 年以来，福建霞浦明教遗迹调查屡有创获，其中尤以科仪文书引人注目，该等新发现的资料，于追踪失传的摩尼教、明教信息，认识唐宋摩尼教在华的最后归宿，无疑有重要的价值。福建霞浦县第三次文物普查领导小组《霞浦县摩尼教（明教）史迹调查报告》，[③] 率先将霞浦有关遗址遗物与文书定性为明教属性，介绍了史迹发现过程、文物分布位置与状况，

① 相关研究成果主要收入葛承雍主编《景教遗珍——洛阳新出唐代景教经幢研究》，文物出版社 2009 年版。

② 如曾阳晴《小岛文书真伪考——李盛铎氏旧藏敦煌景教文献二种辨伪再商榷》，《中原学报》第 33 卷第 2 期，2005 年，第 253—272 页；同作者《唐朝汉语景教文献研究》第二章《小岛文书真与伪》，花木兰文化工作坊 2005 年版，第 7—38 页。S. Eskildsen, "On the Two Suspect 'Nestorian Documents'", Appendix to his "Parallel Themes in Chinese Nestorianism and Medieval Daoist Religion", Roman Malek ed., *Jingjiao: The Church of the East in China and Central Asia*, London: Routledge, 2006, pp. 86 – 91.

③ 福建霞浦县第三次文物普查领导小组：《霞浦县摩尼教（明教）史迹调查报告》，2009 年 5 月 25 日，未刊调查报告。

包括乐山堂、姑婆宫、林瞪墓、三佛塔、飞路塔、神龛佛座，并简单介绍了明教相关文化遗物，包括林氏宗谱、孙氏宗谱、福建通志以及一些道仪科书，如《乐山堂神记》《奏申牒疏科册》，和一些道仪法器及神牌等。还对明教人物传承世系进行了简单的勾勒。作为2008年11月霞浦全国第三次文物普查的成果，该文主要强调了霞浦文物发现对唐之后摩尼教研究的贡献，但其将全部文物定性为摩尼教、明教的属性，显然缺乏充分的论证。[①] 有关该等抄本的属性，林悟殊先生曾借助霞浦抄本中两个请神文检所见的“灵源历代传教宗师”和“灵源传教历代宗祖”名单，考明清之际当地曾活跃一个自称灵源法师，为乡民操办法事的小群体，疑该等抄本便是彼等所使用或制作。[②] 而荣先生文，在讲述回鹘可汗皈依摩尼教时，引用了回鹘文《牟羽可汗入教记》的详细记录；更引用了吐鲁番出土大量摩尼教文献，来论证9、10世纪高昌回鹘时期摩尼教兴盛的境况，言之凿凿，亦值得分析霞浦抄本的宗教属性时参考。

通观全书，作者的讨论并非仅限于交通路线、文化交往，或复杂的商品结构；而是用相当的篇幅考察了跋山涉水的人、输入商品的商胡贩客，甚或传播宗教的僧侣，从而恰如其分地克服了中外关系史研究中常见的“见路不见人”“见物不见人”“见神不见人”的非人本倾向。[③] 中外关系史的资料分散，时空跨度广泛，很难形成统一有体系的讨论，因而“应当充分重视深入细致地比较一些相近的个案，以

① 张小贵：《近年の福建省霞浦縣マニ教文書研究の概述と再考》，提交國際比較神話學シンポジウム“異界と常世”論文，日本千葉，2012年9月1日—2日，文章摘要見篠條知和基編《異界と常世》，千葉文化センター，2012年，第129頁，中文本《近年来霞浦文书研究概述》，载特力更、李锦绣主编《内陆欧亚历史文化国际学术研讨会论文集》，内蒙古人民出版社2015年版，第205—212页。吉田豐《唐代におけるマニ教信仰—新出の霞浦資料からら見えてくること—》，《唐代史研究》第19號，2016年，第22—41頁。

② 林悟殊：《清代霞浦“灵源法师”考论》，《中华文史论丛》2015年第1期，第246—284页。

③ 蔡鸿生：《历史研究要以人为本》，《蔡鸿生史学文编》，广东人民出版社2014年版，第696—702页。

小见大，得出具有普遍参照意义的认识”①。正是由于作者具有宏观的整体视野，精熟出土文献文物，对国际学界的新动态了如指掌，在此基础上又多覃思妙想，因而为读者更清晰地获得了中外关系史上“具有普遍参照意义的认识”。

① 《张广达文集总序》，广西师范大学出版社 2008 年版。

《从张骞到马可·波罗——丝绸之路十八讲》读后

荣新江教授长期致力于中外关系史、丝绸之路、隋唐史、西域中亚史、敦煌吐鲁番学的研究，相关成果颇丰，一身数专而各成大业，早已享誉学林。新近出版的《从张骞到马可·波罗——丝绸之路十八讲》① 一书，延续了作者二十年前出版《敦煌学十八讲》的风格，在专题研究的基础上兼顾学科普及的功能。该书以张骞凿空之前的丝绸之路前史为开端，至13世纪蒙古西征与马可·波罗来华结尾，堪称跨越千年的丝绸之路史通识力作。内容则广涉丝绸之路上的政治变迁、民族互动、贸易往来、文化交流等，题材博洽。至于书中所涉及的史料，举凡传世文献、出土文书、遗址遗物、中外论著，作者均广搜博采，信手拈来，因此所论虽是中西交通史上的经典课题，却给人以耳目一新之感，创意丰富。也正由于此，若要全面而准确地理解全书内涵显非易事，本文仅就以下几方面，略谈个人阅读体会，庶几略识前芬、聊用自勖。

该书大致按编年顺序，选取中外交往史上的典型个案，力图呈现14世纪以前丝绸之路史的丰富面貌，又尽量避免传统教科书直话直写的手法，因此在近年来林林总总的丝绸之路史著作中依然独树一帜，正如作者在《导论》中的夫子自道："在构建该书的写作框架时，曾经反复琢磨，是按照一般教科书那样平铺直叙，面面俱到地讲

① 荣新江：《从张骞到马可·波罗——丝绸之路十八讲》，江西人民出版社2022年版。

述丝绸之路呢，还是更多地依据自己的研究成果而不求全面。最后我采用了后面的想法，在照顾每个时段东西交往的主要内容之外，更多地把自己若干年来研究中外关系史的一些收获融入其中，这和我的《敦煌学十八讲》有些类似，而且更加凸显个性。”

以第二讲“张骞‘凿空’与汉代的丝绸之路”为例，作者首先指出中国与西方世界的真正沟通，是从汉武帝时期开始的。文中重点介绍了汉朝通西域以后，打败了匈奴王国，在河西走廊设立四郡等郡县体制，建设玉门关、阳关及长城烽燧等防御体系，开通驿道并完善驿站等交通设施，从而对汉代丝绸之路的开通与建设进行了基本梳理。同时，作者又特别强调张骞两次出使西域对于中国历史进程的重大意义：一方面达到了尽可能了解西方的目的；另一方面还打破了匈奴等游牧民族对东西方贸易的垄断，使中国和中亚、西亚、南亚诸国间建立了直接的贸易往来关系。而有关长城的功能，作者专门指出与秦长城凸显的“南北对抗”意义相比，河西的汉长城更加具有“东西交通”的意味。与长城防御性质的亭障和烽燧相辅而设立的，是接待、供给来往使者的驿站（汉代称作“置”），这些驿站与汉朝全国网状的驿路相连，也使得从长安到玉门关的道路，畅通无阻。正是基于深厚的学养，作者并未局限于从《史记·大宛列传》《汉书·西域传》《后汉书·西域传》的记载勾勒汉朝在西域地区的政治经营和武力攻占，而是从悬泉置汉简的有关材料来发掘汉朝与西域各国的物质文化交往，并指出这才是两汉时期丝路往来的主体内容。

第三讲“从贵霜到汉地——佛法的传入与流行”，首先根据现存的史料和考古发现的零散文物，指出大月氏占领的大夏地区在公元前3世纪已经有了佛教，到公元前1世纪许多月氏小王成为佛教的赞助者，并推动了佛教的传播，到公元1世纪由于贵霜帝国的推动，以犍陀罗为中心的犍陀罗语佛典和犍陀罗风格的佛教艺术开始向外传播，大概在2世纪进入塔里木盆地的于阗等地。以上所论，主要在汤用彤、吕澂等诸前辈学者的基础上，对佛教入华之前的东传史进行了基本概括。作者尤其关注到20世纪90年代以来阿富汗地区发现的后入藏英国图书馆的犍陀罗语写本，特别是其中的《法句经》（*Dharmapada*）对于西域佛教研究的重大意义。有关佛教初传中土的时间与路线问题，学界历来众说纷纭。作者早年曾撰文专论汉代佛教传入的途径和流行区域，提供了与传统观点颇为不同的解释。[①] 该书除了梳理早期佛教入华史外，还注意到小浮屠里简的发现意义重大，指出其在贵霜与东汉之间的佛教传播链上增加了一个关键的点，填补了此前史料的空缺。作者指出，“浮屠”一词的用法和早期汉文典籍的用法一致，更说明佛法是经过敦煌传入内地的，虽然不排除有些西域的使者先于公元前2年把简单的佛教经义传给中原士人。佛法流行时期正值公元400—600年，当时中原战乱频仍，政权交替很快，但作者仍然客观地指出这样分裂的局面，产生了多个政治、文化中心，有利于佛教文化艺术的扩散。这一政权间对立的局面并没有影响中西之间已经开拓的往来。

从以上两个例子来看，作者首先对相关史事进行了系统梳理，这当然是教科书的基本写法，使得相关史实和脉络一目了然，极为方便读者参考。然而作者并不满足于此，而是不时融入个人研究心得，给人以认识上的启发。一般来说，文采天生，文思难采，思路则非具高瞻远瞩的胸襟难有突破。[②] 作者提供了不只是教科书，且不能只是教科书的书写范例。

恩格斯说：“随同人，我们进入了历史。”[③] 历史是由人民创造的，历史研究自应以人为本，然而在史学研究实践中，却常常出现忽视具体人物活动的情况。蔡鸿生先生曾总结中外关系史研究中所存在的非人本倾向：见路不见人，见物不见人，见神不见人。[④] 这一弊端也同样见于丝绸之路史的研究。举例来说，丝绸之路上的东西路线间

---

① 荣新江：《海路还是陆路——佛教传入汉代中国的途径和流行区域研究述评》，《北大史学》第9辑，北京大学出版社2003年版，第320—342页。

② 董桥：《没有童谣的年代》，香港牛津大学出版社2016年版，第74页。

③ 《马克思恩格斯全集》第26卷，人民出版社2014年版，第479页。

④ 蔡鸿生：《历史研究要以人为本》，载陈春声主编《学理与方法——蔡鸿生教授执教中山大学五十周年纪念文集》，香港博士苑出版社2007年版，第25—35页。

题、涉及的古地名考证等一直备受学者关注，这些问题固然非常重要，但往往容易导致忽视在丝路上活动的人群。该书第四讲“纸对佛典在丝路上传播的贡献”，虽然直接讨论的是纸对佛典传播的贡献，但是背后却离不开中国僧人西行求法运动的推动。正是由于从魏晋到唐初，中国僧人掀起一股西行求法运动，去中亚、印度抄写佛典，中国发明的轻便纸张为这项求法抄经运动作出巨大贡献。作者注意到不同的载体所承载的文本在长短、结构、内涵等方面都会有所不同，不同物质的载体承载量的多少，对于知识文明在丝绸之路上传播的广远有极大的关系；传播的数量大而且快捷，自然会促进知识的不断进步和文明之间的交往。然而不可否认的是，正是求法僧侣使用中原制造的纸张来抄写佛经，才能抄写较为大部头的经书。这种做法的推广，也在一定程度上取代了西域口口相传的传统。

该书第五讲“丝绸之路也是一条‘写本之路’”指出从汉代到元朝这一陆上丝绸之路比较兴盛的时期，由于西北、中亚一带气候条件干燥，丝路沿线保存下来大量的写本，有竹木简牍、羊皮纸、纸草、桦树皮、绢布、麻纸等，其中保存最多且信息量最大的，要数吐鲁番、敦煌等地保存的纸本文书。然而，作者并不限于讨论这些写本的物质形态，而是从丝绸之路的运作离不开写本的角度来审视这条“写本之路”。在漫长的丝绸之路上，商旅行人一定要有过所以及证明自己所携人口、牲畜来历的写本文书，方能顺利通行。从吐鲁番出土的《唐开元二十年（732）瓜州都督府给西州百姓游击将军石染典过所》，可以真切地看到丝绸之路沿线唐朝各级军政机构的勘验记录。丝绸之路上的商人做买卖，要订立契约，这是私人之间进行买卖、借贷时所必不可少的，是公平交易的记录和保障。如此内容丰富多样的写本，正是丝绸之路上各色人员往返活动的真实写照。

活跃于丝绸之路上的各色人员中，商人无疑颇受瞩目。第六讲“商胡、萨保与粟特贸易网络”，则专门聚焦于丝绸之路商贸网络中的粟特商旅。他们如何以商队的形式组织起来，长途跋涉过程中如何推举首领进行指挥，路上过夜，以及防盗、防兽等问题，都应纳入学者的考察范围。自 1999 年太原隋虞弘墓，2000 年西安北周安伽墓，2003 年西安北周史君墓等胡裔墓葬出土以来，墓葬图像资料所蕴含的祆教信息一直是学者们讨论的焦点，① 作者独具慧眼，特别关注了该等墓葬的图像内容所反映的胡人商旅生活。在书中，作者指出把粟特聚落称为"胡人聚落"，可能更符合一些地方的聚落的实际种族构成情况。通过出土文献与考古图像相互印证，粟特商队和聚落的整套运作系统得以呈现，正是由萨保和祆祠的首领们来处理各种事务，从而保证贸易的运行和日常生活的维持。作者还注意到，北朝隋唐的中央政府对粟特聚落的控制是一个漫长的过程，各地的胡人聚落向乡里的转变也是不同时期完成的，甚至有些胡人一直就在汉人眼界之外的聚落中生存，直到晚唐时突然冒了出来，比如那些后来加入沙陀中的索葛（粟特）部人。这一卓见显然是作者长期关注入华粟特人的迁徙路线、生存状态的必然结果。尤其是晚唐五代粟特人对北方中国的历史发展所产生的影响，也早就受到学术界的关注。② 至于粟特商人在中国的活动情况，作者也根据出土文书进行了复原，指出他们是以自己建立的聚落为基地，派出一批批商人，到不同的地方去经营，相互之间有信使沟通情报，并随时回馈到聚落首领那里，而聚落首领也就是商队首领与粟特本土的出资人也保持着联络。作者还联系到现实，指出当前热播的某些歌舞剧中的波斯商人应当改成粟特商人，才符合历史事实。在北方丝路沿线发现的大量的波斯银币和少量的东罗马金币，应当是粟特人贸易的印证，而不是钱币源出国的波斯人和拜占庭人带来的。

第八讲"波斯与中国：政治声援与文化影响"则主要讨论了丝绸之路上的波斯人。根据史料记载，萨珊波斯王朝曾与中国北朝、隋唐

---

① 最新的集中讨论可参阅沈睿文《中古中国祆教信仰与丧葬》，上海古籍出版社 2019 年版。

② 如森部豊：《ソグド人の東方活動と東ユーラシア世界の歴史的展開》，大阪：関西大學出版部，2010 年；森部豊編：《ソグド人と東ユーラシアの文化交渉》，東京：勉誠出版，2014 年。

王朝有过密切的交往，而随着阿拉伯崛起并攻击萨珊波斯，唐朝也给予波斯王国政治声援。正是在这一历史背景下，作者注意到流亡的波斯王族及大批贵族进入长安洛阳，甚至不乏入仕唐朝者，他们在唐朝的外交、军事、科技领域发挥作用并产生深远影响。同时，中晚唐开始，无论长安及其周围地区，还是东南沿海地区，都不乏波斯商人的身影，正是这种亚洲形势发生变化的反映。作者根据墓志及相关资料，生动再现了以阿罗憾（616—710）及李素（744—817）为代表的波斯人及其家族入仕唐朝，经过数代，对中国文化逐步认同的历史。

有关丝绸之路上的物质文化交流，以往的研究对海陆输入输出的商品较多措意，五花八门的丝路命名，如“丝绸之路”“茶叶之路”“陶瓷之路”恰恰是丝绸之路上丰富多彩的物质文化交流的反映，但是这种命名的随意性也凸显了丝路研究“见物不见人”的弊端，进而导致复杂的丝路贸易的中间环节往往被视而不见。第十讲“唐代长安的多元文化”从盛唐长安所汇聚的舶来品讲起，这些物品无论是直接的输入品，还是粟特或波斯工匠在中国制作的，抑或中国工匠照舶来品仿制的物品，都表现了盛唐时期中外物质文化交流给长安带来的异域文化精华。粟特商人经营的物品，大到供宫廷贵族打猎使用的猎豹、供贵族官人驱使劳作的奴隶、唱歌跳舞的胡族童男童女、当垆的胡姬，小到精美的金银器皿、首饰、戒指、玻璃器皿等，大大丰富了长安市场的商品种类，也给中古中国的物质文化增添了色彩。由物及人，作者笔下也展现了西域胡人是如何逐渐融入长安社会当中的，他们在学习和交往中如何利用中国传统儒家的价值观念，以及他们通过园林的优雅生活，来与唐朝士大夫交游，最后完全融入唐朝长安上流社会。正如作者所说，这些典型的案例，也为观察长安社会在安史之乱后的逐渐转型，提供了一个观察视角。西域胡人作为长安城中特异的一类人物，是推进长安城丰富多元的文化生活的一股强劲动力。

丝绸之路上的宗教交流无疑是文化交流的突出现象。一部宗教史就是一部造神史，而神的世界是按照人间的模式来创造的。宗教研究固然要关注经典的传播、教义和礼仪的变迁，但同样不能忽视人的因素。宗教所关注的人无非两类，即教士（僧人）和信徒。他们的关系如何建立？信徒为什么信教？如何信教？他们通过什么渠道与神沟通？用什么语言沟通？该书若干章节讨论丝绸之路上的多元宗教文化交流，见神又见人，勾勒了丝绸之路上宗教传播的完整图景。第十二讲“从波斯胡寺到大秦景教”，在作者此前有关入华景教史的专题研究基础上，[①] 结合传世文献和出土写本及墓志，首先阐述了景教从唐初阿罗本入华传教开始，通过依附道教来立足中国，到德宗树立“景教碑”的历史，进而述及中晚唐时期与景教相关的波斯占星术的流传及会昌灭法之后景教的命运，最后讨论了高昌回鹘王国中景教教团的存在，让我们对景教士东扇景风的历史有了全景的了解和深刻的体会。第十三讲“拂多诞、摩尼光佛与吃菜事魔”则讨论了差不多同时代入华的另一个著名外来宗教摩尼教，作者指出第一位入华传教的拂多诞，是一位地位相当高的摩尼教法师，虽然因摩尼教发源于波斯而被说成“波斯人”，不过考虑到当时波斯已经被大食占领，而摩尼教在萨珊波斯本土只有短暂流行，所以这位拂多诞应当是从中亚来的波斯人。这一论断显然符合摩尼教产生及早期传播的历史，以及当时丝绸之路上的社会政治形势。入华后的摩尼教因为武则天、唐玄宗的政治喜好，而分别依附于佛教道教，获得了一定程度上的传播。而后其兴衰成败被回鹘与唐的关系所左右。摩尼教借回纥助唐平定安史之乱有功而得以重新在长安建寺传教，继而到大历六年（771）“回纥请于荆、扬、洪、越等州，置大云光明寺”，靠的是摩尼教法师睿息等人“妙达名门，精通七部，才高海岳，辩若悬河”，从而在极短的时间里说服可汗皈依摩尼教。当然随着教徒们因宠恃傲，奉法懈怠，

---

① 荣新江：《一个入仕唐朝的波斯景教家族》，《伊朗学在中国论文集》第2集，北京大学出版社1998年版，第82—90页；《〈历代法宝记〉中的末曼尼与弥施诃——吐蕃文献中的摩尼教和景教因素的来历》，载王尧编《藏学研究丛刊·贤者新宴》，北京出版社1999年版，第130—150页；《唐代佛道二教眼中的外道——景教徒》，载程恭让主编《天问》丁亥卷，江苏人民出版社2008年版，第107—121页。

加上回鹘内乱，摩尼教等也逐渐不被唐廷所容，亦在情理之中了。无论是景教还是摩尼教，他们兴衰成败的荣辱史，背后皆是僧侣和教众孜孜不倦忙碌的身影。

丝绸之路不是单一的国与国之间交往的通道，而是多种文明不同文化发生关系的网络。在第一讲“月氏、斯基泰与丝绸之路前史”中，作者着眼于西亚与希腊、罗马，罗马与印度，中亚与西亚、印度等文明之间交往的角度，指出早在张骞凿空之前，丝绸之路就已在欧亚大陆存在。文中选取了张骞西行之前欧亚大陆丝绸之路上非常活跃的两个民族：月氏与斯基泰为研究对象，通过考古资料与出土文献的证据，揭示了丝绸之路前史时期不同文明交互影响的图景。

第九讲“条条大路通长安”，着重讲述了隋唐统一之后丝绸之路的重新开通。作者指出隋炀帝时期的使臣裴矩撰写《西域图记序》，记录了当时丝绸之路的走向，使我们了解当时丝绸之路通向东罗马、波斯、印度的情况，也说明敦煌在隋唐时期中西文化交往中的重要地位。到了唐高宗、武则天时期，唐朝通过陆上和海上丝绸之路与印度、中亚地区的交往一直在延续，从而造就了唐朝中外文化交流的盛况。当然，这与唐朝对丝绸之路路政设施的建立与维护密不可分，比如安西都护府的建立和对四镇地区的稳固统治，加之北庭都护府的建立，以及馆驿传递制度的保障，使得分立的西域绿洲王国及天山北路草原游牧部族成为一体，当时东西交通颇为辉煌。有关这一问题，作者根据传世典籍和出土文书进行了细致的复原。作者还专门举出裴伷先以北庭为经营的基点，东起洛阳，北入胡地，西达碎叶的贸易网络，以他的事迹为例，来彰显北庭作为游牧民族和农耕居民交换商品的重要地点，以及其在丝绸之路上的重要地位。在作者笔下，以长安为中心围绕丝绸之路展开的贸易网络生动地再现出来。

国内学界在谈到中外文化交流时往往关注外来文化输入的成分，然而文化交流从来都不是单向进行的。第十一讲“《兰亭序》的西传与唐代西域的汉文明”，则主要考察中华文化西传的问题。

文章以敦煌发现的中晚唐甚至五代时期的《兰亭序》习字写本为例，指出唐朝民间自有《兰亭序》摹本的流传，不仅长安有，而且西渐敦煌，为当地学子习字之资。而于阗当地的学童和敦煌的一样，也把《兰亭序》和《尚想黄绮帖》当作习字课本。作者强调了《兰亭序》于阗摹写本的发现具有十分重要的意义，因为《兰亭序》是以书法为载体的中国文化最根本的模板，是任何一部中国文化史都不能不提的杰作，它在塔里木盆地西南隅的于阗地区传抄流行，无疑是中国传统文化西渐到西域地区的最好印证。第十五讲“中国与阿拉伯世界的交往和‘四大发明’的西传”，考察了唐宋时期中国与阿拉伯世界的交往。历史上双方的关系，包括丰富的物质文化交流和频繁的人员往来，以及造纸术、印刷术、黑色火药、指南针等“四大发明”的西传，一直是中外关系史领域的重要课题，作者还专辟一章，使该书所展现的14世纪以前的丝绸之路史更加丰富和完整。

在第十六讲“归义军与东西回鹘的贡献——绿洲王国与中转贸易”中，作者继续强调文化交往不会是单向的，印度的僧人也没有在东行传法上停止从东汉以来的脚步，五代宋初也有印度的僧人前来中原传播佛法、巡礼圣迹、翻译佛经。作者从零星的传世史料、大量的出土文献以及域外文献出发，证明唐末五代宋初虽然没有像四大帝国横亘丝路时那种大国支撑的官方和民间贸易往来，但丝路上的每个国家，都不会放弃丝路贸易带来的丰厚利润。因此以各个小国或地方政权为单位，仍然努力推进丝绸之路的贸易往来，以中转贸易的方式，使得陆上丝路没有断绝。这些绿洲王国之间也同样存在着朝贡贸易。

第十四讲“唐朝的“郑和”——出使黑衣大食的杨良瑶”，根据1984年陕西泾阳发现的《杨良瑶神道碑》，勾勒了唐朝贞元年间派遣中使杨良瑶，从广州出发，经海路前往巴格达，出使黑衣大食的过程，由此丰富了唐朝与阿拉伯帝国关系史的篇章，并可看出中国从陆地大规模走向海洋的重要时点。第十七讲“跨越葱岭东西：于阗、萨曼与哈喇汗王朝”，则利用传世典籍、敦煌汉语和于阗语文书对10世纪于阗与敦煌之间、于阗与中原王朝之间交往的事例多有增补。第十八讲“从蒙古西征到马可·波罗来华”，讨论的尽管不是作者主要关注的蒙元以降的丝绸之路史领域，但作者长期主持北京大学国际汉学家研修基地“马可·波罗研究项目组”学术工作，并出版了多种重要成果，[①] 为书写10—14世纪的丝绸之路史做了充足的学术准备。以上三讲大大丰富了我们对丝绸之路错综复杂的交流网络的认识。

该书通过以上十八讲的讲述，无疑有助于加强对“丝绸之路”历史进程和内涵的认识。作者在《结语》部分专门指出，今后丝绸之路的研究，还有不少工作要做，包括：从学科建设角度来思考丝绸之路研究与中外关系史研究的关系，加强有关中外关系史或丝绸之路的中外文史籍的整理工作，尽快将考古发现的文物资料和文献资料转化为研究素材，加大对伊斯兰时代中西交往的研究，将普及与提高相结合。这些建议无异于金针度人。以整理丝路沿线出土的汉语和胡语文献为例，20世纪30年代发现的穆格山粟特文法律文书，60年代初苏联粟特文专家里夫什茨就已翻译整理，对文书进行了详细的注释和研究。[②] 2008年里夫什茨出版《中亚和谢米列契的粟特铭文》，重新对文书进行了译释与研究。[③] 2015年其著英文版出版，纳入辛威廉主编的《伊朗碑铭丛刊》（*Corpus Inscritionum Iranicarum*），修订了俄文版的一些错误，提供了更为权威可靠的译本。[④] 这说明随着语言学、历史学等研究的推进，已有现代语文译本的胡语文献尚需不断修订与更新，更遑论还有大量未被释读者，当然中文学界的翻译整理工作更是

---

① 荣新江、党宝海主编：《马可波罗与10—14世纪的丝绸之路》，北京大学出版社2019年版；荣新江、党宝海编：《马可波罗研究论文选粹》（中文编），中西书局2021年版；荣新江、党宝海编：《马可波罗研究论文选粹》（外文编），中西书局2022年版。

② В. А. Лившиц, *Юридические документы и письмаз*, Москва, 1962.

③ В. А. Лившиц, *Согдийскаяэпиграфика средней азии и семиречья*, Санкт-Петербург, 2008.

④ V. A. Livshits, *Sogdian Epigraphy of Central Asia and Semirech'e*, translated from the Russian by Tom Stableford, ed. by Nicholas Sims-Williams, London: School of Oriental and African Studies, 2015.

远远不足,[①] 亟待加强，相关研究未有穷期。

在第七讲“祆神东来与祆祠祭祀”中，作者对起源于波斯琐罗亚斯德教并经由中亚沿丝绸之路传入中土的祆教进行了系统梳理，内容涉及萨珊银币上所见的祆神图像、祆教的丧葬礼俗与祭祀、从河西经两京到河北的祆祠分布、宋元文献所见的祆教因素，使读者对祆教东传及其华化的历史一目了然。作者特别提到唐宝历二年（826）四月在恒州西南五十里的获鹿县所立鹿泉胡神祠可能是所祆祠，唐长庆三年（823）定州东南的瀛洲乐寿县所置“本号天神”的祆神庙，表明河北地区直到中晚唐时期，还有粟特民众不断建立新的祆祠以供奉天神。限于资料，以往我们考察了中晚唐入华祆教不断华化的过程,[②] 但对当时仍有粟特移民新立祆祠的记录则较少关注，相关问题值得进一步考察。

再如上文提及的第十三讲有关摩尼教的研究，作者在文末指出随着回鹘西迁，摩尼教又在原来就有教徒存在的吐鲁番盆地发展起来，形成高昌的摩尼教团，在高昌城中建立了摩尼寺。20 世纪初以来吐鲁番出土的大量用中古波斯文、粟特文、回鹘文写的摩尼教文献，以及柏孜克里克石窟的摩尼教壁画，皆可见摩尼教传教师为将高昌回鹘建成 9—12 世纪世界摩尼教中心而做的努力。最后作者强调道，时移势易，逃到东南沿海的摩尼教传教师也并未放弃努力，衍生出摩尼教的新形态。惜未展开讨论。20 世纪 80 年代以来，随着地方文物遗迹、民间文献不断出土，学界对唐后摩尼教的中国化，即潜修式明教和结社式明教的认识进一步深入。[③] 2008 年福建霞浦等地民间宗教科

① 有关粟特文和中古波斯文史料的汉译，可参阅毕波《粟特文古信札汉译与注释》，《文史》2004 年第 2 辑，第 73—97 页；王媛媛《中古波斯文〈摩尼教赞美诗集〉跋文译注》，载朱玉麒主编《西域文史》第 2 辑，科学出版社 2007 年版，第 129—153 页。

② 张小贵：《唐宋祆祠庙祝的汉化——以史世爽家族为中心的考察》，《中山大学学报》（社会科学版）2005 年第 3 期，第 72—76 页。

③ 林悟殊：《唐后潜修式明教再思考》，载余太山、李锦绣主编《欧亚学刊》新 6 辑，商务印书馆 2017 年版，第 19—37 页；《唐后结社式明教再认识——以北宋“温州明教”为个案》，载余太山、李锦绣主编《欧亚学刊》新 7 辑，商务印书馆 2018 年版，第 114—132 页。

仪文书的发现，为探讨夷教华化之路及其最终归宿提供了新资料，重新掀起入华摩尼教研究的热潮。[①] 相关问题颇有研究旨趣，值得深入研讨。[②]

从原始材料出发，经过独立思考，在具体问题上得出新见和胜解，是学术研究的基本准则。该书作者一如既往，做了很好的示范。更为难能可贵的是，该书论题多涉及传统中西交通史领域的经典课题，向以艰深著称，但是作者却并未故作高深，也未简单套用今下时髦的“全球史”“内陆欧亚”等宏阔的概念进行包装，而是以平实的语言和逻辑，展示着千古丝绸之路上的传奇，可谓“有才华，却不愿以绚烂示人，收敛得天衣无缝；给人看的乃是另一面，即含蓄匀洁是也”[③]。学问深而下笔浅，追求深厚的造诣，并拓展博大的容量，如是方能演绎史学研究更广的“专业”含义。

---

① 林悟殊：《霞浦抄本研究之心路历程》，载余太山、李锦绣主编《丝瓷之路——古代中外关系史研究》第6辑，商务印书馆2017年版，第325—345页；《丝路夷教之华化归宿》，载朱玉祺主编《西域文史》第13辑，科学出版社2019年版，第1—24页。

② 最新出版的专著见尤小羽《明流道场——摩尼教的地方化与闽地民间宗教》，上海古籍出版社2022年版。

③ 吴小如：《废名的文章》，载其著《书廊信步》，辽宁教育出版社1996年版，第6—7页。

《胡汉中国与外来文明（宗教卷）》读后

葛承雍先生著《胡汉中国与外来文明》，由生活·读书·新知三联书店于2020年出版，煌煌五巨册，分为宗教卷、艺术卷、胡俑卷、交流卷、民族卷，共收录了作者已发表的近百篇有关胡汉中国与外来文明的研究论文。其中宗教卷题为“番僧入华来”，收集了作者从1996年到2017年发表的16篇有关古代外来宗教入华传播的论文，涵盖景教、摩尼教、祆教及伊斯兰教的研究。正如孙机先生在推荐词中所评介：“从宏观的大写意到严谨的工笔画，以文物与文献相印证，完成了一系列学术界为之瞩目的具有开创性的论文。”

入华景教研究发端于17世纪初西安《大秦景教流行中国碑》的发现，围绕该碑展开的汉文叙利亚文文字解读、景教传播的历史探讨等问题至今方兴未艾。20世纪初敦煌出土若干汉文景教写经，掀起了入华景教研究的第二轮高潮。2006年洛阳景教经幢面世，则进一步促使唐代景教研究向纵深开展。该书关于景教研究，收录了八篇论文。作者钩稽新旧资料，结合传世文献，探讨了入华粟特人景教信仰、景教在华传播及其兴衰、景教的音乐、洛阳景教经幢图像、景教华化等问题，广涉入华景教传播史的多重面相，多发前人所未发。

《唐代长安一个粟特家庭的景教信仰》一文，从《米继芬墓志》入手，对墓志所记粟特人及其景教信仰进行考察，对个中涉及的唐代质子制度、相关官职制度、朝贡时间、粟特人名等均有所讨论。如对墓志所记米继芬祖父伊西之名是否即为《大秦景教碑》中的“伊斯”

和《圣经》中的“以西”，提出疑问和推想，颇有启发。作者结合文献所记突骑施在中亚粟特地区的军事影响力，认为米继芬之父“突骑施”并非粟特人名而为军队统领，应为米国授予的尊号或官号（第30—31页）。尽管粟特语中“芬”字是粟特胡名的常用词尾，有“荣幸、运气”之意，作为粟特人的通用男名，复现率很高，[①] 但这一名字是否打上宗教色彩的烙印，作者谨慎地指出“有待进一步分析”（第31页）。另外，根据慧超《往五天竺国传》中描述米国等六国“总事火祆，不识佛法”[②]，新旧《唐书》也都记载了西域诸胡事火祆者，皆诣波斯受法，西安出土的天宝三载米国大首领《米萨宝墓志》，以及宋代米芾先祖可能信仰祆教的情况，[③] 都有助于说明当时的米国主要流行祆教。但是作者客观地指出“并非所有的粟特人皆信奉火祆教”（第32页）。作者根据墓志记载米继芬“幼（子）曰僧思圆，住大秦寺”，指出其父辈、祖辈必定都是景教徒，而这位景教僧侣之所以采取佛号，是“本土化”的传教策略。至于粟特人信仰景教的问题，作者也引证了丰富的中亚考古成果来证明，自然有说服力。在厘清米继芬一家的景教信仰后，作者进一步指出“就不能不重新认识唐长安粟特人的宗教文化，这愈发证明来自西域的移民是多种宗教并存与多元性文化的民族，也足以证明唐长安的景教势力绝非弱小”（第35页），则更具学理的意义。

作为基督教入华史的第一阶段，唐代景教的命运自来颇受教内外学者关注。《唐代景教传教士入华的生存方式与流产文明》，首先揭示了景教入华后所面临的地缘障碍、语言障碍、传播障碍、文化障碍和国情障碍，将景教入华后的生存方式概括为：对上层，参与政治；对中层，方伎沟通；对下层，慈善救济，指出这是景教徒谋取生存的

---

① 蔡鸿生：《唐代九姓胡与突厥文化》，中华书局1998年版，第39—40页。

② 慧超著，张毅笺释：《往五天竺国传笺释》，中华书局2000年版，第118页。

③ 张小贵：《唐代九姓胡奉火祆教“诣波斯受法”考》，载林中泽主编《华夏文明与西方世界》，香港博士苑出版社2003年版，第63—74页；《宋代米芾族源及其信仰》，《中华文史论丛》2010年第3期，第371—393、401—402页。

资本，甚至是能够在中国长期维持脆弱生存的重要原因。但景教最终以失败为结局，作者指出有如下原因："一是经济上比不过佛教徒，二是宗教理论上比不过佛教徒，三是信徒人数比不过佛道二教，四是教堂规模比不过其他宗教，五是传教上比不过其他宗教。"作者聚焦于不同社会文化环境的差异，从文化传播史的角度着眼，注重与佛道等其他宗教的比较，因此有关景教最终失败原因的解说，无疑更有历史感更具说服力。

《从景教碑试论唐长安景教的兴衰》一文中，作者首先回顾了基督教东方教会的形成，以及从波斯到中亚再进一步东传的历史，并结合唐初周边格局的较量与均衡，分析了景教传入唐长安的原因，指出："景教能获唐朝允准而于贞观九年传入长安，这是唐朝廷为争夺西域抗击突厥而采取的策略，是为拓土扩疆军事战略服务时附带的文化兼容手段。"（第 63 页）作者进而分析了以阿罗本为代表的景教士们非常重视基督"本土化"的传布策略，即在不损害景教教义思想的前提下，适当调整或改动其解说与论证，以适应中国本土的传播环境。其具体策略包括确定景教教名，借用佛、道用语，与儒家伦理结合，推行慈善救济事业，译出大量景教经典。最后作者指出，景教在长安兴衰的根本原因："对外来移民、外来文化，唐前期朝廷采用利用政策，到唐后期则变为排斥政策，这是景教在长安由盛而衰的根本原因。"（第 75 页）所论进一步深化了林悟殊先生关于"当我们在探讨某个宗教成败的原因时，与其刻意从该教本身寻找，不如从统治者的政策以及制定政策的社会历史背景去发掘，这样也许更能反映历史的本来面目"[①] 的主张。

《唐、元时代景教歌咏音乐考述》一文以学界较少关注的景教音乐为题，追溯了景教在唐、元时代的一些音乐活动的线索，指出景教传入唐代中国时，礼拜仪式中有叙利亚东方教会的基督教歌唱音乐传

---

① 林悟殊：《景教在唐代中国传播成败之我见》，《华学》第 3 辑，紫禁城出版社 1998 年版，第 93 页。

播，景教演唱的基督教歌曲曾取悦于唐代上层贵族，但没有在中国古代音乐史上取得相应的一席地位。景教《诗篇》圣咏音乐是高雅严肃风格，歌咏调式类型似乎较难，不利于在民众中普及、流播。唐代景教处在佛教、道教等宗教包围之中，加之其他民族俗乐流传较广，夹缝中生存的景教音乐难成气候。不过作者也指出，虽然唐元景教还没有条件发展本地教会的音乐，受洗的本地信徒不可能创造出新的教会音乐，顶多用本土语言轮番吟唱圣歌，但基督教西方音乐传入中国确定在元代是毫无问题的。由于景教本身传播力量小，唐元时代似乎没有在汉人中产生广泛影响，难以赢得人数上的优势，因此其歌咏音乐自然无法扩大受众面，无法争取到更多的皈依者。尽管资料有限，作者仍然求得“坚实而明朗化的新证”。

景教入华传播史研究的第三次高潮缘于 2006 年 5 月《大秦景教宣元至本经幢》残石在洛阳面世，张乃翥、罗炤、冯其庸、林悟殊、殷小平、葛承雍、唐莉、赵晓军、褚卫红等学者相继对该经幢进行研究，内容涵盖对所刻《大秦景教宣元至本经》及其题记的文字校勘、内涵释读、经文英译等，并延及唐代景教传播史等，该等论文集中收录于葛先生主编的《景教遗珍》论文集，极便学界参考。[①]《西安、洛阳唐两京出土景教石刻比较研究》即为其中一篇，文章根据经幢题记，指出在中国的景教士虽然没有实现使唐朝君臣皈依景教的理想，但是他们融入粟特移民的努力取得了一定的成效。他们允许教徒祭母祭祖，甚至大秦寺寺主、威仪大德、九阶大德等集体出动亲自参加教徒母亲的移坟迁葬仪式，这不仅对景教徒是一种安慰，也令当地汉人有所感动，符合儒家孝亲文化，更易为中国百姓所接受。通过对长安景碑和洛阳经幢的对比，作者指出，两者“一西一东前后相距四十八年，虽然景教不会再像开元天宝时期那么鼎盛，但这证明景教半个世纪中还在不断延绵，并且是在长安、洛阳两地同时传承”（第 101 页）。不过作者也敏锐地注意到，西安景碑所记的景教徒是比较正宗

① 葛承雍主编：《景教遗珍——洛阳新出土唐代景教经幢研究》，文物出版社 2009 年版。

的聂斯托里派，而洛阳的景教徒则多是中亚移民后代土生胡，与叙利亚来的传教士有所不同，洛阳景教徒更加佛教化，名字、名号都用佛号。这表明洛阳与长安的信教群众基础有可能不同（第102页）。仅从景教徒将《大秦景教宣元至本经》重刻于经幢上的行为可知，洛阳景教寺主可能还没有得到东都官方的大力支持（第103页）。此外，“坟墓经幢”与“景寺碑刻”的区别也有助于理解景教想要生存和传播模仿或借用佛教的努力。作者也注意到洛阳景教经幢上没有一个外国文字，尽管未必能说明洛阳粟特人景教徒已经丧失了使用母语的能力，但可证明这时的景教徒进一步华化了，这从经幢上部所刻与敦煌佛教飞天造型类似的图像都可以得到证明。作者在文中也指出了应注意洛阳米姓与长安米姓、粟特米姓的关系，对题记所反映的家族信仰问题等都有所揭示，无疑为东方基督教史研究打开新局面。

除了宏观上考察景教由长安至洛阳的华化历程外，葛先生还特别注意从细微处考察洛阳景教经幢的华化因素。《景教天使与佛教飞天比较辨识研究》一文，从洛阳景教经幢上的天使图像入手，对其与西方基督教天使形象、佛教飞天图像进行比较辨析，指出华化景教的天使形象不等于飞天，天使作为景教的信仰符号，其形象是不会轻易做出改变的，虽然吸收了佛教飞天的因素，但与飞天仍有区别。在此基础上，作者对“景教佛教化”这一观点质疑，认为景教华化不等于佛教化，“‘华化景教’与‘佛化景教’风马牛不相及”“佛教化的景教是虚假的命题”，反映了作者严谨的治学态度与敏锐的学术眼光。《洛阳唐代景教经幢表现的母爱主题》一文，从景教经幢题记中对母亲的追悼词切入，对其中体现的母爱主题进行专题研究，将中国传统的伦理道德与西方基督教的教义教规相比较，提出尊崇母亲并非西方基督教的传统，景教经幢题记对母爱的尊崇是糅合了中国“孝诚”的传统观念，是景教华化的体现。从母爱的角度来探讨景教华化问题，立意新颖，颇具启发意义。

《从新疆吐鲁番出土壁画看景教女性信徒的虔诚》一文，对吐鲁番景教寺院有限的残留壁画画面进行“透视”研究，指出画师是有选择的，意在形成一组表现女性群体的作品链，刻意复原和表现女信徒的虔诚。作者特别指出，在吐鲁番，景教寺院壁画中画师对壁画创作非常用心，将教主与女教徒画在同一个空间中，细腻优雅的线条和教堂空间构造配合，淡雅的色彩而不是艳丽的圆美，让观者的步履都庄重起来，很好地阐释了景教的观念与思想（第159—160页）。作者结合洛阳经幢是为安氏太夫人所立的事实，进一步阐发了景教教团内部对女性的高度重视。文章考虑到女性对宗教信仰虔诚的特点，丰富了对这一外来宗教如何进行传播的认识。

以上八篇有关景教研究的文字，构成了作者探讨古代夷教华化之路的主体。除此之外，作者对学界讨论极为充分的入华摩尼教问题也有关注。《唐两京摩尼教寺院探察》一文，从唐长安城中两所摩尼教“光明寺”入手，指出怀远坊光明寺乃于高宗时初建而武则天时改名大云寺，开明坊光明寺则是相隔了近百年后新建的，当时摩尼教僧侣自称为“光明宫”。作者进一步推论武则天时曾可能在洛阳从善坊建有摩尼教“法堂”，高宗时曾在长安怀远坊改建有佛化的摩尼教“光明寺”，玄宗时摩尼教“法堂”可能挂靠于此，唐代宗时又在开明坊新建有另一所摩尼教“光明寺”，宪宗元和时继续修葺扩建，直至武宗会昌时被取缔毁灭。作者对唐代两京摩尼寺变迁的考察，为传统的摩尼教及其东渐史提供了新的链条。《试论克孜尔石窟出土陶祖为摩尼教艺术品》一文，围绕着1999年发现于新疆库车克孜尔石窟的一件男根型陶制品展开探讨，对传统认为这是原始生殖崇拜的观点提出不同看法，结合摩尼教经典中关于两性观的教义，再从陶祖的形制、龟兹摩尼教的流行状况等方面综合分析，提出此陶祖是为摩尼教用于教义宣传的宗教艺术品，并且在年代问题上对此陶祖制作于唐初的传统观点质疑，认为此应为回鹘统治时期的作品。《龟兹摩尼教艺术传播补正》一文，根据早被学界关注的中古波斯文《摩尼教赞美诗集》的记载，论证龟兹摩尼教徒范围极广，听者规模盛大，涵盖了当地不同民族与各个阶层。作者还引用已故德国著名伊朗学家宗德曼发现的吐鲁番文书残片关于“慕阇去了龟兹”的记载，证明龟兹在摩尼教界的地位，以及龟兹摩尼教徒与各地摩尼教教团互通声息、相互支持的关系。作者进一步分析了龟兹几乎不见摩尼教徒活动痕迹的内外原因，并对摩尼教传播教义借鉴佛教及其他宗教的情况进行了勾勒。现代意义上入华摩尼教的研究肇始于20世纪初敦煌汉文摩尼教经典的发现。20世纪80年代以来，随着地方文物遗迹、民间文献不断出土，学界对唐后摩尼教的中国化，即潜修式明教和结社式明教的认识进一步深入。2008年福建霞浦等地民间宗教科仪文书的发现，为探讨夷教华化之路及其最终归宿提供了新资料，重新掀起入华摩尼教研究的热潮。葛先生有关克孜尔石窟和龟兹摩尼教艺术的研究提醒我们，正本清源、从头学起仍是摩尼教研究的不二法门。

不同于摩尼教、景教，中古时代传入中国的祆教并无汉译经典面世，有关入华祆教的研究呈现出与国际伊朗学界琐罗亚斯德教研究颇不相同的特色。[①] 尽管20世纪初敦煌文书的发现促进摩尼教研究的同时也促进了学界对祆教的关注，但入华祆教研究的真正热潮应始于1999年以来虞弘墓等胡裔墓葬的相继出土。《祆教东传长安及其在陕西的痕迹》一文发表于2002年，葛先生从当时新发现的西安安伽墓入手，讨论祆教传入长安及其华化的问题。除此之外，作者也注意从当代陕西民俗中寻找祆教的踪迹，尽管他最后严谨地表示“上述陕西传统风俗是否就是火祆教崇拜的残存遗痕，就现有资料看尚不明确，有待进一步的发掘考证”，但这无疑为本就资料稀缺的入华祆教史研究提供了一种新思路。《祆教圣火艺术的新发现——隋代安备墓文物初探》一文，首先向学界披露2007新发现的隋代安备墓石葬具对祆教研究的意义。作者对石葬具祆教艺术尤其是火坛造型进行了细致分析，指出探寻祆教火坛艺术的源头，“不一定非要从波斯古经文《阿维斯塔》中去找寻，而忽视中间的传播环节”，“否则反而会遮蔽祆教东传历史的真相”。《隋安备墓新出石刻图像的粟特艺术》一文，

---

① M. Stausberg etc. eds. , *The Wiley Blackwell Companion to Zoroastrianism*, John Wiley & Sons. Ltd. , 2015.

进一步对已经掌握的石棺床四块石刻图像进行研究，对其中的出行图、商旅图、对饮图、宴舞图进行了详细考察，作者指出："这四块石雕绘屏风画不仅是墓主人生前的追忆，也嵌入了粟特人竞择生存的历史叙事，表明他们在汉化圈子里伏脉隐线，坚持自己的文化信仰，他们可能表面上为汉化之齐民，实际上仍坚持胡人的传统，即使死后也要保留传统，至少没有放弃祆教信仰，石榻正面的拜火坛与人身鹰足祭司都是证据。"（第 262 页）安备墓志只字未提祆教信仰，安备"字五相"乃源于佛教密宗"五相成身"的术语，这些证据或表明安备是一名佛教徒，对这一观点作者也进行了回应。近年来，学界已有专文根据安备墓志对安备的族属进行了新的解说。[①] 安备石榻正面的拜火坛与人身鹰足祭司也与虞弘、安伽、史君诸墓石葬具所见火坛及祭司形象有所差异，而与美国谢比·怀特（Shelby White）和列昂·列维（Leon Levy）收集品中石棺床构件的相关图像类似，[②] 因此这个问题或有进一步研究的必要。《北朝粟特人大会中祆教色彩的新图像》一文，同样于第一时间向学界公布了新资料，文章对 2012 年国家博物馆收藏的北朝胡墓石堂进行考察，通过对比波斯瑣罗亚斯德教火庙和粟特本土祆祠的形制，推测此中国式石堂可能为祆祠，并指出"以中国式建筑厅堂来刻画祆教大会的场面，其做法值得深入研究"，为祆教华化和中国祆祠建筑的研究提出新问题。总的来说，有关祆教研究诸文，葛先生及时公布新资料，尝试展现丝绸之路上波斯、粟特和中原文化交流图景的努力都值得表彰。

除传统的三夷教之外，该书尚收入《唐长安伊斯兰教传播质疑》一文，该文对传统认为隋唐时期伊斯兰教传入中国的观点质疑，利用中外文献记载和考古发现，对伊斯兰教是否在隋唐长安、扬州、泉

---

① 毛阳光：《洛阳新出隋〈安备墓志〉考释》，《考古与文物》2011 年第 5 期，第 84—88 页。陈浩：《"安居耶尼"考》，载余太山、李锦绣主编《欧亚学刊》新 5 辑，商务印书馆 2016 年版，第 139—151 页。

② Martha L. Carter, "Notes on Two Chinese Stone Funerary Bed Bases with Zoroastrian Symbolism", in Philip Huyse ed., *Iran. Questions et Connaissances*, Vol. 1. *La Période Ancienne*, Paris: Association Pour L'Avancement des Études Iraniennes, 2002, pp. 263 - 287.

州、广州等地传播进行了全面的解说。有关阿拉伯商人及其宗教传入中国的历史，虽然没有三夷教的研究那么广受关注，但中外学界不时有成果问世，需要引起国人注意。① 在该文末，作者指出："一种宗教的传播不会是偶然的，取决于统治阶级和一般民众的接受程度，总有生根、发芽、开花、结果的过程，其传播的标志是要有传教者、皈依者、信仰者以及宗教的圣贤经典、寺院建筑、特色艺术等。按照这样一个公认的标准衡量，唐长安没有留下任何伊斯兰教传播的可靠记录。至于后世不加详尽考证的口碑宣传，原本已超出了历史研究的范围，但近年来一些专著不辨差异，按其所需，仍随意推测，凭空臆想，只能造成学术研究的空泛和混乱，使人产生浮躁浅薄的不良感觉。"（第 296 页）所论振聋发聩，尤其值得今日研治古代外来宗教文化传播史的学者警醒。

蔡鸿生先生为该书所写的推荐词中指出："在中古胡汉文明的求知路上，葛承雍一步一个脚印前行，具有敢为人先、探微阐幽的学术风格。他对新文物和旧文本所作的阐释，使研究对象更加物质化和更加精神化。匠心独运的五卷文集，既是尝试集，又是新知集，实证与妙语兼而有之，引人入胜，耐人寻味，发人深思。"随着中古外来宗教的各种遗存资料不断公布，越来越多的学者和葛先生一样积极投身其中，我们也期待着中国学界的三夷教研究早日变"资料优势"为"学术优势"。

---

① J. W. Chaffee, *The Muslim Merchants of Premodern China. The History of a Maritime Asian Trade Diaspora*, *750 – 1400*, Cambridge University Press, 2018.

《景教遗珍——洛阳新出土唐代景教经幢研究》读后

2006年5月，洛阳面世一残半的唐代景教经幢，是为近年国内景教文物的最重大发现。按照陈寅恪先生的观点："一时代之学术，必有其新材料与新问题。取用此材料，以研求问题，则为此时代学术之新潮流。治学之士，得预于此潮流者，谓之预流（借用佛教初果之名）。其未得预者，谓之未入流。此古今学术史之通义，非彼闭门造车之徒，所能同喻者也。"①《景教遗珍——洛阳新出土唐代景教经幢研究》（下简称《遗珍》）即为学者们面对新材料积极"预流"的努力。该书按照文章发表先后，依次收录了张乃翥、罗炤、冯其庸、林悟殊、殷小平、葛承雍、唐莉、赵晓军、褚卫红、洛阳市第二文物工作队诸学者对该经幢的初步研究，包括对所刻《大秦景教宣元至本经》及其题记的文字校勘，内涵释读，经文英译，延及唐代景教史，另有经幢出土地的考古调查报告等。该书提供中英文目录，每篇专题文章附英文提要，或节译、全译，俾便国际同仁了解、参与经幢的研究。该书全面刊布了该经幢的清晰图版，包括正面、侧面、局部彩图，更有文字、图像拓片的高清真照片，为尔后国内外学者的深入研讨提供可靠的原始文本。

① 陈寅恪：《陈垣敦煌劫余录序》，载其著《金明馆丛稿二编》，生活·读书·新知三联书店2001年版，第266页。

一　文献价值

洛阳唐代景教经幢面世，无疑为唐代景教研究增添了不可多得的宝贵资料。唐代景教研究始于明天启年间（1621—1627）西安景教碑的出土，近400年来，取得了丰硕成果。① 除了景教碑之外，20世纪初敦煌出土的汉文景教写经是景教研究的另一重要资料，主要有：1908年为伯希和所得、今藏巴黎国家图书馆的敦煌写本P.3847，包括《景教三威蒙度赞》《尊经》及一写经者的按语；原李盛铎旧藏，现藏日本的敦煌写本《志玄安乐经》；原李盛铎旧藏，现藏日本某氏的敦煌写本《大秦景教宣元本经》等几种。而早年曾被认为是李氏旧藏的景教真迹《大秦景教大圣通真归法赞》和《大秦景教宣元至本经》，即所谓小岛文书，于20世纪90年代初就被学者考证为近人制作的赝品。② 而洛阳经幢的面世，证明经幢本《宣元至本经》对应的是《宣元本经》，所谓李氏旧藏的小岛文书并非敦煌真迹，盖可定案。就此问题，《景教遗珍》一书的多位作者都一致予以肯定。这一结果，相信也会引起学界重新关注富冈文书《一神论》和高楠文书《序听谜诗所经》的真伪问题。③ 由此看来，中国景教研究所依据的汉语“内典”资料数量有限，因此任何新资料的发现都显得弥足珍贵。

但学者们并未盲目夸大经幢所勒经文的学术价值，而是进行了尽

---

① 耿昇：《外国学者对于西安府大秦景教碑的研究》，《世界宗教研究》1999年第1期，第56—64页；《中外学者对大秦景教碑的研究综述》，载中外关系史学会编《中西初识》，郑州大象出版社1999年版，第167—200页。林悟殊：《西安景教碑研究述评》，载刘东主编《中国学术》第4辑，商务印书馆2000年版，第239—260页；此据其著《唐代景教再研究》，中国社会科学出版社2003年版，第3—26页。

② 林悟殊、荣新江：《所谓李氏旧藏敦煌景教文献二种辩伪》，《九州岛学刊》1992年第4卷第4期，第19—34页；此据《唐代景教再研究》，第156—174页。

③ 林悟殊：《富冈谦藏氏藏景教〈一神论〉真伪存疑》，载荣新江主编《唐研究》第6卷，北京大学出版社2000年版，第67—86页；《高楠氏藏景教〈序听迷诗所经〉真伪存疑》，《文史》2001年第2辑，第141—154页。此据其著《唐代景教再研究》，第175—228页。

量客观的判断。从经文内容看，经幢所刻《宣经》共计 19 行。其第 1 至 11 行的残文，对应了敦煌残本，而文字间有差异；余行内容则为现存敦煌残本所缺录。因此，洛阳经幢本的发现，无疑为《宣经》研究提供了不可多得的新资料，使对整个经文的了解，得以跨进一大步。就如何正确认识经幢本《宣经》的价值，收入该书的林悟殊、殷小平先生《经幢版〈大秦景教宣元至本经〉考释——唐代洛阳景教经幢研究之一》一文所论较为客观，“根据录文比勘，可以发现《宣经》的经幢本和敦煌本不惟题目有一‘至’字之差，内容若干词句亦有异”，表明“两者很可能是各有所本”。“由于经幢本中‘民’字出现凡两次（见第 3、14 行），均无缺笔避讳；而敦煌本虽只出现一次，但像多数唐代写本那样避讳缺笔。这使我们至少相信：敦煌本的粉本应早于经幢的制作。”（第 72—73 页）作者分析了当今论者就《宣经》全名有无“至”字，多以经幢本为是的原因，令人信服地指出“说不定《宣经》的原始版本就没有一个‘至’字”（第 74 页）。也就是说，虽然经幢本《宣经》篇幅多于敦煌本，但从文献学角度看，敦煌本实有其不可替代的版本价值。

由于《宣经》并无传世完整本，因此其篇幅问题也颇有争议。《遗珍》一书的作者们就提出了至少三种不同的观点。其实，《宣经》的篇幅问题，需要经幢残缺部分的重新发现始能有望解决，而并不能简单认为其已因洛阳景教经幢的发现而解决。客观估量“新资料”的价值无疑为进一步研究奠定了坚实基础。

就该经幢的资料价值，该书作者们更聚焦于“幢记”，就如殷小平、林悟殊先生所指出，“从宗教史的角度看，该石幢更有历史价值的，当是石刻的题记部分”（第 92 页）。

二　深化对景教华化的认识

洛阳景教经幢带来此前不为学界所知的崭新信息，即唐代洛阳存在着比长安更加华化的景教群体。诚如蔡鸿生教授在该书扉页推介辞中所指出："作为唐代景教遗珍，洛阳新出的《宣元至本经》及幢记究竟'新'在哪里？如果着眼于时、地、人，似乎可以形成这样的印象：第一，反映出'安史之乱'后到'会昌法难'前的景教状况，为长安《大秦景教流行中国碑》续新篇；第二，洛阳的景教是在佛教文化的强势之下生存的，其教阶和礼仪散发出浓烈的佛味，经刻于幢，就是'景'与'佛'的矛盾性结合；第三，景士和信众来自胡姓（米、康、安），其人物称谓和人际关系，隐约表露出洛阳景教还是以华化胡裔为社会基础的。"

洛阳经幢"新"在揭示了唐代后期景教在华传播的华化命运。就景教华化问题，既往的研究多集中于讨论敦煌景教文献中术语及表述方式的佛教化与道教化。如敦煌本《尊经》的表达形式即踏袭了佛教忏法敬礼文敬礼诸佛、诸经、诸菩萨的形式。[①] 敦煌本《宣元本经》亦含有浓厚的道释色彩。[②] 然而，有关华化的具体史实却多隐晦不清。就景教的华化问题，新发现的洛阳景教经幢所带来的宝贵信息，可以说刷新了我们的认识。

张乃翥先生的《跋洛阳新出土的一件唐代景教石刻》一文，从中外文化交流史角度，对经幢题记内容所反映的史实进行了考察。文章指出景僧清素等以"经幢"方式为所亲追荐于墓地，乃仿照佛教风俗，反映出唐代东都地区各种异质文化相互借鉴、渗透的史实。而墓主"安国安氏"一家与其他神职人员为入华粟特人后裔，不唯反映出唐代洛阳地区存在景教寺院及教团，且表明其乃以华化胡裔为信众基础。另外，张文也从文物石刻图像细部结构，以及经文术语等方面讨论了其时景教对汉地儒释文化的借鉴。正如作者指出："当我们以这种朴素直感的理性思维来看待洛阳出土的这件景教石刻文物的时候，其汉字刊刻的经文、幢记，对于一个粟特部族的景教社团来说，

---

① 松本榮一：《景教〈尊經〉の形式に就て》，刊東京《東方學報》8，1938年，第21—32頁。

② 林悟殊：《敦煌本〈大秦景教宣元本经〉考释》，《九州岛学刊》第6卷第4期敦煌学专辑，1995年3月，第23—30页；此据其著《唐代景教再研究》，第175—185页。

不仅透露出他们在语言生活中已与中原汉族文化保持着极大的同一性，而且在潜层信息领域内，实际上折射出当时东来景教教团必然在汉族民众中有意实施弘法行径的史态。如此看来，无论我们从洛阳出土的这件景教文物的硬件文字信息抑或所含潜在‘软信息’的哪一个层面来审查，这件不期之珍都一再真实地说明了古代社会中外文化交流的广博与深邃!”（第15页）

有关洛阳景教对中国传统文化，特别是对佛道二教与儒家文化的借鉴，罗炤先生《洛阳新出土〈大秦景教宣元至本经及幢记〉石幢的几个问题》一文亦持相类观点。文章指出《宣经》是景净所造的景教“伪经”，其重要根据之一即谓“此经主体部分大量采用佛教、道教的核心概念和表述方式”（第44页）。循此思路，作者对《贞元录》记载景净与般若合译《六波罗蜜经》之事，提出新的解读视角，无疑颇耐人寻味（第46—48页）。另外，作者也指出《经幢记》结尾题名中所录“前三位主要领导者的职衔、法号和俗姓都完整保存。这三位高级教士的中文法号，与佛教僧人的命名方式、意义、性质完全相同，仅从名字上区分不出他们是佛教僧人，还是景教教士。……法和玄应之名，可能是仿照禅宗僧人的命名习惯而产生的”（第49页）。另外，根据《幢记》记载，幢主悔恨自己“未展孝诚，奄违庭训”，显示他受到儒家孝道的熏染。作者进而指出：“事实上，不仅是洛阳景教经幢的建造者，而且唐朝景教的全体信仰者都在一定程度上接受了儒家的影响，例如《宣元至本经》中的‘开生三常’、‘以善教之，以平治之’，便是儒家的重要理念。……西安碑、洛阳幢和敦煌景教写经告诉我们，基督教与儒家的融通，并不自利玛窦始，唐朝的景教在8世纪已经开始这一历史进程了。”（第53页）

殷小平、林悟殊先生《幢记若干问题考释——唐代洛阳景教经幢研究之二》一文，集中讨论了对宗教史研究更具历史价值的幢记部分，尤其注重厘清有关人物称谓与人际关系。如作者重新对幢记撰人“于陵文翼”进行解读，认为其是信奉景教之胡裔，且是早已华化的胡裔，除继承先人夷教信仰，其文化背景殆与汉族士人无异。“而其被遴选为幢记人，当然不止是因为与幢主同为教友，或华文造诣特高，其本人必定在社会，或在教内颇有声望地位，足以匹对甚或超过幢主。”（第98页）而幢记内容则暗示立幢人自幼所受家庭教育便是儒家的孝伦理，其先祖虽来自西域，但在中土已历世代，后世渐次华化，及至其父母辈，华化程度已极深，始有以儒家孝伦理、尊师重道之精神教诲子女。立幢人为亡妣、亡师（或师伯）修建墓茔，并隆重迁葬，这纯属地道的儒家行为。至于刻经立幢，则是效法中国主流宗教——佛教，亦为华化的典型表现（第100页）。

收入该书的林悟殊先生《经幢版“三位一体”考释——唐代洛阳景教经幢研究之三》一文，从解读经幢版“三位一体”的表述入手，进而解释景教入华传播的文化史。三位一体乃基督教的基本信条，传入唐代中国后，其汉文的表述至少产生过两个版本。其一，即《尊经》所见的“妙身皇父阿罗诃，应身皇子弥师诃，证身卢诃宁俱沙，已上三身同归一体”。由于抄录《尊经》的敦煌写本P. 3847卷子已被证明是唐亡后制作，意味该版本一直流行于唐时中国西北的景教徒中。[①] 其二，即洛阳景教经幢所勒的“清净阿罗诃，清净大威力，清净大智慧”。作者指出，这个版本比前者无疑更加佛化、民间化、通俗化，显然更易为那些华化胡裔教徒所理解接受。这个版本应在经幢营建时，即已为洛阳当地的景教徒所熟知，表明唐代后期的洛阳地区，确实存在着一个华化程度比西北地区更深的景教群体（第120页）。从文章的论证看，作者显然是受益于陈寅恪先生的训示：“依照今日训诂学之标准，凡解释一字即是作一部文化史。”[②]

洛阳景教群体的存在表明：宗教文化传播过程所发生的变异程度，不唯因时间的推移，而且因传播空间的不同而产生差别。将洛阳景教与西安景教作比，无疑更有助于深入认识景教传播过程中的华化问题。葛承雍先生《西安、洛阳唐两京出土景教石刻比较研究》一

---

① 林悟殊：《敦煌景教写本P. 3847再考察》，《敦煌吐鲁番研究》第5卷，北京大学出版社2001年版，第59—77页；此据其著《唐代景教再研究》，第123—145页。

② 沈兼士：《沈兼士学术论文集》，中华书局1986年版，第202页。

文，即从此角度出发，对洛阳景教华化问题做了深入探讨。作者认为："西安《大秦景教流行中国碑》是比较正宗的聂思脱里派，而洛阳是中亚移民后代土生胡，与叙利亚来的传教士有所不同，洛阳景教徒更加佛教化，名字、名号都用佛号。这表明洛阳与长安的信教群众基础有可能不同。如果说长安景教对统治者上层展开强势宣传，那么洛阳景教有可能更多地是对民间百姓展开布道。"（第 125 页）作者亦着重讨论了两碑刻所反映的细节差异，如"长安景教碑是立在景教自己的寺院里，洛阳景教经幢则是立在教徒的墓地里，两者差别在于一个是朝廷允许的，一个是民间自发的"（第 125—126 页）；"对比长安、洛阳两京景教传播的差别，还要注意到唐代景教与宫廷的关系"（第 126 页）；等等。作者也注意到了西安景教碑上景僧有叙利亚文题名，却未标注俗姓；而洛阳经幢刻有景僧俗姓，并无外国文字。这种差别正表明，洛阳景教徒入华日久、深度华化，力图在语言上融入当地社会。另外，景教碑与洛阳经幢所刻十字架的异同及其与叙利亚东方教会所用十字架的关系等，正是国内研究景教的学者们尚未深入探讨的领域。正如作者所指出："长安景教碑和洛阳景教经幢是中国景教历史上最重要的两块出土石刻，证明了唐代两京景教之间的互相呼应，相得益彰，也是东西交相辉映，但是由于洛阳景教经幢残断了一半，许多疑惑还不能解决，若是追寻线索再能进行考古发掘，就会破解更有历史价值的难题，取得进一步深入研究的成果，将对整个东方基督教历史研究带来新的局面。"（第 132 页）

三　文本翻译

"今世治学以世界为范围，重在知彼，绝非闭户造车之比。"① 唐代景教研究自始就是一门世界性的学问，因此更不能"闭户造车"。该书所收唐莉博士《洛阳新出土大秦景教经幢文初释及翻译》一文，

① 陈寅恪：《吾国学术之现状及清华之职责》，载其著《金明馆丛稿二编》，第 362 页。

即表明了编者希望将这一景教“不期之珍”纳入世界学术范围内进行讨论，以期取得更深入的认识。汉语景教文献的西文翻译本身，需要建立在对经文内容准确而深入理解的基础上，其实就是一项专门的研究。随着学界对经文研究的不断深化，对经文的解读不断推陈出新，与此相应，经文西译的新版本也不断出现。可以说，尽管汉文景教“内典”数量极少，但有关的翻译研究却未有穷期。进入21世纪，新的译本已接二连三。如2002年唐莉翻译出版了全部景教汉文文献的新英译本。[①] 意大利青年学者马明哲（Matteo Nicolini-Zani）也出版了景教写本的意大利文译本。[②] 而德国宗教学家宁梵夫（Max Deeg）也在进行景教文献的德译工作。[③] 笔者相信，该书对经幢本《宣经》的译释，必将和相关研究相得益彰，互相推进。

正如《编后记》所指出：“学术界专家学者对洛阳景教经幢都在探索，现在还不是讨论观点正确与否的总结阶段。欢迎各抒己见，求同存异，切磋补益。我们相信严肃认真、考证扎实的论著历久而弥新，经不起时间考验和历史检验的平庸著述必被淘汰。”（第173页）窃以为，该书的贡献正在于：以规范的方式向学界展现了这件景教研究的“新资料”，同时把最早参与讨论“新资料”的一批文章汇编呈献给读者，该等文章对新资料率先提出了自己的见解。随着研究的纵深发展，该书的诸多观点或许会修正、补充，但研究的角度和方法，更有作者们唯真是求的研究精神，势必为日后景教研究提供借鉴，推动更多学人成为“时代学术之新潮流”的预流者。

---

① Li Tang, *A Study of The History of Nestorian Christianity in China and its Literature in Chinese: Together with A New English Translation of The Dunhuang Nestorian Documents*, Frankfurt: Peter Lang, 2002, revised ed. 2004.

② 如《世尊布施论》已译成意大利文发表，见 Matteo Nicolini-Zani, *Sulla via del Dio unico*, Testi dei padri della chiesa 66, Magnano 2003。译者称将把敦煌发见的所有景教写经都译成意大利文刊布。Nicolini-Zani, *The Luminous Way to the East: Texts and History of the First Encounter of Christianity with China*, New York: Oxford University Press, 2022.

③ 陈怀宇：《唐代景教史三题——以景教碑为中心》，载沈卫荣主编《西域历史语言研究集刊》第2辑，科学出版社2009年版，第174页。Max Deeg, *Die Strahlende Lehre: Die Stele von Xi'an*, orientalia-patristica-oecumenica Vol. 12, Wien: Lit Verlag, 2018.

《中古中国祆教信仰与丧葬》读后

自1999年虞弘墓、2000年安伽墓等墓葬发现以来，国内外学界曾一度掀起粟特、祆教研究的热潮。2019年，沈睿文教授出版《中古中国祆教信仰与丧葬》（上海古籍出版社）一书，将2006年以来撰写的多篇论文合集出版，集中展示了作者在这个领域辛勤耕耘的成果，正如研究热过后的一丝清气，饶有兴味而又发人深省。作者熟谙中古墓葬考古和丧葬文化，此前曾著有《唐陵的布局：空间与秩序》（2009、2021年）、《安禄山服散考》（2015、2016年）、《中国古代物质文化史·隋唐五代》（2015年），以及《都兰吐蕃墓》（2005年，合著）等专书，因此在将这批胡裔贵族墓葬资料还原到中古中国的墓葬系统之中考察时，显得格外得心应手。同时，作者目光所及，并不局限于对中古考古资料的整体认识，而是广泛参考琐罗亚斯德教（祆教）教义和内亚习俗，考镜源流、辨析异同，于中古政治文化与中外交流的大背景下，赋予这批墓葬新的意义。

一　墓葬形制与种族文化

根据墓志记载，安伽等人大多担任过萨保，属为宦中土朝堂的外来官员，因此他们的墓葬葬制、葬俗如何在遵循所辖王朝有关制度的同时又固守本民族文化，自应成为相关研究的出发点。在《导论》中，作者循此思路对中古中国祆教徒的信仰与丧葬进行构建，方便读者对全书获得整体性的认识。第一章《论墓制与墓主国家和民族认同的关系——以康业、安伽、史君、虞弘诸墓为例》，即在种族或民族认同和国家认同的框架下，将几座墓葬视为整体，来考察它们的葬制、葬俗与所辖王朝的关系。这批胡裔墓葬如何遵守北朝制度，又如何展示自身种族文化，皆在书中一一呈现。

从根本上说，安伽等粟特裔贵族主要采取了北朝墓葬制度的内容，其墓葬形制、规模与已经发掘的北周高官贵戚并无太大差别。但是作者敏锐地注意到，安伽、康业、史君诸墓皆使用石门、围屏石榻或石椁，而后者却未能如此使用石材构件，这显然跟他们在北周政治中所起的作用分不开，他们均以萨宝这一政教首领身份在民族关系纷繁复杂的北朝中担当重任。值得注意的是，安伽等墓的围屏石榻，正是北齐墓室北壁正中墓主画像所在的座床（榻）与背屏的具象表现，在葬具的背屏上也同样表现出墓主"宴乐（夜宴）＋出行"的主题，作者据以指出北朝东、西政权的丧葬图像实同且源于北魏，粟特裔贵族墓葬采用的围屏石榻实是根据墓主的种族文化而调适的一种变形。到了有唐一代，因为石榻的载体逐渐被政府禁止，棺床、甚或只是棺柩成为墓主所在的象征，从而使得屏风在墓室中的位置也随之发生相应变化。除此之外，作者更将目光指向那些与墓主种族文化发生关联的元素，"这些元素跟作为该种族文化核心之一的葬俗多密切相关，故而才会在对他们而言全新的墓制之中仍旧得到表现和渲染"。由此，墓葬所反映的墓主民族文化和政治身份之间建立了沟通的桥梁，墓主们终于可以陵墓形式埋葬，而又不悖于所奉祆教之本义。

作者依照葬具将所讨论的墓葬分作两大系统，即石重床的现实纪功图像系统和石堂的神性图像系统，安伽、康业、天水石马坪等墓的石重床图像中以世俗内容为主；而史君、虞弘等石堂的图像则多表现神性内容。作者认为这是由于重床和石堂（石坟）的不同功能导致了它们在相同构图程式之下，却表现出互异的内容和艺术形式，从而呈现出多样性和多元化。而这种图像神性与现实性的取舍及表现手法，显然与墓主生前的政治经历直接相关。他们都不约而同地使用这两种葬具，则与墓主胡裔文化的特殊性有关。北朝墓葬所见石质葬具应该是鲜卑墓葬中的石室传统与汉地石葬具传统相结合的产物，而信奉祆教的粟特裔贵族又可用来防止尸体污染大地等善端，可谓一举两得。

不过作者特别提醒，安伽等粟特裔贵族调适身份认同与种族文化，并不可简单视为“华化”，更不是说他们欲图将自己从“圈外人”变成“圈内人”。作者主张最好能先有全面之综合研究，并逐一甄辨出其中的各个因素，而不要一概以“胡化”“汉化（或华化）”来涵盖之。通过辨别那些游离于体制内外之间的细节来解读墓主“自认”的种族文化，才可避免以偏概全。

第三章《天水石马坪石棺床墓的若干问题》，即在作者所构建的国家与种族认同的理论框架下，对天水石马坪石棺床墓的宗教属性进行讨论。作者指出天水石马坪围屏石榻图像中最为特殊的便是背屏占据主要篇幅的曲尺形长廊，天水石马坪既使用石棺床，又表现廊庑（相当于仿木构壁画表现），正是对同种种族文化及政治身份的葬具的承继。该图像中祆教的因素并不明显，如早年被学者比定为密特拉神的图像[①]也受到了质疑，[②] 但作者指出，墓葬使用石棺床跟防止尸体污染土壤的习俗有关，是一种有意识的建筑行为，如此来判断墓葬的祆教属性显然避免了架空立说。

相对于前面述及的几座北朝墓葬来说，太原金胜村唐墓并非学者们讨论的热门题材。在第十章《太原金胜村唐墓再研究》中，作者敏锐地看到了这批墓葬的特殊性。根据墓葬形制和规模来看，墓主的品级为五品、从五品及其下。但是从随葬品和墓室壁画内容来看，这批墓葬墓主的品级则多在三品以上。鉴于唐代禁止石椁等石葬具，作者将金胜村唐墓墓室北部东西向的棺床，视作此前粟特裔贵族墓室东西横置的围屏石榻，而墓室顶部的幔帐流苏，相当于后

---

① 姜伯勤：《中国祆教艺术史研究》，生活·读书·新知三联书店2004年版，第163—164页。

② 张小贵：《祆神密特拉形象及其源流考》，载罗丰主编《丝绸之路上的考古、宗教与历史》，文物出版社2011年版，第244—260页。

者围屏石榻背屏中对坐的墓主夫妇头顶的帷帐。联系到河北鸡泽县北关的五座唐墓出现无棺葬的形式跟迁葬合祔有关，金胜村唐墓未发现葬具痕迹，人骨架散置于棺床之上，应也是这种情况。作者认为宁夏盐池窨子梁墓地与固原九龙山M33墓地都为琐罗亚斯德教传统的埋葬形式，而固原史氏家族墓地则是另外一种不悖其种族文化的粟特裔墓葬。太原金胜村唐墓的埋葬形式则介乎二者之间，亦应为入唐粟特裔墓葬。金胜村墓葬中出现石灰、朱砂书写墓志正是早期粟特裔贵族与中古中国丧葬传统碰撞初期的忠实写照。而第5号唐墓所出银币既非口含，亦非手握，银币背部中间饰有祆教火坛及祭司图像，或以为以此表示自身宗教信仰。这些都成为作者判断该墓主是否为信奉祆教的粟特裔的证据。作者还结合隋虞弘墓的情况，认为金胜村唐墓墓主，正是隋唐嬗代之际追随李渊起事建立功勋的虞姓粟特胡。他们选择树下老人（高士）屏风画便是这种政治立场和行为的结果，表示对新生的唐政府的忠诚和功成身退、无意政治（归隐）之意。而金胜村一带应是初唐政府特意安葬太原地区粟特贵族首领的一个墓地，其规划恐跟隋时虞弘夫妇安葬于此存有某种关联。近年来，有关虞弘和鱼国的研究重又引起学者的兴趣，[①] 本章考证无疑又添新例证。

文末，作者将隋、初唐粟特裔祆教徒的墓葬概括为如下四种形式：第一种，如盐池窨子梁墓地以及固原九龙山M33，此为传统的方式。第二种，如固原史氏家族墓地，对所辖王朝的国家制度认同，但亦不悖其种族文化。第三种，如太原金胜村唐墓的形式，介于上述二者之间。第四种，如曹怡墓，天葬后，仍营建虚冢，展示其享受的政府待遇。这批墓葬的年代为初唐，集中于武周时期。同第一章相同，这一概括可作为作者对本课题进行理论构建的新尝试。

---

① 冯培红：《廿年虞弘夫妇合葬墓研究回顾与展望——以虞弘族属与鱼国地望为中心》，《西域研究》2020年第2期，第153—165页；《鱼国之迷——从葱岭东西到黄河两岸》，甘肃教育出版社2023年版。

二 图像志与象征意义

安伽等石葬具上皆浅浮雕或阴线刻有图像，这些充满异域风情、文化内涵丰富的图像内容引起国内外学界极大重视，研究成果颇多，但仍有未安之处。该书多篇文章对相关的图像程序、宗教属性与文化内涵重作解释，新意迭出。

第二章《吉美博物馆所藏石重床的几点思考》，参考翟曹明墓石门扉上彩绘武士所持三叉戟跟墓主战将身份的紧密关联，借以分析吉美石重床墓主的政治身份，并根据石门楣上线刻金鸡的祆教内涵，来解释其宗教内涵。有关金鸡的宗教属性，作者曾指出唐玄宗为安禄山设金鸡障，就是出于金鸡为祆教大神斯劳沙圣禽的考虑，玄宗是依照安的种族文化习惯安排接见礼仪的，丰富了前人关于安禄山种族与宗教信仰的讨论。① 另外，作者也依据北朝隋的出行程式来考察吉美藏品背屏构图中的“诞马”，并将它跟史君石堂东侧三屏的内容比较，以断定其乘骑者为墓主，并对上述背屏图像中为何将墓主略去作出新解。作者也指出，吉美石重床的纹样应为太一出行，其中背屏 2 上部的人面鸟身兽和兽首鸟身应为所谓千秋万岁，而非如康马泰所说中古波斯文化圈流行的一种吉祥神兽“森木鹿”的形象，显然更有说服力。

第五章《北周史君石堂 W1、N5 的图像内容》。有关 W1 的宗教属性，学界历来颇多分歧，魏义天、吉田丰从摩尼教的角度加以解释，② 石

---

① 荣新江：《安禄山的种族与宗教信仰》，载台北中国唐代学会编辑委员会编《第三届中国唐代文化学术研讨会论文集》，台北 1997 年，第 231—241 页；修订作《安禄山的种族、宗教信仰及其叛乱基础》，收入其著《中古中国与粟特文明》，生活·读书·新知三联书店 2014 年版，第 266—291 页。

② É. de la Vaissière, “Mani en Chine au VIe siècle”, *Journal Asiatique*, Vol. 293. 1, 2005, pp. 357 - 378. 吉田豐：《寧波のマニ教畫：いわゆる〈六道圖〉の解釋をめぐって》，《大和文華》第 119 號，2009 年，第 10—12 頁。

美渡江则认为这是一幅“帝释窟说法图”①，姜伯勤认为W1上部的主神为祆教密特拉神，② 葛乐耐等学者指出史君石堂南壁和东壁的图像最具琐罗亚斯德教内涵。③ 作者在葛氏立论基础上，对整个图像重新解释。他认为W1的7位神祇便是琐罗亚斯德教的“七神”（即“七善灵”）。图像中出现的一对狮子，是象征阿赫里曼的恶势力在聆听阿胡拉·马兹达的说法，并为后者所驯服。图像中相关人物应是史君夫妇虔诚礼奉琐罗亚斯德教，而非史君之双亲。作者力图从原典中辨析图像特征，而又避免超越自身范围或“某个概括的层次”的解释，正是图像志研究的不二法门。④

有关N5的图像，作者根据琐罗亚斯德教徒穿圣衫系圣带的制度，以及早期教徒到圣山朝拜献祭的传统，认为图像上部的老者便是指代暮年的史君。有关祆教圣衫塞德拉，葛乐耐曾指出Miho博物馆所藏石重床背屏E的画面中有送塞德拉的场景，⑤ 作者谨慎地指出，在虞弘石椁椁壁浮雕之一中，马后右侧两侍者左腋所夹之物为茵褥，为中古中国出行程式中所携之物。因此，Miho博物馆所藏石重床背屏E中妇女腋下所夹之物并非塞德拉。这是作者熟谙中古物质文化才能作出的客观判断，正可补西人解释之不足。针对史君石堂N5中A区仅表现男性的原因，作者认为这同样意在表示墓主史君宗教信仰的传统，史君夫人（维耶尉思）最终同样通过钦瓦特桥以及升入中界，跟安伽一样，史君一族的丧葬恐也已融入内亚社会的葬俗。

第七章《青州傅家画像石的图像组合》，作者首先指出已有的复原方

---

① 石美渡江：《北朝における中國在住のソグド人墓——史君墓を中心にして》，《日本考古學》第31卷，2011年，第21—37頁。

② 姜伯勤：《北周粟特人史君石堂图像考察》，《艺术史研究》第7辑，第281—298页。

③ F. Grenet, P. Riboud et Yang Junkai, “Zoroastrian scenes on a newly discovered Sogdian tomb in Xi’an, Northern China, The southern and eastern walls of the sarcophagus of the *sabao* Wirk”, *Studia Iranica*, Vol. 33. 2, 2004, pp. 273 – 284.

④ ［英］E. H. 贡布里希著，杨思梁、范景中编选：《象征的图像——贡布里希图像学文集》，广西美术出版社2015年版，第29页。

⑤ F. Grenet, “Le ritual funéraire zoroastrien du sedra dans l’imagerie sogdienne”, *Studia Iranica*, Vol. 42, 2009, pp. 103 – 111.

案都未能注意到该墓葬的形制，因此有关图像顺序有重做构拟之必要。作者肯定了乐仲迪的判断，否定将征集的傅家画像石定为一石棺床（围屏石榻）构件，[①] 认为这批石刻很有可能是墓室的墙壁，是石室墓的四壁（维）构件，这也是这批石板厚薄不一的原因。作者根据北朝丧葬图像的配置原则，对第1—9石的所在位置及内涵重新考察，将傅家墓室东、西、北壁下层图像复原，指出这批石板是一套重在表示出行仪仗的画像，应可视之为简化的出行仪仗图。其中第4石"出行图之一"，即殡马出行图的出现将它跟北齐粟特裔贵族紧密地联系起来。琐罗亚斯德教从西亚传入中亚以后，受到内亚丧葬习俗的影响，"殡马出行图"遂成为信仰该宗教的粟特裔贵族独有的丧葬图像符号。傅家画像石皆为阴线刻，应与康业、李诞一样，蒙朝廷诏葬。墓主画像以儒士纶巾出现，石室墓画像没有太多刻画墓主生平，而只是以一套简化的出行仪仗图出现，都表明了墓主如康业、李诞一般殊要的政治身份。这显然比仅仅依据某一图像内容而判断墓主祆教信仰更令人信服。[②]

第八章《Miho美术馆石棺床石屏的图像组合》，作者依然根据中央王朝建构的"墓主夫妇宴乐/夜宴＋驼马/犊车出行"的配置原则，把Miho石棺床11块石屏所处的位置重做区分。有学者根据安伽石重床正面屏风第4幅下部的场景，认为Miho石棺床G屏的内容为盟誓图或者是新萨保即位仪式的盟誓图，作者否定了这种解释，认为两图均与粟特突厥之间的盟誓无关。Miho石棺床G屏上部图像的中心人物形体壮硕，其上为悬浮在天空中的华盖。华盖悬于头上的构图正与净土变中"西方极乐世界"的菩萨同，这说明G屏中的上述人物同样是祆教的"西方极乐世界"（即中界天堂）中的神祇，应是墓主的灵魂弗拉瓦希（fravašis）或者是其宗教中的某位神祇。作者还指出Miho石棺床J－2、F、G屏共同

---

① J. A. Lerner, "Aspects of Assimilation: The Funerary Practices and Furnishings of Central Asians in China", Sino-Platonic Papers, 168, Philadephia: December 2005；此据［美］乐仲迪《从波斯波利斯到长安西市》，毛铭译，漓江出版社2017年版，第122页。

② 张小贵：《祆教"万灵节"的沿革与礼仪》，载齐东方、沈睿文主编《两个世界的徘徊——中古时期丧葬观念风俗与礼仪制度学术研讨会论文集》，科学出版社2016年版，第385—398页。

构成片治肯特《哭丧图》的场景。其中G屏表现灵帐哭丧祭祀死者，F屏表现割耳剺面，J－2屏则表现对娜娜女神的祭谢。三屏分别是片治肯特《哭丧图》中主要元素的单体表现，它们共同构成了内亚丧葬的一个核心图景。由此亦可知，Miho石棺床G屏属于另一套石棺床的可能性几无。在此组合中，G屏中华盖之下的壮硕男子应即墓主，该屏是灵帐哭丧、祭祀死者的另一种表现形式。

第十三章《敦煌白画P.4518（24）图像考》，考察法国国立图书馆所藏敦煌文书P.4518写卷之附件24为一淡彩线描图。有关图上两女神的比定，中外学者颇有分歧。有关各种观点，作者均列表胪列，极便读者阅读参考，值得表彰。关于两神祇神格的分歧关键在于右侧四臂神祇所倚为犬，还是狼？以之为犬者，则依据四臂神之传统，将之判断为娜娜女神；而以之为狼者，则将狼与左侧神祇手托之犬对应起来，认为这是表示左右两神祇善恶对立的符号，从而将左右二神祇分别判断为妲厄娜和妲厄娲。作者结合洛杉矶县立艺术博物馆收藏的萨珊船形银碗、史君石堂东壁图像的相关图像，特别是相关动物、器具，将其还原到琐罗亚斯德教经典的语境，认为白画中左右神祇分别为阿娜希塔和娜娜，令人耳目一新。

作者对图像宗教属性及文化内涵的解释，遵循了图像志研究根据原典来阐发图像传统含义的准则。但作者的工作并不局限于此，而是根据图像内容的上下文语境，进一步辨析它们的象征意义，如认为安伽、史君、Miho中出现祭马习俗或可表明祆教葬俗已融入内亚，正体现了作者试图“沟通图像和题材之间的鸿沟”①的努力。

三　从研究习俗开始

陈寅恪《刘复愚遗文中年月及其不祀祖问题》②一文启示我们，探

① ［英］E.H.贡布里希著，杨思梁、范景中编选：《象征的图像——贡布里希图像学文集》，第33页。

② 陈寅恪：《金明馆丛稿初编》，生活·读书·新知三联书店2001年版，第365—366页。

讨中古时期的胡汉关系要特别注意“胡姓作为标帜性的符号，如果脱离礼俗体系，就会失掉认知价值”①，这与西人“图像学必须从研究习俗惯例开始”② 的主张颇有异曲同工之妙。因此辨析墓葬资料、图像内容所反映的中古祆教丧葬礼俗，就成为该书重点关注的内容。

第六章《夷俗并从——安伽墓和北朝烧物葬》，针对安伽墓墓道火焚行为和正统琐罗亚斯德教葬俗相违背的现象，③ 作者另辟蹊径，从北朝皇室及其鲜卑族内部行烧物葬的角度出发，指出这一火焚行为应该是在墓室烧焚死者生前所用衣服器物，而墓室所见烟熏、黝黑的现象便是此烧物葬仪式所致。作者也注意到墓中人骨当如《报告》所言为二次葬，并非在甬道中焚烧所致，被制度化的康业墓、李诞墓中都应举行了类似的烧物葬仪式。这种葬式又跟鲜卑族有所不同，而表现出跟突厥丧俗更多的相似性。④ 不过作者从文化交流中互动应为常态的角度出发，认为不能简单地说安伽墓的葬俗表现了突厥祆教化，而可能是安伽突厥化的反映。有关突厥信仰祆教的问题，也一直是学界关注的重要课题，⑤ 该章所论对相关问题的讨论，提供了新思路。

第九章《重读安菩墓》，有关六胡州大首领安菩的宗教信仰，蔡鸿生认为从墓志所载其家世看不出任何祆教的痕迹，从家庭与信仰来看，安氏家族进入六胡州时已经突厥化、汉化了。⑥ 荣新江认为墓志

---

① 蔡鸿生：《〈陈寅恪集〉的中外关系史学术遗产》，载其著《中外交流史事考述》，大象出版社2007年版，第415—421页。

② ［英］E. H. 贡布里希著，杨思梁、范景中编选：《象征的图像——贡布里希图像学文集》，第50页。

③ 林悟殊：《西安北周安伽墓葬式的再思考》，《考古与文物》2005年第5期，第60—71页。

④ 作者也注意到姜伯勤首持此说，惜未详加剖析。姜伯勤：《西安北周萨宝安伽墓图像研究——伊兰文化、突厥文化及其与中原文化的互动与交融》，载其著《中国祆教艺术史研究》，第118页。

⑤ 代表性的论著如蔡鸿生：《论突厥事火》，《中亚学刊》第1辑，中华书局1983年版，第145—149页。王小甫：《拜火教与突厥兴衰——以古代突厥斗战神研究为中心》，《历史研究》2007年第1期，第24—40、189—190页；《突厥与拜火教》，载其著《中古中国的族群凝聚》，中华书局2012年版，第1—36页。

⑥ 陈春声主编：《学理与方法——蔡鸿生先生执教中山大学五十周年纪念文集》，香港博士苑出版社2007年版，第4—6页。

称安菩为“六胡州大首领”，其中的“大首领”，原本是“大萨保”的意译。[①] 该章结合史君、虞弘、Miho、青州傅家中丧葬场景中出现的犬、鹿作为祆教战神化身，以及祆教在突厥人中间传播甚至祭祀战神使用银鹿的情况，认为《旧唐书·安金藏传》所言“犬鹿相狎”，是指在安菩夫妇合葬的过程中，使用了祆教的犬视仪式和对鹿（战神）的祭祀仪式。作者还认为墓志所记“原上旧无水，忽有涌泉自出”，指的是在安菩夫妇合葬仪中对阿尔德维·苏拉·阿娜希塔的祭祀。在此基础上，作者进一步讨论了安菩墓葬墓址的选择、墓葬的朝向以及墓葬装饰与随葬品的问题。至于墓葬中没有使用琐罗亚斯德教或祆教徒特有的铁棺（或石棺），现存遗迹也没有使用安息塔等该教特有之丧葬建制的元素，作者认为这不仅是一种变通，或也是安菩为宦于唐朝政治体制的一个结果。

第十二章《吐峪沟所见纳骨器的宗教属性》，使用纳骨器是中亚祆教与古波斯琐罗亚斯德教在葬俗上的重要差异，这已为百余年来中亚考古发现和研究所证实。[②] 近年来也有学者将中国考古发现的相关材料比定为祆教纳骨器。作者注意到历史上中亚宗教信仰的实际情况，伊斯兰化之前的中亚地区是中西文明汇聚之地，各种宗教或原始信仰并行，因此用陶器殡葬还可能出于其他文化背景，未必都是基于原始琐罗亚斯德教的戒律。纳骨器在中亚地区出现得比较早，且持续的时间很长，将其全部视为粟特祆教徒的葬具似乎不妥。如莫高窟第158窟壁画中，符合粟特佛教徒使用“箱型器”盛敛佛骨，不必非得以祆教属性视之。结合琐罗亚斯德教丧葬史，作者指出吐峪沟SATM1、M2墓1、2号陶棺内的人骨架均属二次葬，是死者的尸体自然腐烂后再把骨架叠压装入棺内的，这两座墓的建制应是露尸葬后收埋残余骨骸的结果，而非祆教徒天葬。新疆发现的“纳骨器”多在

---

① 荣新江：《从聚落到乡里——敦煌等地胡人集团的社会变迁》，载其著《中古中国与粟特文明》，第145—146页。

② 孙武军：《入华粟特人墓葬图像的丧葬与宗教文化》，中国社会科学出版社2014年版，第118—125页。

佛教寺院附近，且器身内外并无明显的祆教符号，不能仅依凭纳骨器之形状而定其宗教性质，仍宜将之视为佛教僧侣林葬之用具。

第十四章《内亚游牧社会丧葬中的马》，内亚游牧社会葬俗中，常焚烧包括死者生前坐骑在内的器用，或者烧饭致祭，而马在其中充当重要角色。从这一社会历史背景出发，作者认为 Sivaz 遗址 7 世纪纳骨器，Miho 美术馆石重床 B 屏、吉美石重床 1 屏、虞弘石椁椁壁浮雕、傅家画像石第 4 石、史君石堂东壁、阿夫拉西亚卜大使厅南壁壁画所见佩戴鞍鞯空乘之马的场景是现实丧葬祭祀仪式的真实写照。这些图像中出现殡马以及墓主夫妇乘骑翼马升至中界（天堂）的场景，应是琐罗亚斯德教进入内亚以后，经内亚化后新出现的一项内容。此前学者们讨论相关图像中出现的马时，多将其与祆教中的某位神祇联系起来，[①] 而作者从当时的历史场景出发，赋予图像中的马新的象征意义。

此外，该书另有两章看似与主题关系不大。第四章《天水石马坪石棺床所见希腊神祇图像》，考证天水石马坪石棺床第 9 屏的内容为古希腊祭奠酒神狄俄尼索斯以期亡灵再生，第 10 屏表现卡戎于阿刻戎河摆渡的场景，认为以上图像恐与祭奠酒神的仪式有关，颇有教会野餐的意味。近年来，考古资料所见希腊文化因素也日益受到学界关注，[②] 作者的考证对相关领域的研究亦可以起到推动作用。第十一章《唐墓壁画中的渊明嗅菊与望云思亲》，关注了粟特或祆教背景的墓葬资料中所出现的中华文化因素。这两章文字也提示我们，这批富含

---

① 荣新江：《Miho 美术馆粟特石棺屏风的图像及其组合》，《艺术史研究》第 4 辑，中山大学出版社 2002 年版，第 207—208 页，载其著《中古中国与粟特文明》，第 347—349 页。B. I. Marshak, “La Thématique Sogdienne dans l' art de la Chine de la deuxième moitié du VIe siècle”, *Comptes Rendus de l' Académie des Inscriptions & Belles-Lettres*, Paris, Janvier-Mars 2001, pp. 227 – 264. Pénélope Riboud, “Le cheval sans cavalier dans l' art funéraire sogdien en Chine: à la recherché des sources d' un thème composite”, *ArtsA*, Vol. 58, 2003, pp. 148 – 161. B. I. Marshak, “The Miho couch and the other Sino-Sogdian works of art of the second half of the 6th century”, *Bulletin of Miho Museum*, 2004, p. 21.

② 葛承雍：《醉拂菻：希腊酒神在中国——西安隋墓出土驼囊外来神话造型艺术研究》，《文物》2018 年第 1 期，第 58—69 页。

粟特、祆教色彩的墓葬资料，还包含着多样的异质文化因素，这才是中古丝绸之路多种文化交流互动的真实情况。

此外，书中也有个别手民误植之处，如：106 页，部分内容与 39 页重复。148 页注 2，“第二章”当为“第三章”之误。72 页（另见 237 页），提到史君石堂东壁图像中拱形桥左侧站立两位口戴拍汪（paiwand，paivand）的祭司，此处之拍汪应为口罩之误。按拍汪（paiwand），波斯语，意为两人结成宗教性的联系。[①] 而琐罗亚斯德教祭司所戴口罩，阿维斯陀语称作“派提达那”（paitidâna），帕拉维文作 padām，帕尔西人古吉拉特语则作 padān，新波斯文作 panām。[②] 这种“派提达那”的形制，“包括两条白布，从鼻边下垂，至少至嘴下两寸，用两条带系于头后”[③]。所以文中应写作戴口罩（padām）的祭司为宜。当然，以上疏忽瑕不掩瑜，丝毫不影响该书的学术价值。

近年来国际学界有关琐罗亚斯德教图像的考察成果迭出，如申卡尔《无形灵体与雕刻神像：伊斯兰化前伊朗世界的神祇图像》[④]、法里德内贾德《图像的言说：琐罗亚斯德教人格化神像的图像学研究》[⑤]，但对中国考古发现的材料未多措意，该书的出版正为国际伊朗学界贡献了中国好声音。

---

① Mary Boyce, *A Persian Stronghold of Zoroastrianism*, based on the Ratanbai Katrak Lectures1975, Oxford 1977, University of America, 1989, pp. 46, 73.

② J. K. Choksy, *Purity and Pollution in Zoroastrianism: Triumph over Evil*, Austin: University of Texas Press, 1989, p. 162.

③ J. J. Modi, *The Religious Ceremonies and Customs of the Parsees*, 2nd edition, Bombay: Jehangir B. Karani's Sons, p. 110.

④ Michael Shenkar, *Intangible Spirits and Graven Images: The Iconography of Deities in the Pre-Islamic Iranian World*, Leiden · Boston: Brill, 2014.

⑤ Shervin Farridnejad, *Die Sprache der Bilder: Eine Studie zur Ikonographischen Exegese der Anthropomorphen Götterbilder im Zoroastrismus*, Wiesbaden: Harrassowitz Verlag, 2018.

“粟特人在中国——历史、考古、语言的新探索”国际学术研讨会综述

2004 年 4 月 23—25 日，“粟特人在中国——历史、考古、语言的新探索”国际学术研讨会在中国国家图书馆正式召开。本次会议由北京大学中国古代史研究中心、法国远东学院、法国科技研究中心中国文明研究组及东方与西方考古研究组、中国国家图书馆善本特藏部、法国驻华大使馆文化处等单位联合主办。

4 月 23 日上午举行了大会开幕式。随后在国家图书馆馆藏珍品展示室（二层文津厅）举行“从撒马尔干到长安——粟特人在中国的文化遗迹”展览。配合本次展览，北京图书馆出版社同时出版了荣新江、张志清主编的同名展览图录《从撒马尔干到长安——粟特人在中国的文化遗迹》，用精美的彩色图版，展示了“中国的粟特考古新发现”“石刻碑志上的粟特人”“古籍文献与敦煌文书里的粟特人”，并收录一组以“粟特入华历史的新探索”为题的研究论文。由于展室面积有限，图录里有关碑帖的内容要多于展览的实物，但展览陈列的“百年粟特研究论著”，却没有在图录中体现，而其中不乏北京大学图书馆、国家图书馆和一些个人收藏的有关粟特研究的珍贵图书。

以下按发表顺序，对会上发表的报告内容做一简要介绍。

4 月 23 日，会议主题“萨宝与贸易”（Sabao et commerce）

上午的学术报告由中山大学姜伯勤教授主持，西安市文物保护考

古所孙福喜、杨军凯先生做了题为“考古新发现——西安史君墓发掘”的报告。杨军凯先生《西安北周史君墓石椁图像初探》，选取了史君墓石椁四壁浮雕图像，依据有关文献、祆教经典和神话传说，结合历年来出土和分散于各地及国外的有关图像，对其内容作了初步解读。重点是认为该墓东壁浮雕用图像的方式表现了粟特人死后，其灵魂离开躯体，来到钦瓦特桥头，接受祆神“善恶”的审判和裁决，善者进入天国，恶者坠入地狱的情景。

下午安排了两场大会发言。第一场由法国远东学院北京中心主任华澜（A. Arrault）先生主持。日本神户外国语大学吉田丰教授《关于新出土粟特文、汉文双语墓志的粟特文部分》，对史君墓出土双语墓志的形制进行了简单介绍，对粟特文进行了转写和翻译。通过对粟特文墓志的解读，勾勒了墓主史君的谱系，并对其中涉及的粟特文书体和语言问题也进行了讨论。文章还重点探讨了历史研究中最有价值的地名和纪年问题，并对墓志中涉及的五个称号，进行了还原。姜伯勤教授《入华粟特人萨宝府身份体制与画像石纪念性艺术》，在“萨宝体制以及纳入中国身份制的胡臣身份体制”这一历史背景下，探讨了中国墓葬所出祆教画像石，并对其进行了分类。报告还对杨军凯先生关于史君墓东壁浮雕图像的解说进行了补充说明。

第二场学术报告由法国高等实验学院魏义天（Étienne de La Vaissière）教授主持。伦敦大学辛姆斯·威廉姆斯（Nicholas Sims-Williams，即辛威廉）教授《论粟特文古信札的再刊》，讨论了斯坦因（Aurel Stein）于1907年在敦煌西部“T. XII. a”号遗址发现的“粟特文古信札”（Sogdian Ancient Letters），对其中的第1封和第3封进行了重新整理研究。这是一封被丈夫遗弃在敦煌的妇人写给她的母亲和丈夫的信。继1998年完成第5封、2001年完成第2封信札的重新校订与完整翻译后，该文是他全面重刊“粟特文古信札”的继续。美国斯坦福大学的丁爱博（Albert Dien）教授《帕尔米拉的商队及商队首领》，比较了帕尔米拉地区的商队和中亚及中国地区的粟特商队，认为帕尔米拉材料仅限于帕尔米拉单一地区，而粟特人的材料则限于身处外国的粟特团体。两个社会中都有商队首领，但是商队首领这一头衔仅被在外国的粟特商团首脑使用，而这种现象未见于帕尔米拉人的例子中。粟特人可能从事的是小商贩贸易，而帕尔米拉似乎更可能是一个货物中转中心。两者都依靠商队首领把他们安全地带到目的地。日本大阪大学的荒川正晴教授《唐代粟特商人与汉族商人》，认为以长安为终点和起点，西方的中亚和东北方的东北地域，以及由大运河连通的南方江南地域都有众多客商来往。这些客商在唐帝国完备的交通体制下，与掌握着通行许可权的各州官员密切接触的同时，进行着交易活动，其中代表者即为粟特商人。本文在这一背景下探讨了粟特商人和汉族商人之间的相互提携关系，这种关系在中国北部（华北）、蒙古和中亚等地贯穿着有唐一代。

4月24日，会议主题“社会学与粟特聚落”（Sociologie et communautés sogdiennes）

全天安排了四场大会发言。上午第一场由北京大学林梅村教授主持。耶鲁大学韩森（Valerie Hansen）教授《丝绸之路对吐鲁番经济的影响》，认为丝路商人进行贸易的路程比较远，但商品的数量不大，都是小规模的，7、8世纪的吐鲁番几乎看不到丝路商人对当地人的影响，丝路交换在吐鲁番整个经济占的比率并不大。对此，荣新江指出韩森教授对丝绸之路贸易的评价过低，应以高昌，而不是以整个中国的经济为参照系；发现的文书只能反映部分情况，不足以反映全貌。希彭斯堡大学斯加夫（Jonathan Skaff）先生《吐鲁番粟特人家庭人口结构初探》，讨论了公元700年前后有关西州（现代的吐鲁番）粟特人的人口问题，主要是各年龄段的人口比例与汉族有何不同，表明吐鲁番粟特人口组成特质不同于其汉族邻居，但是有一些粟特人已经显示出融入当地汉族社会的迹象。兰州大学郑炳林教授《晚唐五代敦煌地区的胡姓居民与聚落》，认为晚唐五代敦煌地区有大量的粟特人等胡姓居民生活，包括了该地所见粟特人及其胡姓居民的各个姓氏家族，其中部分汉化，但也有相当部分仍然使用胡名胡姓，保留粟特人的原始状态。并根据归义军政权对少数民族的管理方式推测，晚唐五代归义军政权对居住敦煌的粟特人移民采取了部落制管理方式。

第二场由辛姆斯·威廉姆斯教授主持，神户外国语大学影山悦子博士《粟特人在库车：从考古和图像学角度来研究》，从考古和图像学材料入手，考察了粟特人在龟兹地区的活动。通过考察文献记载及片治肯特的考古发现，勾勒了克孜尔石窟壁画中的粟特商人形象，指出由于龟兹人对粟特人形象的熟悉，所以把其作为本生画和经变画中商人形象的素材。纠正了作者于1997年误认为出土焉耆的一个纳骨瓮，应是1958年出土于库车地区的麻扎布坦村。这样，库车地区共出土了两个骨瓮。值得注意的是它们出土于龟兹的东墙外，与中国史籍记载的吐鲁番和敦煌地区的祆庙在城东相一致。文章还借助对和田与图木舒克带铸模装饰陶器的断代，来判断库车麻扎布坦村两个纳骨瓮应在7、8世纪，从而与克孜尔石窟壁画中的粟特商人形象一起，成为此时粟特人在龟兹地区活动的证据。法国科学研究中心童丕（Éric Trombert）教授《中国北方的粟特遗存——山西的葡萄种植业》，在山西的西方伊朗定居民与西北游牧民民族融合的背景下，认为葡萄肯定从伊朗移植而来，山西的葡萄种植实际上很古老，是古老的粟特—游牧民合作的遗迹。圣彼得堡东方研究院吕尔（Pavel Lurje，即卢湃沙）先生《对早期伊斯兰世界通往中国的陆路的几点诠释》，从地名及地理意义上分析了阿拉伯人侵之前早期伊斯兰世界通往中国的由河中至长安的陆路情况，并阐明粟特人贸易的一些古代特征。

下午第一场报告由荣新江教授主持。日本筑波大学森部丰先生《自唐后期至五代期间的粟特系武人》，认为安史之乱及其后的河朔三镇时期都有为数众多的粟特系武人存在过。而且这些粟特系武人并不是纯粹的粟特人，而是受过突厥人影响、持有半游牧民性质的突厥人。文章认为河曲的粟特系武人移居河北，乃由当时河朔三镇与唐朝的政治军事关系制约。元和长庆后，由于二者转向政治上互相利用的共存关系，以及沙陀族移居，不再见来自河曲的粟特系武人移居河北的记录。魏义天教授《中国的粟特柘羯军》，从中文、阿拉伯文史料以及游牧民的军事惯例中，探讨了柘羯军所具有的职能和文化特征，认为其是粟特人所拥有的一支特殊军队。并讨论了沙畹所遗漏的汉文史料中有关其三处记载，认为630颉利失败后拒绝归顺的柘羯军，是为其牵制伊州（哈密）的粟特人；安禄山像所有粟特军事首领一样，组织了一支柘羯军。

第二场由韩森教授主持。北京大学荣新江教授《萨保与萨薄：佛教石窟壁画中的粟特商队首领》，系统收集了佛教石窟壁画中的萨薄形象，并从萨保和萨薄的关系角度加以论证，试图揭示出佛教壁画中萨薄或其所率印度商人在龟兹和敦煌地区向粟特萨保转化的过程。北京大学林梅村教授《小洪那海突厥可汀陵园调查记》，回顾了小洪那海突厥遗迹的发现，以及1991年、2002年两次进行实地调查的情况。尽管小洪那海碑尚未通读，但是目前读出的几个字，足以说明这个石人是突厥可汗石像。他还根据调查指出特克斯河流域就曾是室点密系突厥可汗早期活动的中心。而突厥石像下板瓦和筒瓦残片的发现，则说明这里原建有汉式碑亭或宗庙。同时，这一粟特碑铭的发现也为解决泥利可汗在位年代提供了新材料。但问题的最终解决尚有赖于更为清晰的照片以及碑铭的完全解读。

4月25日会议主题是“宗教与艺术”（Religion et iconographie）

全天安排了四场大会发言，并进行了大会闭幕式。上午第一场由童丕教授主持。法国高等实验学院的葛乐耐（Frantz Grenet）教授《粟特人的自画像》，根据屈霜你迦和撒马尔干的壁画（还有摩尼教文书残片），指出以粟特自我为中心的世界观的存在，而且这个中心的焦点是粟特王，而不是粟特地区。由粟特人选择的画中世界不同于他们的真实生活。相反地，中国的画匠较真实地展现了粟特人的各种商业行为。关于这种矛盾，部分由于当地的历史环境：粟特本土国际贸易确实很少发生，同时当地的贵族势力强大，所以在绘画上会过多地表现；更深一层，粟特社会体现着重视战时武士和贵族的价值；萨珊伊朗的道德观，自5世纪以来在粟特地区广泛流行，并一直延续到萨珊波斯帝国灭亡之后，这也是原因之一。加拿大独立研究者盛余韵（Angela Sheng）女士《从石到丝——公元500—650年前后粟特、鲜卑、汉、朝鲜与日本等各民族间丧葬艺术的转换》，基于当时社会经济政治变革与不同文化之间交流的事实，在6、7世纪丧葬艺术发生变革的语境下，从形制与用途的角度入手，认为日本的天寿国绣帐可能来源于中国的石椁制墓葬的启发。从而从更深层次解读其含义，并丰富了我们对异质文化之间进行交流的认识。故宫博物院施安昌研究员《河南沁阳北朝墓石床考——兼谈石床床座纹饰类比》，对1972年12月2日出土于河南沁阳的北朝墓石床线刻画做了描述，并对不同地区出土的九例石床床座加以比较，认为祆教在古代中国流行时曾经形成过图像系统。另外，与祆教主题相关的一系列图像，在中古时代曾被图案化，成为装饰纹样而风行很长时间。

第二场由美国独立研究者乐仲迪（Judith Lerner）主持。北京大学齐东方教授《何家村遗宝与粟特文化》，从考古学和器物学的角度入手，对何家村遗宝中的若干具有粟特文化特征而为唐朝所制造的器物进行了解说。指出这种反传统的模仿本身也是文化创新的过程，如果不与当时人的生活、习俗和审美有效地结合，就无法流行；这些仿制品更多地反映了唐人的设计意图，表明外来文化演变的轨迹；而且这种局部改造往往不涉及功能上的变化，只是审美上符合唐人的愿望；有些仿效后的创新，已不能看到外来文化的痕迹，并成为8世纪唐代金银器的较普遍做法，甚至影响到陶瓷器物的制作。无论这批器物为粟特工匠在中国制造抑或由中国工匠仿造，都需要有相应的技术、文化背景以及必要的样品。山西文物考古研究所张庆捷研究员《北朝隋唐粟特的“胡腾舞”》，以近年来考古发现的舞蹈图案论证了文献中的“胡腾舞”与“胡旋舞”乃来源于粟特地区的两种不同舞蹈。并对“胡腾舞”的舞者、舞姿、伴奏、与酒的关系进行了详细的描述，以补文献之不足。北京大学段晴教授《筋斗背后的故事》，认为胡旋与胡腾均源自同一个粟特语词汇，即一个基于wrt－词根的词；胡旋是意译，胡腾是其音译。筋斗则是基于＊gart－词根，属于伊朗语的另一脉，并表达了粟特人的胡腾舞之魂。

下午第一场由齐东方教授主持。法国东方语言文化学院黎北岚（Pénélope Riboud）博士《祆神崇拜：中国境内的中亚聚落信仰何种宗教?》，认为汉文史料中的祆神可以与粟特本土相对应，但在华中亚胡人所信奉宗教的实际情况，比起仅用“祆教”的简单概括远为复杂。粟特的宗教混融并为当时中国人所认识。突厥—蒙古人的信仰同样也属“祆教”，这种用语上的混乱是6世纪末在中国东部和北部地区开始形成的突厥粟特混合文化造成的。会上黎北岚重点介绍了法国集美博物馆正在展出的一组粟特石雕，对其进行了初步解说。德国柏林独立研究者王丁博士《南太后考：新疆博物馆藏吐鲁番安伽勒克出土的金光明经题记（65TIN：29）解说》，通过语言学和历史学的考察，将南太后比定为粟特语的那那女主，认为胡天南太后祠为一座而不是两座神祠。如考证得实，祆教史有望获得一件地点、年代、内容明确的史料，但学者对此提出不少质疑。

第二场由吉田丰教授主持。上海社会科学院历史所的芮传明研究员《东方摩尼教的实践及其演变》，认为摩尼教的教义体现了极端的反俗世的观念，但是东方摩尼教之实践却与教义大相径庭，其动机转变与主要布教者粟特人的品格特性颇有关系。哈佛大学的马小鹤博士《粟特文 t’mp’r（肉身）考》，分析了吐鲁番新出粟特文文献中t’mp’r（肉体）等词语，用柏拉图有关希腊文著作中的词语做了比较，追溯了摩尼教科普特文、汉文和伊朗语、回鹘语文献中的有关资料，揭示了摩尼教身体观的复杂性。一方面，摩尼教很可能受到柏拉图思想，特别是《蒂迈欧篇》的影响，将人的身体视为十三种无明暗力的组合，是囚禁明性的地狱、坟墓和牢狱。另一方面，摩尼教并不忽视身体，而是教导人们征服身体。

最后，由魏义天教授和荣新江教授进行大会总结发言，他们对支持会议的各方表示感谢，前者对各位学者的报告进行了评说，后者指出粟特人在中国这一研究课题未来发展的方向。

近年来霞浦文书研究概述

一　文书介绍与定性

近年，霞浦明教遗迹调查屡有创获，其中尤以科仪文书引人注目，该等新发现的资料，于追踪失传的摩尼教、明教信息，认识唐宋摩尼教在华的最后归宿，无疑有重要的价值。福建霞浦县第三次文物普查领导小组《霞浦县摩尼教（明教）史迹调查报告》,① 率先将霞浦有关遗址遗物与文书定性为明教属性，介绍了史迹发现过程、文物分布位置与状况，包括乐山堂、姑婆宫、林瞪墓、三佛塔、飞路塔、神龛佛座，并简单介绍了明教相关文化遗物，包括林氏宗谱、孙氏宗谱、福建通志以及一些道仪科书，如《乐山堂神记》《奏申牒疏科册》，以及一些道仪法器及神牌等。还对明教人物传承世系进行了简单的勾勒。作为2008年11月霞浦全国第三次文物普查的成果，该文主要强调了霞浦文物发现对唐之后摩尼教研究的贡献，但其将全部文物定性为摩尼教、明教的属性，显然缺乏充分的论证。

更完整地介绍和强调霞浦文物明教属性的，是中国社会科学院世界宗教研究所陈进国博士，其在2009年6月9—11日于台湾佛光大学“民间儒教与救世团体”国际学术研讨会上发表论文《论摩尼教

① 福建霞浦县第三次文物普查领导小组：《霞浦县摩尼教（明教）史迹调查报告》，2009年5月25日，未刊调查报告。

的脱夷化和地方化——以福建霞浦县的明教史迹及现存科仪文本为例》。[①] 文章结合文献和田野调查，推证了福建霞浦县柏洋乡盖竹上万村现存的乐山堂遗址是一座始建于北宋，具有一定规模的“脱夷化”的摩尼教寺院；上万村的明教法主林瞪在推动摩尼教与地方宗教（如瑜伽教）的结合中发挥了重要的作用，是宋代“地方化”的教派——明教的一个关键性的人物；上万村明代三佛塔座石刻和盐田乡暗井村飞路塔的明教楹联，柏洋乡林瞪法脉下的释教法师家藏的木刻摩尼光佛像，也佐证了明教一直在霞浦有着较大的影响。陈文对相关文献进行了较全面的介绍，如对《乐山堂神记》进行全文录文，无疑对学界进一步探讨这部重要的文献颇有助益。2010 年陈进国、林鋆正式发表《明教的再发现——福建霞浦县的摩尼教史迹辨析》一文，[②] 是对上文的进一步扩充。

马小鹤先生 2009 年 9 月 8—12 日于都柏林举办的第七届摩尼教国际学术研讨会上提交论文，[③] 则是以英文向国际学界介绍了霞浦的新发现，兼及对一些具体问题的探讨，如对《四寂赞》与敦煌文书的关系、《乐山堂神记》部分神名的伊朗语溯源等。马文的主旨无疑亦是强调霞浦文献的摩尼教（明教）属性。

樊丽沙、杨富学于《世界宗教研究》2011 年第 6 期发表《霞浦摩尼教文献及其重要性》一文，则将霞浦文献与敦煌吐鲁番文献作比，强调霞浦文献的重要性。如其文认为霞浦新发现的摩尼教文献数

---

① 陈进国：《论摩尼教的脱夷化和地方化——以福建霞浦县的明教史迹及现存科仪文本为例》，“民间儒教与救世团体”国际学术研讨会论文，台湾佛光大学，2009 年 6 月 9—11 日。

② 陈进国、林鋆：《明教的新发现——福建霞浦县摩尼教史迹辨析》，载李少文主编，雷子人执行主编《不止于艺——中央美院“艺文课堂”名家讲演录》，北京大学出版社 2010 年版，第 343—389 页。

③ Ma Xiaohe, “Remains of the Religion of Light in Xiapu（霞浦）County, Fujian Province”, *paper for the Seventh International Conference of Manichaean Studies*, Dublin, 2009, Sept. 8 - 12；后刊于余太山、李锦绣主编《欧亚学刊》第 9 辑，中华书局，2009 年，第 81—108 页。

量众多，比较完整的如《摩尼光佛》达 83 页，书文字 660 行。[①] 而《无名科文》部头更大，多达 163 页，每页 6 行，共计 970 余行。此一件文献之篇幅就差不多相当于敦煌（879 行）、吐鲁番（多为小残片）所出汉文摩尼教文献之总和，“尤有进者，霞浦还不断有新的摩尼教文献发现，值得期待。仅凭这一点，霞浦新资料就足以与敦煌、吐鲁番发现的摩尼教文献比肩而立，庶几可并称近代以来中国摩尼教古文献的两次重大发现。……这在敦煌摩尼教原典上也是闻所未闻的。摩尼教在霞浦流播过程中，因应形势的不同而有所变革，未拘泥于原始经典之窠臼，而是朝着人生化、现实化和世俗化的方向转变。民间信仰成分的加深，既可以说是摩尼教在霞浦民间化的表现，也可以说是摩尼教在霞浦的新发展与新变化，呈现出霞浦摩尼教的独特个性”[②]。霞浦科仪本《摩尼光佛》所列举的神名与敦煌写本《下部赞·收食单偈》有着几乎完全一样的内容。科仪文书《无名科文》“大圣自是吉祥时，普曜我等诸明性；妙色世间无有比，神通变现复如是”，同样的文字见于《点灯七层科册》，与敦煌写本《下部赞·赞夷数文》内容完全一致。《兴福祖庆诞科·净坛文》有谓：“愿施戒香解脱水，十二宝冠衣璎珞；洒除坛界息尘埃，严洁净口令端正”，与敦煌写本《下部赞·赞夷数文》“愿施戒香解脱水，十二宝冠衣璎珞；洗我妙性离尘埃，严饰净体令端正”相比，二者的渊源关系显而易见，只是小有变动而已。[③] 因此，易使人得出霞浦文献重要性堪比敦煌吐鲁番摩尼教经典的结论。不过作者亦认为：“霞浦摩尼教文献所展现的面貌却大相径庭，除《摩尼光佛》为具有摩尼教经典性质的文献外，其余多为科仪书和表文，用于斋戒祭祀、祈福禳灾和超度亡灵，具有浓厚的民间色彩。如《兴福祖庆诞科·召符官文》……

① 据林悟殊先生整理结果，该科册内文 82 页，665 行。见其文《〈摩尼光佛〉释文并跋》，收入其著《摩尼教华化补说》，兰州大学出版社 2014 年版，第 457—492 页。

② 樊丽沙、杨富学：《霞浦摩尼教文献及其重要性》，《世界宗教研究》2011 年第 6 期，第 179—180 页。

③ 樊丽沙、杨富学：《霞浦摩尼教文献及其重要性》，《世界宗教研究》2011 年第 6 期，第 179 页。

其中的兴福雷使、顺懿夫人，都是霞浦当地民间所信奉的地方神祇，为原始摩尼教经典所不具。在奉请诸神之前，要设置寿诞，修整法坛，而且需在‘筵前祠中焚香三炷’，这些显然都是民间所为，原始摩尼教不可能有这些内容。”[①] 因此，笔者认为上文列举霞浦《摩尼光佛》等文献无疑含有摩尼教的某些资讯，但将其直比肩敦煌吐鲁番文献，则恐有言过其实之嫌。对这批文献宗教属性的判定亦需更为谨慎。

元文琪先生《福建霞浦摩尼教科仪典籍重大发现论证》一文，[②] 将霞浦新发现的科仪文书《摩尼光佛》《兴福祖庆诞科》等与敦煌发现的三部摩尼教汉文经典作比，从音译文字的角度来探讨二者的渊源关系。认为无论从形式上对帕拉维语“音译文字”和偈颂赞呗的运用，还是在内容上对佛、法、僧“三宝”的推崇以及对“五佛颂”“天王赞”的宣扬，两者皆一脉相承，具有完全相同的宗教属性。换言之，即两者在摩尼教固有的传统神灵信仰、基本教义、教法和教理等方面，虽因产生年代不同，受佛、道两教的影响有别，而显出某些差异，但本质上合若符契，别无二致。元文看到了霞浦文献与敦煌文书某些音译文字的承传关系，却忽视了两者在行文及内涵上更大的不同，特别是对霞浦文书音译文字的产生过程并无探讨，因此其结论自难令人信服。

长期在福建晋江进行明教遗迹调查的当地文博工作者粘良图先生，发表《福建晋江霞浦两地明教史迹之比较》一文，[③] 通过文献记载与田野调查，对福建晋江与霞浦两地的明教发展史迹进行比较，认为明代之后，晋江明教几经遭受官府打击，由在草庵公开活动转为隐秘于民间，后有佛教徒进驻草庵，使晋江明教带有更多佛教的色彩。霞浦山海交错，汉畲杂居，官府的管理似较宽松，当地明教徒转身为替人超

① 樊丽沙、杨富学：《霞浦摩尼教文献及其重要性》，《世界宗教研究》2011 年第 6 期，第 181 页。

② 元文琪：《福建霞浦摩尼教科仪典籍重大发现论证》，《世界宗教研究》2011 年第 5 期，第 168—180 页。

③ 粘良图：《福建晋江霞浦两地明教史迹之比较》，载马明达主编《暨南史学》第 7 辑，广西师范大学出版社 2012 年版，第 43—52 页。

度禳灾的法士，借此保留下明教坛堂及诸多科仪文书，具有更多的道教色彩。两地明教的发展方向虽有不同，却殊途同归，即由外来宗教衍变成民间信仰中的别具色彩的支派，融汇于中国的民间宗教之中。

总的来说，学者们对霞浦文书的定性，乃在于夸大了其中所蕴含的摩尼教资讯，而忽视了其与摩尼教内容更多的差异，而这种差异是无法简单地用摩尼教发生变异来解释的。在肯定霞浦文书摩尼教（明教）属性的基础上，学者们据此进行了多方的探讨，尤其对唐宋之后明教在东南沿海地区传播得出了新的认识。

二　对各文书的专题研讨

除对文书总体介绍之外，学者们也积极利用各种文书对相关问题，特别是唐宋之后摩尼教在东南沿海传播的若干事迹进行探讨。马小鹤、吴春明发表《摩尼教与济度亡灵——霞浦明教〈奏申牒疏科册〉研究》一文，[①] 通过对霞浦文书《奏申牒疏科册》中有关超度亡灵资料的分析，认为文书可证明学者关于日本奈良大和文华馆所藏《冥王圣图》为摩尼教绢画，此图第二层的主神为摩尼，第一和第四层的女神为摩尼教的光明处女的考证正确，而且作者进一步提出此图第四层的判官也是摩尼教神祇。通过对这份文书的分析，作者指出霞浦明教有三个特点：它是异端，但并非叛逆；它在大众当中而非精英当中传播；它进一步道教化，而非佛教化。

马小鹤先生另有多篇论文发表，在广泛征引东西方文献的基础上，对霞浦文书所蕴含的摩尼教信息进行了系统研究。《从“平等王”到“平等大帝”——福建霞浦文书〈奏申牒疏科册〉研究之二》一文，[②] 主要考察了《科册》第 20 节“地府”所记的“平等大帝”，

① 马小鹤、吴春明：《摩尼教与济度亡灵——霞浦明教〈奏申牒疏科册〉研究》，《九州学林》2010 年第 3 期，第 15—47 页。

② 马小鹤：《从“平等王”到“平等大帝”——福建霞浦文书〈奏申牒疏科册〉研究之二》，《史林》2010 年第 4 期，第 90—97、189—190 页。

应该溯源于唐代《下部赞》所记的“平等王”、日本奈良大和文华馆所藏元代《冥王圣图》中的冥王，表明摩尼教在东传过程中逐渐与佛教、道教融合的传播轨迹。《摩尼教十天王考——福建霞浦文书研究》一文，[①] 研究了陈氏法师提供的一本未名科仪书的“赞天王”，文章讨论了东西方各种文献所见的“天王”的表述，认为“赞天王”的内容至少可以分为两层。其核心结构，包括十天王及其译音阿萨漫沙、十二面宝镜、四天王及其译名、十天诸庇等，都起源甚为古老，符合摩尼教教义。这个核心结构至迟应该是唐宋之际摩尼教传入华南后，从伊朗语摩尼教文献翻译成汉文的；更可能是唐代摩尼教全盛之日在中原翻译成汉文，后来带到华南的。赞天王的外层，如南阎浮提等出自佛教，应该是摩尼教传入佛教盛行地区后附加上去的；而昊天玉皇大帝等出自道教，应该是传入中原，甚至是传入华南道教盛行地区后附加上去的。此文之核心思想仍然是通过对这一具体问题的探讨来强调霞浦文书的摩尼教属性。其实，即便“赞天王”的表述不乏摩尼教术语辞章，但若将其置于霞浦文书整体创制的大背景中考虑，亦可对文书性质提出完全相反的结论，从而直接影响对相关史实的判断。《从“五明性”到“五明大供”》一文，[②] 考察了霞浦文书《兴福祖庆诞科》中的“五明大供”，应追溯于摩尼教的五明性教义，反映了宋摩尼教依托道教的情形。由此认为，这些文书的摩尼教核心不可能是后世法师所杜撰，必为林瞪等“宋摩尼”所撰。《摩尼教四天王考——福建霞浦文书研究》[③] 一文则进一步指出：“霞浦文书中的四天王就是摩尼教的四大天使。四大天使之名从公元前的死海古卷开始，代代相传，经过多种文字的翻译，最后留存在霞浦汉文文书中，这是一个时代久远、地域广阔、错综复杂的文化传播，实为交错的文

① 马小鹤：《摩尼教十天王考——福建霞浦文书研究》，载朱玉麒主编《西域文史》第5辑，科学出版社2010年版，第128页。

② 马小鹤：《从“五明性”到“五明大供”》，《史林》2012年第1期，第36—48，187页。

③ 马小鹤：《摩尼教四天王考——福建霞浦文书研究》，载余太山、李锦绣主编《丝瓷之路——古代中外关系史研究》第3辑，商务印书馆2013年版，第81—113页，引文见第103页。

化史研究不可多得的佳例。”《摩尼教耶俱孚考——福建霞浦文书研究》一文，[①]认为霞浦文书中的“俱孚元帅”“耶俱孚大将”或“俱孚圣尊”，与敦煌摩尼教汉文文献《下部赞》中的“头首大将耶俱孚”，都源自犹太教的天使雅各，其由以色列人之祖逐步演化为中国民间宗教护法的曲折过程，也是中西文化交流史引人入胜之一例。《从霞浦科仪本〈下部赞〉诗文看明教》一文，[②]从霞浦科仪文书著录敦煌本《下部赞》诗文的角度，认为在神谱、听者和选民的基本行为准则、基本教义等方面，反映了明教对摩尼教的继承和发展。从而强调了霞浦文书的核心当为明教文献，而其所著录的《下部赞》诗文为“核心之核心”，明教高僧挑选《下部赞》若干诗文，融入其所撰写的文献，构成明教教义的支柱。《明教“五佛”考——霞浦文书研究》一文，[③]从分析中国中古知识界将大秦、末尼、火祆混为一谈，西方中世纪基督教教父将苏鲁支、佛陀与斯基西安努斯和特勒宾苏斯混淆的情况，指出霞浦文书关于“五佛”的记载对五大外来宗教的概括条理清楚，相当符合今天所掌握的摩尼教文献，应当是以摩尼教资料为基础而写成的，实非后世之法师所能杜撰，只是在流传过程中又增添了民间宗教的成分，纳入了济度亡灵的框架。《摩尼“想威感波斯”——福建霞浦民间宗教文书阅读笔记》一文，[④]从各语种的文献中收集了摩尼及其门徒宗教活动涉及的省份、城镇与地区的数据，为全面理解霞浦文书《摩尼光佛·下生赞》所记“摩尼佛下生时，托荫于苏邻。……想威感波斯，说勃王悟里”一句，提供了丰富的背景资料。

① 马小鹤：《摩尼教耶俱孚考——福建霞浦文书研究》，《中华文史论丛》2012年第2期（总第106期），第285—308、399页。

② 马小鹤：《从霞浦科仪本〈下部赞〉诗文看明教》，《文化遗产》2013年第2期，第84—92、158页。

③ 马小鹤：《明教“五佛”考——霞浦文书研究》，《复旦学报》（社会科学版）2013年第3期，第100—114、168页。

④ 马小鹤：《摩尼“想威感波斯”——福建霞浦民间宗教文书阅读笔记》，《西域研究》2013年第1期，第77—88、142页。

杨富学先生《〈乐山堂神记〉与福建摩尼教——霞浦与敦煌吐鲁番等摩尼教文献的比较研究》一文①认为："《乐山堂神记》所记众多神祇中，有十二位可在敦煌吐鲁番出土文献中找到对应内容。一般而言，凡见于敦煌吐鲁番文献的神祇，均可视作唐代以前摩尼教旧有者，而不见于敦煌吐鲁番文献者，除有些因文献缺载而失考外（如摩尼教历代宗祖胡天尊祖师、胡古月祖师、高佛日祖师），大多可视作摩尼教入福建后之新增，大抵为摩尼教在福建地方化的产物。"文章认为传摩尼教入福建的呼禄法师为回鹘摩尼僧。文章还认为乐山堂乃形成于966年的摩尼教斋堂，并直接影响了其他地区如温州明教堂口制度的发展。作者从《乐山堂神记》所记录大量道教和民间信仰神祇入手，认为这正是霞浦明教的民间化与地方化。作者为解读《乐山堂神记》的历史讯息，做出了大量工作，可惜相关探讨的前提，即此份文献的形成背景、创制过程却并不清晰。

三 文本考实

正如林悟殊先生指出："近年，由林鋆先生主导、陈进国先生积极参与的霞浦明教遗迹调查所得科仪抄本，多有涉及明教术语辞章者。就已披露的科册看，涉及斋醮仪式的文疏格式颇为齐备，学界或言该等即为明教科典，传承自宋代，甚至唐代，并据该等新资料，演绎有关宋代明教甚至唐代摩尼教之种种新见。窃以为，该等新发现的资料，于追踪失传的明教、摩尼教信息，认识摩尼教在华的最后归宿，无疑有重要的价值。不过。该等抄本为私家世传秘藏，如果要作为历史文献使用，自应依历史文献学的规范，就文本本身形成年代，借助相关学科的知识，进行一一考实。"②

---

① 杨富学：《〈乐山堂神记〉与福建摩尼教——霞浦与敦煌吐鲁番等摩尼教文献的比较研究》，《文史》2011年第4辑，第135—173页。

② 林悟殊：《霞浦科仪本〈奏教主〉形成年代考》，香港《九州学林》第31辑，2013年4月，第102—135页。

黄佳欣《霞浦科仪本〈乐山堂神记〉再考察》一文,[1] 即在林悟殊先生指导下，对《乐山堂神记》文本之性质、用途，产生年代等重新考察。作者将《神记》与另一科仪本《明门初传请本师》做比，推断《神记》为清季民国时期之作。作者认为《神记》所依托之乐山堂，依现有资料，尚不足以确认其为明教遗址；《神记》所标榜明门，在所请众多神灵中，如学者所揭示的，确有若干名可与唐代摩尼教或宋代明教挂钩，这倒有助于说明波斯摩尼教在华夏的最后历史归宿：汇入乡土民间信仰。但若将霞浦文书认为是传承自宋代明教内典，并据此演绎立论，显不足取。林悟殊先生肯定了黄文的考证，并指出："透过《明门》和《神记》这两个科仪本，不难看到，就霞浦'新明门'之神谱而言，其特色在于奉摩尼光佛为教主，而以林瞪为教门'祖师'、'都统'，在当地传统信仰的神谱上，添加若干衍化自唐代摩尼教、宋代明教甚或其他夷教之神灵。通向历史实际有种种门径，窃意从新门派的角度，去解读霞浦科仪本之明教遗迹，或不失为门径之一。"[2]

林悟殊先生比较了霞浦所发现的三个版本的科仪本《下部赞》[3] 与敦煌本《下部赞》诗文的异同，指出："即便某些文字差异含义有别，但各诗文所表达的主体思想并无二致。因此，无论出自霞浦科册，抑或敦煌石窟，毫无疑问，都应源自唐代'道明所翻译'（敦煌本《下部赞》第417—418行）的同一摩尼教赞诗。"[4]"唐代摩尼教《下部赞》的一些完整诗文，竟出现在霞浦的科仪本上，证明了尽管摩尼教在会昌初元遭到迫害，外来摩尼僧被杀害、驱逐殆

---

① 黄佳欣：《霞浦科仪本〈乐山堂神记〉再考察》，提交"海陆交通与世界文明"国际学术研讨会论文，广州中山大学，2011年12月4日—5日，载陈春声主编《海陆交通与世界文明》，商务印书馆2013年版，第229—255页。

② 林悟殊：《跋〈乐山堂神记〉再考察》，载陈春声主编《海陆交通与世界文明》，第256—260页。

③ 即陈姓法师"存修"并题的《摩尼光佛》科册，其保藏的《兴福祖庆诞科》及谢姓法师保有的《点灯七层科册》。

④ 林悟殊：《霞浦科仪本〈下部赞〉诗文辨异》，《世界宗教研究》2012年第3期，第170—178页。

尽，但其汉文经典，尤其是像《下部赞》这样佛味浓厚、表达通俗之宗教仪式用经，却仍长期在华夏民间传播。而福建、两浙在宋代以盛行明教著称，霞浦位于福建东北部，距著名的宋代道化摩尼寺崇寿宫所在地四明（宁波）仅40多公里，而离曾因明教之盛遭官方点名的温州则仅90公里，其地处明教流播区域，遗存《下部赞》诗文，自不为奇。”[①] 敦煌本《下部赞》423行，而被采入陈法师藏《摩尼光佛》科册者，依次是第11、30、42、119、127、135、140、169—172、206、301、303、410—414行。就其所撷《下部赞》诗文于敦煌卷之分布，可推测科册制作者所接触的《下部赞》，应是比较完整者，而非残篇断简，否则不可能如此全卷式地遴选其诗文。不过，其所据者未必是唐写本，而应是被唐后明教徒修订过的新版。这从第六组首句的差异就可看出。敦煌本作“又启普遍忙你尊”，而陈摩本中，“忙你尊”作“摩尼光”。……诸如“五佛摩尼光”“末号摩尼光”的提法，不可能始于唐代，而应是华化成明教之后。[②] 而陈摩本所据《下部赞》抄本既出自明教会，那么其所录文字如与敦煌本有实质性差异，在排除出于唐代不同版本和明教会修改的可能性后，问题自出在科仪本制作者本身，或误录，或误改，或刻意修改。作者亦从霞浦本出于不谙教理之笔误、霞浦本不谙教理之误改、霞浦本之刻意修改等几个方面进行文本的分析。从采录《下部赞》诗文这个角度，陈摩本科册版的制作要比其他两个科册为早，成为后两者编撰的参考物。亦正因为如此，霞浦三个版本与敦煌本之比较始见多有共同的差异。这也就提示吾辈，田野调查所发现的有关科仪本，未必是同一时期的批量产物，彼等之形成或有先有后，若后者参考前者，亦属常理。学界或把霞浦科仪本直当北宋明教遗书，该文考察上揭抄本中采录《下部赞》诗文之异同，辨

---

① 林悟殊：《霞浦科仪本〈下部赞〉诗文辨异》，《世界宗教研究》2012年第3期，第174页。

② 林悟殊：《霞浦科仪本〈下部赞〉诗文辨异》，《世界宗教研究》2012年第3期，第174—175页。

释其差异产生之诸多原因，庶几有助于澄清有关认识。[①]

在《霞浦科仪本〈奏教主〉形成年代考》一文中，[②] 林悟殊先生指出：《奏教主》制作于清初百年之内，文检虽标榜明门法嗣所用，但制作者于真正的明教经典并未多所涉猎。所奏三位主神名号："电光王佛"，直接间接地变造自佛门的"电光佛"，现有唐宋文献未见，明代始用于指代摩尼教之最高神，以避"明尊教"之嫌；"摩尼光佛"，作为摩尼的名号，仅见于敦煌摩尼经 S. 3969，但于唐宋时期并未普遍使用；"夷数和佛"，仅见于霞浦科册，变造自唐宋文献所见的"夷数佛"。摩尼教并无以"三"为吉的数字崇拜，其在唐宋中国传播时期，亦未见有以三为度拼组本教神灵的习俗。上揭"三佛"的拼组，源于明代后期制作的《奏三清》，而后者则效法道教之"三清"崇拜。至于《奏教主》所显示的荐亡斋醮模式，唐代摩尼教和宋代明教都不可能流行。因此，无论文检本身的制作，或其所谓"内核"之形成，都无从上溯唐宋，其与唐代的摩尼教会或宋代的明教会不存在什么承传关系，其制作者很可能假明门之名，依道教荐亡科仪之格式，参合前代遗存的某些明教资讯而撰成。

林悟殊先生通过对文本形成年代的考实，虽然否定了多数霞浦文书的摩尼教"内核"，但是并没有否定文书对明教研究的重要意义。《明教五佛崇拜补说》一文，[③] 即利用霞浦文书对宋代的"五佛"崇拜进行考察，认为云五佛的"五雷子"属荐亡词，五佛乃源于摩尼语录。文章认为宋代明教徒曾依傍道教神谱，冠第一佛明尊佛以"元始天尊"之号，事过境迁，当明尊佛被易为那延罗佛后，该名号仍被无意残留下来。从霞浦抄本五佛规避明尊佛来看，其产生年代当不可能早于明朝。而那罗延佛取代明尊佛之因缘则是职业法师制作科仪本

① 林悟殊《霞浦科仪本〈下部赞〉诗文辨异》，《世界宗教研究》2012 年第 3 期，第 170—178 页。

② 林悟殊《霞浦科仪本〈奏教主〉形成年代考》，香港《九州学林》第 31 辑，2013 年 4 月，第 102—135 页。。

③ 林悟殊：《明教五佛崇拜补说》，《文史》2012 年第 3 辑，第 385—408 页。

随意附会之举。该文利用霞浦文书对明教在晚近时代的传播做了生动的说明。

四 余论

综合以上所论，霞浦文书并非明教科典，传承自宋代，甚至唐代；其应为明清时代某些职业法师将原有经典、神谱渐次利用改造成道教模式的科仪文疏，成为该等法师的谋生工具。该等标榜明门的科仪本，均属若干法师的世传秘本，不敢流传他人，亦证明了这些法师并未主动利用秘传科册以劝民入教。因此，与其将霞浦文书定性为摩尼教民间化、地方化的产物，毋宁将其定性为民间宗教吸收某些明教讯息而成。如《奏申牒疏科册·［奏］昊天》的主旨在于通过上奏昊天玉皇大帝，希望他大发慈悲，颁布圣旨，以赦免阴司亡灵之罪。再如《奏三清》，通过上奏夷数和佛、电光王佛和摩尼光佛，祈求诸位神祇能够保禾苗以求五谷丰登，祛天灾以佑民平安。与其说这是“摩尼教在霞浦流播过程中，因应形势的不同而有所变革，未拘泥于原始经典之窠臼，而是朝着人生化、现实化和世俗化的方向转变”，毋宁说这是当地民间信仰借用了摩尼教的某些成分，更符合逻辑。霞浦文书多为科仪书和表文，用于斋戒祭祀、祈福禳灾和超度亡灵，具有浓厚的民间色彩。如《兴福祖庆诞科·召符官文》，其中的兴福雷使、顺懿夫人，都是霞浦当地民间所信奉的地方神祇，为原始摩尼教经典所不具。在奉请诸神之前，要设置寿诞，修整法坛，而且需在“筵前祠中焚香三炷”，这些显然都是民间所为。将此类资料直当摩尼教在霞浦演变的证据，似乎夸大了其对摩尼教研究的价值；当然，其对当地民间宗教研究的价值却值得进一步探究。①

---

① 最近，林悟殊先生新撰成《福建霞浦抄本元代天主教赞诗辨释——附：霞浦抄本景教〈吉思呪〉考略》一文，考“信礼夷数和”唱词源于元代天主教赞诗，倘此论得实，则显示霞浦抄本的学术资料价值，绝不止于摩尼教、明教研究领域；简单地把其目为北宋明教传承之物，或应重作检讨，见《西域研究》2015 年第 4 期，第 115—134 页。

摩尼教是中古时期传入中国的外来宗教，若要对其进行深入认识，必须具备宗教史的知识，对原教旨的宗教及其在中亚、中国的传播有整体的把握；由于其经典曾被译成各种语言文字，因此要具备历史比较语言学的知识；而涉及对霞浦文书的解读，则需要用传统的历史文献学方法，首先对文本进行考实的工作；当然，摩尼教入华史亦是中外文化交流史的重要课题，在探讨相关问题时，亦需谨记陈寅恪先生当年倡导的“译经格义”“文化交流发生变异”等理论。如论者多把霞浦科仪本的“电光王佛”直当唐代摩尼教的“电光佛”，而“电光佛”则直当西域摩尼教那个色诱雄魔的女神“光明处女”。对此，林悟殊先生发表《敦煌摩尼教〈下部赞〉“电光佛”非“光明处女”辨》一文，[①] 指出：“在中国的主流宗教和民间信仰中，神灵盖以男性为主体，在较成体系的宗教中，被崇拜的女性神灵毕竟不多，且多不扮演重要角色，希见被奉为主神者。……诸如‘光明处女’这样的异域女神，即便没有违背中国传统伦理之色诱行为，也很难进入中国信仰之主神殿。”

目前，霞浦文书的整体状况并未正式公布，笔者所述也仅根据学界已公开发表的若干研究成果而已。因此我们期望这批资料早日整理，提供完整可信的录文校勘本，以利学界深入研究。据闻，文书发现的倡导者林鋆先生已嘱托敦煌研究院的杨富学先生组织团队进行研究，[②] 长年关注摩尼教研究的马小鹤先生也已撰成多篇专题论文，[③] 我们期待着他们的更多更新成果早日面世，以飨学界。

---

① 林悟殊：《敦煌摩尼教〈下部赞〉“电光佛”非“光明处女”辨》，《文史》2013年第1辑，第175—196页。

② 杨富学：《霞浦摩尼教研究》，中华书局2020年版。包朗、杨富学：《霞浦摩尼教文献〈摩尼光佛〉研究》，甘肃文化出版社2020年版。

③ 马小鹤：《霞浦文书研究》，兰州大学出版社2014年版。

附录　作者已刊相关论文目录

《博闻善思，脱俗求真——追忆蔡鸿生先生》，《南方周末》2021年3月21日。

上编：

《宗教与王权——〈坦萨尔书信〉初探》（与李晓嘉合撰，第一作者），载徐松岩主编《古典学评论》第3辑，上海三联书店2017年版。

《中古波斯文〈千条律例书〉述略》，载余太山、李锦绣主编《丝瓷之路——古代中外关系史研究》Ⅶ，商务印书馆2019年版。

《萨珊波斯律法中的罪与罚》，《中外论坛》2023年第1期，上海古籍出版社2023年版。

《波斯多善犬——古伊朗犬的神圣功能》，《世界历史评论》总第21期，上海人民出版社2021年版。

《从伐由到乌悉帕卡——中古祆教风神的印度风》，《敦煌研究》2021年第3期。

《穆格山粟特文婚约译注》（与庞晓林合撰，第一作者），载包伟民、刘后滨主编《唐宋历史评论》第三辑，社会科学文献出版社2017年版。

《中古粟特女性的法律地位考论——穆格山粟特文婚约研究之一》，载林悟殊主编《脱俗求真：蔡鸿生教授九十诞辰纪念文集》，广东人民出版社2022年版。

《从波斯经教到景教——唐代基督教华名辨析》，载陈春声主编《海陆交通与世界文明》，商务印书馆2013年版。

《大明国景教考》，《纪念岑仲勉先生诞辰130周年国际学术研讨会论文集》，中山大学出版社2019年版。

《霞浦抄本与敦煌文献的关系——近年来霞浦抄本研究的回顾与反思》，《敦煌吐鲁番研究》第二十一卷，上海古籍出版社2022年版。

下编：

《陈垣摩尼教研究探析》，载龚书铎主编《励耘学术承习录——纪念陈垣先生诞辰120周年》，北京师范大学出版社2000年版。

《中外交流史事考述》，《东方文化》（*Journal of Oriental Studies*）第42卷第一、二期合刊，香港大学中文学院、斯坦福大学中华语言文化研究中心2009年联合出版。

《读荣新江〈敦煌学十八讲〉》，《敦煌学辑刊》2002年第2期。

《荣新江〈丝绸之路与东西文化交流〉》，《敦煌吐鲁番研究》第十七卷，上海古籍出版社2017年版。

《从张骞到马可·波罗：丝绸之路十八讲》，《敦煌吐鲁番研究》第22卷，上海古籍出版社2023版。

《〈胡汉中国与外来文明（宗教卷）〉读后》（与曾翊健合作，第一作者），《丝绸之路考古》第5辑，科学出版社2021年版。

《景教遗珍》，《东方文化》（*Journal of Oriental Studies*）第43卷第一、二期合刊，香港大学中文学院、斯坦福大学中华语言文化研究中心2010年联合出版。

《沈睿文〈中古中国祆教信仰与丧葬〉》，载包伟民、刘后滨主编《唐宋历史评论》第八辑，社会科学文献出版社2021年版。

《"粟特人在中国——历史、考古、语言的新探索"国际学术研讨会综述》，载郝春文主编《敦煌学国际联络委员会通讯》2004年第1期（总第2期）。

《近年来霞浦文书研究概述》，载特力更、李锦绣主编《内陆欧亚历史文化国际学术研讨会论文集》，内蒙古人民出版社2015年版。

（说明：按各章在书中出现的顺序排列，个别文章收入本书时题目有改动）

后　记

我做事向来缺乏长远的规划，临近大学毕业时，本科毕业论文拟围绕19世纪末中法战争展开，由专治晚清政治、外交史的王开玺老师指导。未料大四新学期伊始即获批读研究生资格，于是漫无目的地在中山大学历史系网页上浏览各位老师的信息，突然为曾经出版过《波斯拜火教与古代中国》（台北新文丰出版公司1995年版）的林悟殊先生所吸引，小学时就读过《大众电影》上连载的《倚天屠龙记》，神秘的古波斯宗教立即浮现在眼前，于是义无反顾地想报读林老师的研究生。2000年1月参加面试时，林老师问了我的学习情况，建议我认真研读陈垣先生的著作。王开玺老师也为我能继续读书深造感到高兴，并慷慨地转请班主任宁欣老师指导我毕业论文的写作。适逢陈垣先生诞辰120周年，蒙宁欣老师推荐，我的毕业论文《陈垣摩尼教研究探析》得以收入龚书铎先生主编《励耘学术承习录——纪念陈垣先生诞辰120周年》论文集，这对于还未踏入史学门槛的我来说不啻巨大的鼓励。宁欣老师还推荐我利用大四下半年的时间到北京大学旁听荣新江教授《敦煌吐鲁番学导论》课程，并蒙荣先生慨允，这也为日后的学习打下了基础。读研一时，荣先生的讲义《敦煌学十八讲》正式出版，林老师就让我继续认真研读，并撰写学习心得，读书报告也得以刊发在《敦煌学辑刊》上。现在看来，这两篇稚嫩的习作算不上什么正式的论文，却是自己进入专业学习领域的开始。后来的学习中，我也谨记蔡鸿生老师、林悟殊老师的教导，多读名家名作，看书有触即笔之于书，倒并非奢望“站在巨人的肩膀上看得比巨人还要远”，而只是尽量以迟钝工夫补天分不足。我的阅读和写作兴趣也大抵能围绕伊朗文明及其与古代中国的关系而展开，不过囿于“罕具通识”，这本“计划外”的小书各题之间显得支离破碎而难成系统，难免“占色而画，画之陋也”。

收入本书的各章写作时间跨越较长，真是少日浮夸、中年窘隘，今次整合成书，无非是提醒自己避免老来颓唐而已。难忘李锦绣、陈怀宇、游自勇、沈睿文、王静、张达志、尹磊诸位师友督促写作之功，也向惠予发表的各家刊物表示衷心感谢。书中三篇小文是和研究生李晓嘉、庞晓林、曾翊健合作完成的，也使我体会到了教学相长的乐趣。本研究受国家社科基金冷门“绝学”和国别史等研究专项（19VJX058）资助，本书有机会出版，也有赖暨南大学广东省高水平大学建设经费支持，谨向暨南大学社科处、文学院及历史系诸位领导、老师表示感谢。同时感谢中国社会科学出版社刘芳老师认真负责的编校工作。当然限于学力，书中错误之处必多，理应由我一人负责。

但愿花未全开月未圆，在问学的路上我还能继续前行！

2023 年 9 月于暨南园